新手学电脑
从入门到精通

许东平◎编著

北京时代华文书局

图书在版编目（CIP）数据

新手学电脑从入门到精通 / 许东平编著. -- 北京 :
北京时代华文书局, 2019.10（2021.9重印）
ISBN 978-7-5699-3189-1

Ⅰ. ①新… Ⅱ. ①许… Ⅲ. ①电子计算机—基本知识 Ⅳ. ①TP3

中国版本图书馆 CIP 数据核字 (2019) 第 199766 号

新手学电脑从入门到精通

XINSHOU XUE DIANNAO CONG RUMEN DAO JINGTONG

编　　著 | 许东平

出 版 人 | 陈　涛
选题策划 | 王　生
责任编辑 | 周连杰
封面设计 | 乔景香
责任印制 | 刘　银

出版发行 | 北京时代华文书局 http://www.bjsdsj.com.cn
北京市东城区安定门外大街 136 号皇城国际大厦 A 座 8 楼
邮编：100011　　电话：010-64267955　64267677
印　　刷 | 三河市京兰印务有限公司　　电话：0316-3653362
（如发现印装质量问题，请与印刷厂联系调换）
开　　本 | 170mm×240mm　　1/16　　印　　张 | 18　　字　　数 | 276 千字
版　　次 | 2020 年 4 月第 1 版　　印　　次 | 2021 年 9 月第 2 次印刷
书　　号 | ISBN 978-7-5699-3189-1
定　　价 | 59.80 元

前 言

ntroduction

近年来，电脑技术在全球推广与应用，电脑也像寻常家电一样走进了千家万户，它的出现可以说是将人们的生活、工作等带入了一个全新的领域。正是因为电脑的普及，使得电脑操作成为人们的必备技能。

为了帮助大家尽快了解并掌握电脑基本操作，本书内容主要针对电脑初学者而展开。当中介绍了电脑的基础知识以及常用功能，能够满足初学者全面了解电脑的目的，使其能够在日常工作和生活中操作电脑。

本书的主要内容如下：

第 1 章主要讲述电脑的基本知识，包括电脑概述及发展历程、组成部分、主要应用领域、开关机及重启、连接网络等内容。

第 2 章主要讲述硬件设施的使用，包括鼠标、键盘、打印机等内容。

第 3 章主要讲述 Windows 10 操作系统的发展、主要功能、版本介绍等内容。

第 4 章主要讲述如何对电脑进行自定义设置，包括用户账户和家庭安全、个性化设置、显示设置、任务栏等内容。

第 5 章主要讲述如何管理电脑中的资源，包括对文件及文件夹的基本操作、压缩与解压、回收站管理等内容。

第 6 章主要讲述文字输入，包括认识语言栏、输入法安装及卸载、切换输入法、特殊格式输入、五笔输入法的应用等内容。

第 7 章到第 9 章主要讲述 WPS 文字、WPS 表格、WPS 演示的使用，包括内容输入、页面设置、多媒体应用等内容。

第 10 章主要讲述互联网的链接、应用、维护等内容。

笔者真切希望，每一个阅读了本书的读者都可以从中获取一些有所助益的内容，为今后的生活或工作提供一些帮助，在不断使用中探索、发掘、熟悉电脑的更多功能，从而达到灵活运用电脑的目的。

鉴于电脑操作方面的内容十分广泛，本书未能完全概括，其中难免有所不足之处，欢迎读者进行指正，便于笔者的进步以及图书的完善。

目录

Contents

第1章

电脑基本操作入门

时代在发展，科技在进步，我们的生活也有了翻天覆地的变化。电脑的出现带动了全球信息化发展的进程，也使人们的生活水平达到了一个高峰。在科技发展日新月异的当下，电脑如同蜘蛛网的每一个支点，通过网络将人们捆绑到了同一张“网”上。

1.1 电脑基础知识

在这个时代，电脑已经成为每个人工作中，甚至是生活中必不可少的重要工具。对于一个现代人而言，学会使用电脑和原始人学会使用工具有着几乎相同的意义。接下来我们就从电脑的基础知识开始讲起，让大家更加清楚地了解电脑这个新时代的产物。

1.1.1 概述及发展历程

电脑（如图 1-1）是计算机的俗称，是一种具有数字计算、逻辑计算、信息存储等多种功能的现代电子机

图 1-1　电脑①

① 图片来源于联想电脑网上商城。网址：https://item.lenovo.com.cn/product/1006269.html?_ga=2.209307602.1703449881.1578808555-2077269083.1578808555

器，能够根据其所配备的程序运行，快速处理大量的数据。常见的计算机类型包括超级计算机、工业控制计算机、网络计算机、个人计算机、嵌入式计算机、生物计算机、光子计算机、量子计算机等。

和所有为人类所用的工具一样，电脑也经过了漫长的进化过程，从低级走向高级。计算机的诞生可以追溯至 1889 年，这一年，美国的科学家赫尔曼·何乐礼（Herman Hollerith，1860.2.29~1929.11.17）发明了打孔卡制表机，这种机器依托于电力，能够储存计算资料。

图 1-2　赫尔曼·何乐礼

事实上，打孔卡制表机（如图 1-3）的问世是为了应对美国自 1890 年开始的人口普查，但它的出现却不光改变了美国的人口普查流程，也让人们对于信息处理有了不同的认识与做法，使人们可以更加快速、准确地

图 1-3　打孔卡制表机[1]

搜集和统计信息，大大提升了该领域的工作效率。

到了 1930 年，世界上首台模拟电子计算机（也被称为“模拟计算机”，如图 1-4）问世，这台机器的“父亲”是美国科学家范内瓦·布什（Vannevar Bush，1890.3.11~1974.6.26）。

图 1-4　模拟计算机[2]

① 图片来源于 IBM 中国官方网站。网址：http://www-31.ibm.com/ibm/cn/ibm100/icons/tabulator/index.shtml?mhsrc=ibmsearch_a&mhq=%E5%88%B6%E8%A1%A8%E6%9C%BA

② 图片来源于中国清华大学电子工程系官方网站。网址：https://www.tsinghua.edu.cn/publish/ee/3685/

图 1–5　范内瓦 · 布什

模拟计算机的出现推动了计算机技术的发展，并为其后续发展奠定了良好的基础。但模拟计算机毕竟不是真正意义上的电子计算机，世界上第一台电子计算机“电子数字积分计算机”（Electronic Numerical Integrator and Calculator，简称“ENIAC”）诞生于 1946 年 2 月 14 日，ENIAC 是美国军方定制的计算机，于美国宾夕法尼亚大学研制成功。

ENIAC（如图 1–6）并不像现在人们使用的计算机一样小巧玲珑，它是个长 30.48 米、宽 6 米、高 2.4 米、重 28 吨的庞然大物，具有 30 个操作台，除此之外它还具备了 17468 根真空管（电子管）、7200 根晶体二极管、

图 1–6　ENIAC[①]

① 图片来源于美国宾夕法尼亚大学官方网站大学档案馆。网址：https://archives.upenn.edu/collections/finding-aid/upd8_12

1500 个中转、70000 个电阻器、10000 个电容器、1500 个继电器、6000 多个开关，花费将近 50 万美元。相较于使用继电器的机电式计算机而言，ENIAC 每秒计算 5000 次加法或 400 次乘法的能力已经显得相当卓越。

1946 年可以说是现代电子计算机发展的元年，自那以后，计算机产业飞速发展，先后经历了四个阶段的技术革命：

第一阶段：电子管时代。

该阶段起于 1946 年，一直持续到 1957 年。ENIAC 的出现打开了该阶段的发展源头，这一阶段的计算机为电子管计算机（如图 1–7），它们采用真空电子管、汞延迟线、阴极射线示波管静电存储器、磁鼓、磁芯、磁带等设备组成其硬件设施，软件则是由机器语言、汇编语言所组成，主要应用于军事和科学计算等领域。该阶段的计算机虽然具有体积大、功耗高、速度慢、造价高等缺点，但是它实现了人类数字计算方面的突破，为今后计算机发展奠定了扎实的基础。

第二阶段：晶体管时代。

该阶段起于 1958 年，结束于 1964 年。该阶段的发展其实可以追溯到 1955 年，美国贝尔实验室开始着手

图 1–7　电子管计算机 ENIAC[①]

① 图片来源于美国宾夕法尼亚大学官方网站。网址：http://www.seas.upenn.edu/about/history-heritage/eniac/

晶体管计算机的研发工作，他们通过把电子管替换为晶体管的方式，制造出了包括 TRADIC 在内的第一批晶体管化的数字计算机，拉开了晶体管计算机时代的帷幕。1958 年，IBM 公司制造了世界上首台全部采用晶体管的计算机 IBM70909（如图 1-8），人们真正迎来了晶体管计算机时代。

图 1-8　晶体管计算机 IBM7090[①]

在这一阶段，由于计算机技术的进一步发展，计算机无论是硬件还是软件方面都有了极大提升。从硬件上来说，晶体管等新时代产物粉墨登场，软件方面出现了新的操作系统、高级语言及其编译程序，这些产物让计算机的工作效率大大提高，其应用领域也拓展到了事务处理、工业控制等方面。该阶段的计算机相较于第一阶段不仅运算速度显著提高，达到每秒数十万次，其体积也小了许多，可靠性等方面都有了显著提升。

① 图片来源于 IBM 中国官方网站。网址：https://www.ibm.com/ibm/history/exhibits/mainframe/mainframe_2423PH7090.html

第三阶段：集成电路时代。

1964 年是计算机集成电路时代发展元年，这一阶段持续了 6 年，直到 1970 年集成电路时代才落下帷幕。在该阶段出现了中小规模集成电路计算机，最有影响的是 IBM 公司研制的包括 System/360 Model 22[②]（如图 1-9）、System/360 Model 25[③]（如图 1-10）、System/360 Model 30[④]（如图 1-11）、System/360 Model 40[⑤]（如图 1-12）、System/360 Model 44[⑥]（如图 1-13）、System/360 Model 50[⑦]（如图 1-14）、System/360 Model 65[⑧]（如图 1-15）、System/360 Model 75[⑨]（如

② 该型号计算机是 1971 年引进的一种通用计算机，具有中等规模的数据处理能力，主要贮藏量为 24K 或 32K。

③ 该型号计算机于 1968 年发布，是一种通用的中小型计算机。

④ 该型号计算机于 1964 年发布，是原始系统的型号之一，也是最小的型号之一，能够作为独立系统、通信系统或大型系统的卫星处理器。

⑤ 该型号计算机于 1964 年 4 月首次亮相，是一个比较强大的独立系统，价格属于中等。

⑥ 该型号计算机于 1965 年问世，在系统的中央处理单元中内置了一个永久磁盘存储单元，主要用于科学计算。

⑦ 该型号计算机于 1964 年发布，是该系列中最强大的单位，价格在中等范围内。

⑧ 该型号计算机于 1965 年 11 月首次被运到麻省理工学院的林肯实验室。

⑨ 该型号计算机于 1965 年推出，是 IBM 持续不断进行工程开发的产物，旨在增强 1964 年发布的 System/360 产品的能力。它的主存储器有三个大小，最多可以达到 1 048 576 个字符的信息。

图 1-9　System/360 Model 22

图 1-10　System/360 Model 25

图 1-11　System/360 Model 30

图 1-16）、System/360 Model 91[①]（如

① 该型号计算机于 1968 年安装在美国宇航局位于马里兰州绿化带的戈达德太空飞行中心，是当时运行能力最强大的计算机。

图 1-12　System/360 Model 40

图 1-13　System/360 Model 44

图 1-14　System/360 Model 50

图 1-17）、System/360 Model 95[②]（如

② 该型号计算机用于解决空间探索问题，需要极高的计算速度，能够在一分钟内以超过 3.3 亿的速度计算 14 位数的乘法。

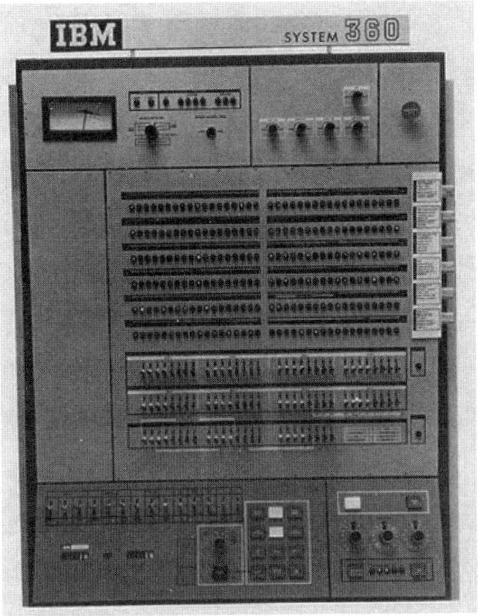

图 1–15　System/360 Model 65

图 1–16　System/360 Model 75

图 1–17　System/360 Model 91

图 1–18　System/360 Model 95[①]

图 1–18）在内的 IBM–360 计算机系列。

该阶段的计算机部分硬件采用了中、小规模集成电路（MSI、SSI），这也成为这一阶段生产的计算机的主要特征。另一方面，分时操作系统加上结构化、规模化程序设计方法组成了新一代软件系统，计算机发展跨上了新的台阶，应用领域也扩展到了文字处理及图像处理等领域。该阶段的计算机速度达到每秒数百万次至数千万次，产品更加可靠，最主要的是造价的降低，这也是计算机走向通用化的必由之路。

第四阶段：大规模集成电路时代。

大规模集成电路时代是计算机发展史上历时最久的一个阶段，从 1970 年开始，直到今天还在继续。这一阶段，大规模和超大规模集成电路（LSI 和 VLSI）组成了计算机部分硬件，该

① 图 1–9 到 1–18 来源于 IBM 中国官方网站。网址：https://www.ibm.com/ibm/history/exhibits/mainframe/mainframe_album.html

阶段的计算机为大规模集成电路计算机，例如 IBM 公司研发的 System/370 系列计算机（如图 1–19）。

图 1–19 大规模集成电路计算机 System/370 Model 135

软件方面，数据库系统、网络系统逐步发展起来，开始出现面对对象的软件设计。大规模集成电路、半导体芯片的发展促使计算机走向微型化，1971 年世界上首个微处理器在美国硅谷研制成功，微型计算机时代正式开启。值得一提的是，在这一阶段计算机的运算速度达到了每秒一亿次乃至几十亿次，应用领域也开始从科学计算、事务管理等领域走向家庭，现今已成为人们生活中必不可少的工具之一。

1.1.2 组成部分

计算机包括硬件系统（hardware system）和软件系统（software system）。

硬件系统包括输入设备（将信息输入计算机内部存储器）、输出设备（显示或拷贝计算机运算和处理结果）、运算器（进行数据处理）、控制器（指挥计算机各部分进行工作）及储存器（储存程序、数据信息），运算器和控制器又被称为中央处理器（Center Processing Unit，简称“CPU”）。从组成上分，硬件系统可以分为主机和外部设备两大部分。

主机包括主板、中央处理器、内存、硬盘、声卡、显卡、网卡、光驱、电源等。

1 主板。

主板（Motherboard，Mainboard，简称“Mobo”，如图 1–20）又被称为主机板（Mainboard）、系统板（Systemboard）、母板（Motherboard）等，是电脑各部件的“办公室”，电

图 1–20 主板[1]

① 图片来源于华硕官方商城。网址：https://www.asus.com.cn/Motherboards/PRIME-B365M-A/

脑的各个部件通过主板产生联系，得以进行数据传输。换句话说，主板承接了电脑各部件之间联系的桥梁，其稳定性对电脑的整体工作性能有着重要意义。

2 中央处理器。

中央处理器（CPU，如图 1–21）是电脑的核心部位，也是电脑的“最高指挥部”，决定了电脑的运算能力，因此很多用户往往以中央处理器的性能作为考察电脑质量的标准。中央处理器通常由以下几部分组成：运算器、控制器、寄存器、高速缓存、总线（联系数据、控制及状态），用以解释指令、处理数据。

图 1–21　中央处理器[①]

3 内存。

内部存储器通常被称为内存（Memory，如图 1–22），是电脑的重要部件之一。作为一种电子式存储设备，内存包括电路板、芯片、金手指等部分，用来暂时存放中央处理器中的运算数据、中央处理器与外部存储器的交换数据等，使电脑可以识别并完成用户的指令，而在关闭电脑后这些数据会消失。也就是说，用户所开启的应用程序能否平稳运行都要依靠内存，因此其性能与电脑的整体性能密切相关。

图 1–22　内存条[②]

4 硬盘。

硬盘（Hard Disk Drive，简称“HDD”，如图 1–23）是一种外部存储

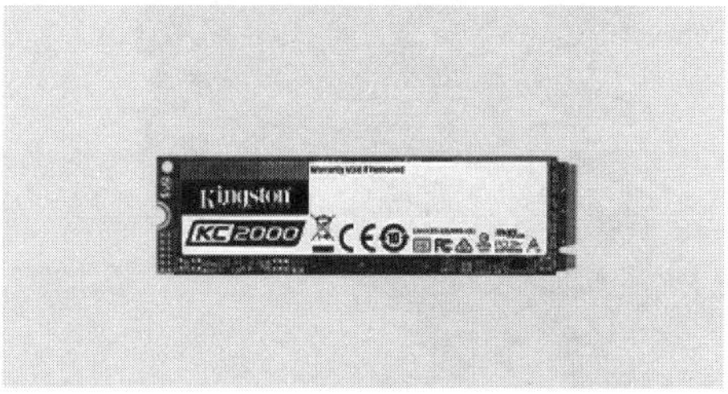

图 1–23　硬盘[③]

① 图片来源于英特尔官方网站。网址：https://www.intel.cn/content/www/cn/zh/events/processors–core–prc/computer–buying–guide–chip4.html

② 图片来源于金士顿官方网站。网址：https://www.kingston.com/cn/memory?memorytype=Memory%20for%20Servers,%20Desktops,%20and%20Laptops

③ 图片来源于金士顿官方网站。网址：https://www.kingston.com/cn/ssd?sortby=nameatz

器，与内部存储器不同的是，机械硬盘由具有记忆功能的磁片构成，这些磁片可以将用户想要保留的数据存储起来，无论电脑是否开机，这些数据都会一直存在。硬盘虽然只有成年人的巴掌大小，甚至更小，但是其具有很大的容量，可以达到TB级别，而且容量由低到高不等，便于用户根据自己的需求选择不同容量的硬盘。

5 声卡。

声卡（Sound Card，如图1–24）又被称为音频卡。当代电脑都具有多媒体功能，连接上音响后就可以让用户听到声音，而电脑“发声”的关键就是声卡。当电脑接收到用户的播放指令后，声卡通过把声音数字信号转换成模拟信号，并通过数据线将信号传递给音箱，进而发出声音。

图1–24 声卡[①]

① 图片来源于华硕官方商城。网址：https://www.asus.com.cn/Sound-Cards/Essence_STX_II/

6 显卡。

显卡（Video card，如图1–25）是电脑显示内容的重要部件，承担着显示器和主板之间信息传达的重任，能够实现用户与电脑的信息交流。电脑显示文字、图形需要依靠显卡，显卡可以把电脑需要显示的信息转换驱动，同时对显示器发出扫描信号，使显示器可以将信息完整、正确地呈现出来。

图1–25 显卡[②]

7 网卡。

网卡（Network Adapter，如图1–26）是电脑能够链接到网络的重要部件之一，是用户可以通过电脑在网络上进行数据交换的重要硬件，可以说是用户与网络世界实现信息沟通的桥梁。

网卡具有MAC地址（Media Access

② 图片来源于华硕官方商城。网址：https://www.asus.com.cn/Graphics-Cards/DUAL-RX5700-O8G-EVO/

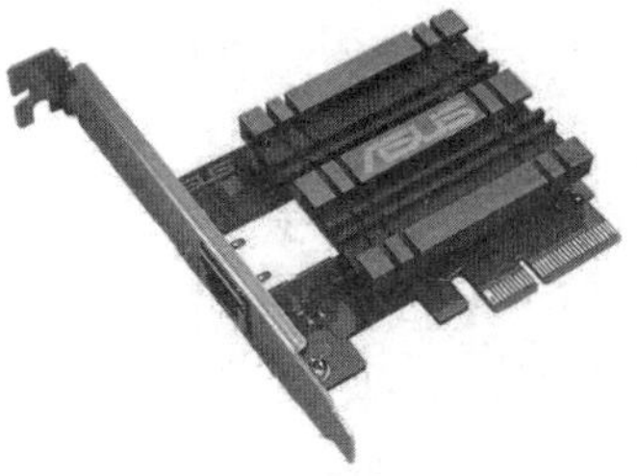

图 1-26　网卡①

Control Address，直译为“媒体存取控制位址”，也有人将其命名为“局域网地址”，长度为 48 位，即 6 个字节），所以它是 OSI 模型的第 2 层，正是因为网卡的存在，用户可以通过有线、无线（即无线网卡，如图 1-27）等方式连接网络。需要说明的是，每一块网卡的 MAC 地址都是不同的，就像世界上没有相同的两片叶子一样，这世界上也没有同样 MAC 地址的两个网卡。

图 1-27　无线网卡②

8 光驱。

光驱（Optical Disk Driver，如图 1-28）即光盘驱动器，是用来读取光盘内部信息的设备。现今人们对于多媒体的需求越来越大，电脑上搭载光驱可以满足大部分用户对于多媒体的需求，因此常用的台式电脑和笔记本电脑上大多数都配备了该设备。

图 1-28　光驱③

9 电源。

该电源指的是电脑电源（Computer Power Supply，如图 1-29），它是为电脑提供电力支撑的必要原件。电源的工作虽然单一却不简单，它把 220V 交流电转换为电脑能够接受并使用的 5V、12V、3.3V 直流电，它的性能对电脑各部件工作的稳定性起到决定性影响。通常情况下，台式电脑需要通过电源线才能进行供电，而且一旦停电电脑会马上关机，而笔记本电脑由于自身携带电池，在平时使用时，即便没有连接电源线或是遇到停电等情况，笔记本电脑也可以继续运行数个

① 图片来源于华硕官方商城。网址：https://www.asus.com.cn/Networking/Wired-Networking-Products/

② 图片来源于华硕官方商城。网址：https://www.asus.com.cn/Networking/Wireless-Adapters-Products/

③ 图片来源于华硕官方商城。网址：https://www.asus.com.cn/Optical-Drives-Storage/DRW-24D5MT/

图 1–29　电源

小时。

外部设备包括键盘、鼠标、显示器、调制解调器、路由器、电脑音响、电脑摄像头、打印机、投影仪、外部存储设备等。

1 键盘。

键盘（Keyboard，如图 1–30）属于输入设备，是用户将信息输入电脑、对电脑下达指令的重要工具之一。键盘大多具有 104 或 107 个按键，

图 1–30　键盘

分为有线键盘和无线键盘两种，有线键盘的接口具有 PS/2 和 USB 两种。

2 鼠标。

鼠标（Mouse，如图 1-31）是电脑重要的外部连接设备，如果没有鼠标，用户的许多指令都无法准确、快捷地下达。当用户移动鼠标时，可以看到电脑屏幕上有一个光标跟着移动，到达指定位置后可以根据用户的下一步动作快速做出反应，以完成用户指令。鼠标有机械和光电两种，目前市面上的鼠标多是光电鼠标，机械鼠标已经被淘汰。另外，鼠标的接口和键盘一样，分为 PS/2 和 USB 两种。

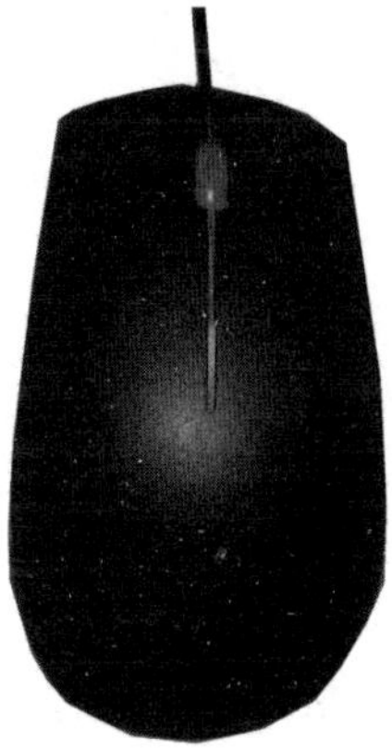

图 1-31　鼠标

3 显示器。

显示器（Display，如图 1-32）也被称为监视器，是电脑上的输出设备之一，用来显示运算结果、用户指令等信息。根据产品的不同，显示器也

图 1-32　显示器

有大小、厚薄、材质的差距，主要有 CRT（Cathode Ray Tube，阴极射线管）、LCD（Liquid Crystal Display，液晶显示器）、LED（Light Emitting Diode，发光二极管）三种类型的显示器，目前市面上流通的大多是 LED 显示器。

4 调制解调器。

调制解调器（Modem，如图 1-33），即调制器和解调器，也就是人们称之

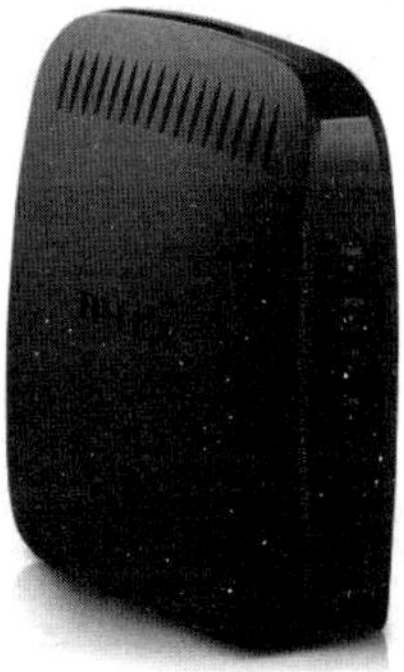

图 1-33　调制解调器（猫）①

① 图片来源于 TP-LINK 官方网站。网址：https://www.tp-link.com.cn/product_278.html#productIntro

为“猫”的设备。调制解调器分为内置式（随着ADSL宽带网的普及，内置式已经被淘汰）和外置式，通过电话线上网都需要该设备。调制解调器的工作就是将电脑信号转化为能够通过电话线传播的模拟信号，模拟信号被传送出去后由另一个调制解调器接收，并将其转化为电脑能够接收的信号，在这个过程中就完成了两台电脑之间的信息传递。简单来说，调制解调器就是通过电话线为媒介，实现各个电脑之间的信息传递。

5 路由器。

路由器（Router，如图1–34）又被称为网关设备。路由器的作用是使不同网络之间形成相互的连接，路由器系统是基于TCP/IP的国际互联网络Internet的主体脉络，换句话说，通过路由器搭建了Internet的大框架。路由器的处理速度对于网络通信起到了决定性影响，作为网络通信环节的重要因素之一，它的可靠性与网络互连的质量直接挂钩。

图1–34　路由器[①]

无线路由器（Wireless router，如图1–35）可以看做是路由器的升级版，它在路由器原有功能的基础上添加了无线覆盖功能，能够便于用户进行网上冲浪，免于受到网线的限制。事实上，无线路由器也可以看作是一个转发器，能够把宽带网络的信号以无线的形式转发给附近具有接收无线网络数据功能的设备，比如笔记本电脑、智能手机、平板电脑、便携式投影仪等。

图1–35　无线路由器[②]

目前市面上常见的无线路由器都支持专线xdsl/cable、动态xdsl、pptp等接入方式，在直径一百米的范围内可以保障较为良好的信号接受环境，部分无线路由器的功能较强，在三百米范围内都可以搜索到无线信号。在用户数量方面，无线路由器大多能够

① 图片来源于TP-LINK官方网站。网址：https://www.tp-link.com.cn/product_486.html

② 图片来源于TP-LINK官方网站。网址：https://www.tp-link.com.cn/product_397.html

满足 15 个左右的用户同时使用。除此之外无线路由器还具备一些网络管理功能，比如 dhcp 服务、nat 防火墙、mac 地址过滤、动态域名等。

6 电脑音响。

电脑音响（Computer audio，如图 1-36）是电脑外部连接设备，用于和电脑的声卡进行数据交换。电脑音响的工作原理是，通过与功率放大器连接，利用晶体管使声音放大，最终将信号传输到喇叭上，通过喇叭将电脑上的声音信号发出，用户就可以听到声音。电脑音响有通过数据线与电脑连接的，也有通过无线蓝牙进行连接的，常见的有 2、2.1、3.1、4、4.1、5.1、7.1 等不同型号，其音质好坏不等。

7 电脑摄像头。

电脑摄像头（Computer camera，如图 1-37）是 21 世纪初兴起的产物，

图 1-36　电脑音响[1]

图 1-37　电脑摄像头[1]

① 图片来源于漫步者官方网站。网址：https://www.edifier.com/cn/zh/speakers/s301

② 图片来源于罗技官方商城。网址：https://store.logitech.com.cn/product/Detail/6022

到今天已经成为许多用户必不可少的硬件设备。2000 年前后，电脑进入大众视野，许多家庭已经拥有了属于自己的电脑，人们对于电脑的应用越来越广泛，随之而来的是网络视频通话等现代化多媒体产物的兴起，电脑摄像头自然应运而生。

在电脑摄像头发展最初，由于各方面技术都不成熟，电脑摄像头无论是样式还是性能都很差，大多都是 30 万像素。而现今电脑摄像头的性能越来越好，样式也多样化，甚至进化出诸多功能，也由此诞生了一系列相应的辅助设备来满足不同消费群体的需求，比如护眼夜视灯、带麦自拍等，像素也大多是 1000 万像素、1200 万像素，有些设备甚至具备更高的像素。目前常见的电脑摄像头镜头结构有 1P、2P、1G1P、1G2P、2G2P、4G 几种，透镜数量直接与成本挂钩，而其中玻璃材质的透镜各方面效果都比塑胶的好，因此价格也会较高。

8 耳机麦克风。

耳机（Earphones; Headphones; Headsets; Earpieces，如图 1–38）属于转换单元，通过接收来自媒体播放器、接收器等设备发出的电讯号，再经由靠近耳朵的扬声器将电讯号转化为人耳可以感知到的声波，从而使人们听到声音。通常情况下，耳机和媒体播放器并非一定要联系在一起，而是可以通过插头连接单独运行的。耳机的出现可以使使用者免于受到周围环境的影响，可以开辟一个专属于自己的密闭空间，对于身处录音室、酒吧、健身房、车站等较为嘈杂环境中的人来说具有很大帮助。

图 1–38 耳机②

麦克风（Microphone，如图 1–39）

图 1–39 麦克风①

① 图片来源于罗技官方商城。网址：https://store.logitech.com.cn/product/Detail/5536

② 图片来源于联想网上商城。网址：https://item.lenovo.com.cn/product/1003518.html

是音译词，学名是传声器，也常常被人称之为话筒、微音器等。麦克风与耳机一样属于转换单元，但不同的是，耳机的作用是将电讯号转化为声音信号，使人们可以听到设备传出来的声音，而麦克风恰恰相反，它的作用是将声音信号转换为电讯号，达到传递、放大声音的效果。麦克风有动圈式、电容式、驻极体、硅微传声器、液体传声器、激光传声器等不同类型，但如今人们常用的麦克风大多是驻极体电容器麦克风，工作原理是通过永久电荷隔离的聚合材料振动膜。

耳机麦克风（如图 1-40）属于耳机和麦克风的结合体，它不仅具有将电讯号转化为声音信号的设备，还具有将声音信号转化为电讯号的设备。因此，使用者可以通过给电脑连接耳机麦克风设备，在网络上与其他用户实现声音的即时交流。

图 1-40　耳机麦克风[①]

9 打印机。

打印机（Printer，如图 1-41）是电脑的外部连接输出设备，它的作用将电脑上被用户指定的信息打印到纸张或其他相应的介质上。打印机的好坏主要依靠以下几项指标来衡量，一是分辨率，二是速度，三是噪声。目前市面常见的打印机主要是针式打印机、喷墨打印机、激光打印机三种，这三种打印机具有不同的特点，可以满足绝大多数用户的需求。

图 1-41　打印机[②]

① 图片来源于罗技官方商城。网址：https://store.logitech.com.cn/product/Detail/1344

② 图片来源于惠普官方在线商店。网址：https://www.hpstore.cn/hp-color-laserjet-pro-m454dw-w1y45a.html

10 投影仪。

投影仪（projector，如图 1–42）又被称为投影机，除了打印机以外，投影仪也是一种常见且应用领域十分广泛的电脑配套设备。它的作用是与电脑、游戏机、智能手机等设备连接，将上述设备上显示的内容（视频、图像等）投射到幕布上，由于连接的设备不同，其连接方式与投影仪类型也不尽相同。投影仪应用在生活中可以替代电视、电脑等设备，让人们享受更加舒适的观影环境，投影仪应用在工作中，可以使产品展示更加直观、清晰，有助于提升工作效率。在实际生活中，投影仪常被应用于家庭、办公场所、学校、娱乐场所等地，由于应用场地不同，投影仪的工作方式和功能也会有所差别。

图 1–42　投影仪[①]

11 外部存储设备。

常见的外部存储设备包括闪存盘（flash disk）、移动硬盘（Mobile Hard disk）、存储卡（Memory card）三种。

① 图片来源于索尼官方网站。网址：https://pro.sony/zh_CN/products/laser-projectors/vpl-f540hz

闪存盘（如图 1–43）包括闪存（Flash Memory）、控制芯片、外壳三部分，不需要物理驱动器辅助就可以直接连接电脑进行数据交换。闪存盘采用闪存作为存储介质，虽然闪存盘体积通常只有拇指大小，重量也不过几克，但是却可以储存大量数据。闪存盘接口通常是 USB、IEEE1394、E–SATA 等类型，而使用了 USB 接口的闪存盘又被人们称为“U 盘”（如图 1–44）。

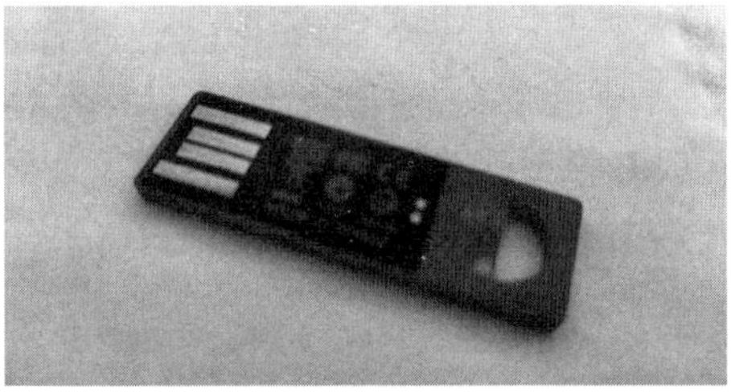

图 1–43　闪存盘

图 1–44　U 盘

移动硬盘（如图 1–45）主要由外壳、电路板（包括控制芯片及数据、电源接口）和硬盘组成，与闪存盘一样可以直接和电脑连接并进行数据交换，但它的容量要比闪存盘大许多，而且与电脑进行数据交换时的速度也更快。移动硬盘的外壳通常是铝合金或塑料材质，其外壳往往具有抗压、抗震、防静电、防摔、防潮、散热等作用，电路板上的控制芯片起到控制移动硬盘读写能力的作用。移动硬盘的数据接口通常采用USB或IEEE1394接口。目前，出于对移动硬盘体积、抗震性、功耗、节能等因素的考虑，2.5英寸笔记本硬盘较受欢迎。

图 1–45 移动硬盘[1]

存储卡（Memory card，如图 1–46）与闪存盘一样是采用闪存作为存储介质，但不同的是存储卡通常应用于数码相机、MP3、MP4、手机等小型数码产品中，存储卡的体积要比闪存盘小一些，有的存储卡仅仅只是一张指甲盖大小的卡片。

图 1–46 存储卡[2]

除此之外，存储卡需要通过读卡器（Card Reader，读取、识别存储卡中数据的设备，如图 1–47）才能和电脑进行数据交换。根据不同的应用场景和生产商的不同，存储卡分为SM卡（Smart Media）[3]、CF卡（Compact Flash）[4]、MMC卡（Multi Media

图 1–47 读卡器

① 图片来源于黑甲虫官方网站。网址：http://www.kingidisk.com/productinfo/118315.html

② 图片来源于金士顿官方网站。网址：https://www.kingston.com/cn/memory-cards/canvas-go-microsd-card

③ SM卡是一种微储存卡，与SD卡相似。1995年11月，东芝公司（Toshiba）发布了Flash Memory存贮卡，第二年三星公司（Samsung）将Flash Memory存贮卡的生产和销售许可买下，随后东芝公司与三星公司成为SM卡的生产大户。在数码相机产业的发展中，这种存储卡已经被淘汰。

④ CF卡采用了闪存作为存储介质，一开始应用于便携式电子设备。1994年，闪迪公司（SanDisk）制造了它，并且规范了相关制度。如今，CF卡的物理格式广泛应用于多种设备。

⑤ 图片来源于金士顿官方网站。网址：https://www.kingston.com/cn/memory-card-readers/mobilelite-duo-3C

Card)[①]、SD卡(Secure Digital)[②]、记忆棒(Memory Stick)[③]、TF卡(Micro SD Card)[④]，尽管产品不尽相同，但其原理都是大同小异。

软件系统是为了便于用户操作电脑、提高电脑效率而编写的程序，还有用于开发、使用和维护电脑的相关文档，主要分为系统软件和应用软件。

1 系统软件。

系统软件（System software）包括多个能够控制、管理电脑系统及资源的程序，以实现电脑和程序的启动与关闭、数据存储与交换、文件的排序与检索、程序语言与机器语言的转换等功能。系统软件是用户和电脑之间相连的接口，使用户可以控制、访问硬件。

系统软件通常由管理电脑硬件及软件资源的操作系统（Operating System，简称“OS”）、实现不同性质语言转换的语言处理系统（Language processing system）、对用户使用电脑起到辅助作用的服务程序（Service procedures）、控制与管理数据库并保障其安全性和完整性的数据库管理系统（Database Management System，简称“DBMS”）等部分组成。

2 应用软件。

应用软件（Application）与系统软件相对应，是为满足不同用户的各种需求而研发的程序。应用软件有通用和专用之分。通用软件受众群体广泛，包括文字处理软件、图片处理软件、地理信息软件、游戏软件、企业管理软件、多媒体软件、辅助软件、信息安全软件、即时通信软件等。专用软件的受众群体相对较小，是为了满足部分用户对某一类具有特殊意义的数据处理而研发的程序。

根据所针对的用户群体不同，应

---

① MMC卡是西门子公司（Siemens）和闪迪公司在1997年联合推出的产品。MMC卡在当时属于封装技术先进的代表产物，并且它具有小巧的体积，重量也相对较轻，十分适合应用于移动存储，因此在移动电话和数字影像等设备上被广泛应用。

② SD卡的出现得益于松下电器公司（Panasonic）、东芝公司和闪迪公司三家公司，他们于1999年8月联合发布了这款产品。SD卡可以说是建立在MMC卡基础之上的产物，它的数据传送是从MMC卡发展而来，尺寸也与MMC卡相差无几，仅仅是厚了0.7mm，使之可以拥有更多的存贮单元。除此之外，SD卡和MMC卡存在向上兼容，也就是SD设备能够对MMC卡进行数据读取及储存，使用过程中的兼容性受到应用软件的影响，而MMC设备无法对SD卡进行读取及储存。

③ 记忆棒可以说是索尼公司（Sony）的标志性产物，之所以这么说，是因为索尼在同类似公司中一向是“特立独行”，也因此促成了记忆棒问世。记忆棒外形像是口香糖，功能全面且多元化，具有很高的兼容性，几乎可以在索尼公司所有的影音产品上使用，或许在未来记忆棒可以成为各种设备通用、大容量、高速度的信息储存、交换媒介。

④ TF卡原名Trans-flash Card，2004年正式更名Micro SD Card，由闪迪公司创造，多应用于移动电话，容量从128MB到128G不等。

用软件可以分为办公软件（比如 Word、Excel、PowerPoint 等）、社交软件（比如腾讯 QQ、微信电脑版、和飞信）、多媒体软件（比如腾讯视频、酷狗音乐、美图秀秀）、分析软件（比如 SAS[①]、SPSS[②]）、生活软件（比如游戏软件、输入法软件）等。

1.1.3　主要应用领域

目前，绝大多数领域已经离不开电脑技术的支持，人们的工作和生活无不被电脑及其衍生产物所影响，进而促进了社会发展。总体而言，电脑的主要应用领域可以概括为以下几方面：

1 信息管理。

信息管理（information Management，简称“IM”）围绕于电脑内部存储的数据展开，对其进行采集、加工、排序、检索等工作，是当代电脑的主流工作之一，同时也是实现现代化管理的必由之路。该项工作依托于数据库管理系统，能够帮助用户更好地进行数据管理，提升决策水平，在办公自动化、图书信息检索、动画设计、会计电算化等领域均有突出贡献。

2 科学计算。

科学计算（Scientific Computing）可以说是电脑的“老本行”，在电脑发展最初其实就是为科学计算服务的。在现代科技领域，科学计算要繁杂得多，是人工计算无法实现或无法保障计算效率的，这就需要借助电脑来完成部分数值计算工作，使科学研究或工程得以进行。电脑高运算、大储存等性能使其在地震预测、气象预报、航空航天等方面发挥着重要的作用。

3 过程控制。

过程控制（process control）的应用是工业自动化道路上重要的一环，也是电脑产业今后发展的主要领域之一。过程控制是通过电脑可以实时收集、分析数据的能力，在条件达到设定的最佳范围内时快速做出反应，实现被控对象的自动控制。电脑在该领域的应用不仅降低了人工成本和部分工作的危险性，也缩短了特殊情况下的反应时间，提升了作业的准确性，实现了产量及合格率的双重保障。目前，电脑过程控制广泛应用于冶金、石油、化工、电力等领域。

4 设计。

计算机辅助设计（Computer Aided

---

① SAS 全称“Statistical Analysis System”，中文名称“统计分析系统”，于 1966 年由美国北卡罗来纳州立大学开发。

② SPSS 全称“Statistical Product and Service Solutions”，中文名称“统计产品与服务解决方案”，于 1968 年由美国斯坦福大学的三位研究生 Norman H. Nie、C. Hadlai (Tex) Hull 和 Dale H. Bent 于研发。

Design，简称“CAD”）是一项专门为设计而研发的技术，目的是希望设计人员通过该技术设计产品并达到最佳设计效果。事实上，利用计算机辅助设计确实可以提升工作效率，降低资源消耗，其设计质量也是手工设计无法望其项背的。目前，计算机辅助设计广泛应用于建筑业、制造业、园林绿化等多个领域。

5 无人工厂。

无人工厂（fully-automatic factory）也被称为自动化工厂。自动化生产可以应用于一台机器，可以应用于一条生产线，也可以应用于整个工厂，而这种工厂就是我们所说的“无人工厂”。无人工厂是将计算机辅助设计、计算机辅助制造（Computer Aided Manufacturing，简称“CAM”）、计算机辅助测试（Computer Aided Test，简称“CAT”）、计算机辅助工程（Computer Aided Engineering，简称“CAE”）等多个系统进行整合，形成一套全新的、可以实现控制产品加工各个环节的程序，以此使无人工厂得以运作。

6 教育。

计算机辅助教学（Computer Aided Instruction，简称“CAI”）即利用电脑进行教学。教师利用相应软件设计课件，通过电脑连接至多媒体设备，并将课件投放出来。这种形式的教学能够降低教师的授课压力，也可以使教学活动更加生动，让学生更加直观地了解一些内容，进一步培养学生兴趣，用高质量教学培养现代化人才。

7 人工智能。

人工智能（Artificial Intelligence，简称“AI”）是近年来开发的新领域，也是计算机科学的分支之一，主要是研究、开发关于智能的内容，进而研究出一批可以和人类一样进行智能活动或反应的智能机器。关于人工智能的定义，美国麻省理工学院的温斯顿教授认为：“人工智能就是研究如何使计算机去做过去只有人才能做的智能工作。”目前，人工智能的研究方向主要有机器人、语音识别、图像识别等。

8 多媒体。

多媒体（Multimedia）是一个随着电子技术发展而诞生的新名词。多媒体的出现可以看作是不同媒体的融合，比如文本、图形、图像、音频等媒体。多媒体的应用及发展十分迅速，目前在教育、商业、行政、军事、工业、传媒、出版等领域中发挥了重要作用。

9 网络。

网络（Network）的组成包括两部分，一是若干节点，二是连接节点的链路。在计算机领域，网络是人为搭建的一个虚拟平台，用以传递、接收信息，形成一个看不见、摸不着的信息传递、资源共享的平台。组成计算机网络的电脑具有两个特征，一是独立性，二是具有信息交换能力。只有具备这两种特性的电脑才能具备资源交换与共享的能力，才能成为“网络”中的一部分。

值得一提的是，计算机网络带动了全球信息化的发展，也是信息社会产生的必然因素。网络的普及让人们的生活变得更加便捷，人们可以通过网络浏览新闻、读书、观看电视剧和电影、购物、玩游戏、进行远程医疗……可以说网络带给人们的变化是最直接、最具影响力的。

1.1.4 发展趋势

在计算机产业的发展中，电脑这一产物经过了数次改革，无论是样式、体积，还是功能、应用领域都有了翻天覆地的变化。但是人类对于该领域的探索并不会停止，反而会越来越深入。在未来，电脑产业将向着巨型化、微型化、智能化、多媒体化的方向发展。

1 巨型化。

巨型化并不是指电脑的体积，而是指其运算速度。随着当下科技的发展，各领域对于电脑的要求越来越高，尤其是军事及科学领域，因此电脑也会向着性能更加强大、运算速度更快、存储量更大的方向发展。

2 微型化。

微型化指的是电脑的体积。如今微型处理器经过几代更迭，性能更好的同时体积也更小，进一步压缩了相关电子产品的成本，电脑也不例外。另一方面，各种应用软件层出不穷，使用户操作电脑更加便捷。在诸多因素的影响下，电脑今后必然会越来越纤薄，越来越便于人们携带。

3 网络化。

网络化推进了人类发展“地球村”的进程，人们也因此进入了互联网时代。通过网络享受资源共享、即时沟通已经不是什么新鲜事，而现在随着无线网络等技术的发展，网络也会进一步发展，不再受限制于身后接通网络的网线这根“长长的尾巴”，这使得用户使用网络越来越方便。

4 智能化。

关于计算机智能化的议题是这几年一直没有停止的，同时也是计算机发展的必然趋势。尽管电脑有着人类大脑无法企及的运算、存储能力和其他功能，但仍有一点是电脑无法与人类相较的，那就是逻辑思维能力。我们一直在探究如何让计算机具有人类一样的逻辑思维能力，进而让人与计算机的交流可以像人与人交流一样生动有趣，可以直接对计算机下达指令，而非通过编码程序。因此，智能化是计算机发展的必然趋势。

1.2 开关机、重启及其他操作

电脑的开机、关机及重启可以说是使用电脑的第一步。通常电脑在开机时是不会出现什么异常现象的，但有的时候电脑会因为某些原因导致异常关机或重启，或者需要人为进行关机或重启，这就是本节要讲的重点。

1.2.1 开机

电脑开机分三步，一是打开总电源，二是按下显示器电源键，三是按下主机电源键。电源键上方会有一个电源键图标（如图 1–48），用户可以根据图标确认电源键。需要说明的是，部分电脑接通电源后会自动开启显示器，直接按下主机的电源键即可打开电脑。

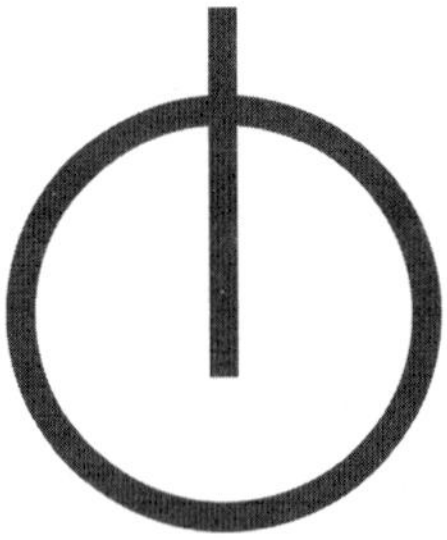

图 1–48　电源键图标

电脑在使用一段时间后开机速度通常会变得很慢，这是由于电脑中安装了太多的自启动应用软件，比如腾讯 QQ、搜狗输入法等等。当然，这些自启动的软件确实有些是必要的，但也有许多是不必要的，因此用户可以将不必要的自启动软件关闭，使电脑可以快速启动。

设置的方式为：点击“开始”菜单，选择“运行”选项，在对话框输入“msconfig”（如图 1–49），点击确定。在系统配置界面，将一些不需要的服务程序禁用掉（如图 1–50），重启电脑后即可生效。

1.2.2 关机

关机需要四个步骤，一是关闭所有程序，二是点击“开始”菜单选择“关机”选项（如图 1–51），三是待主

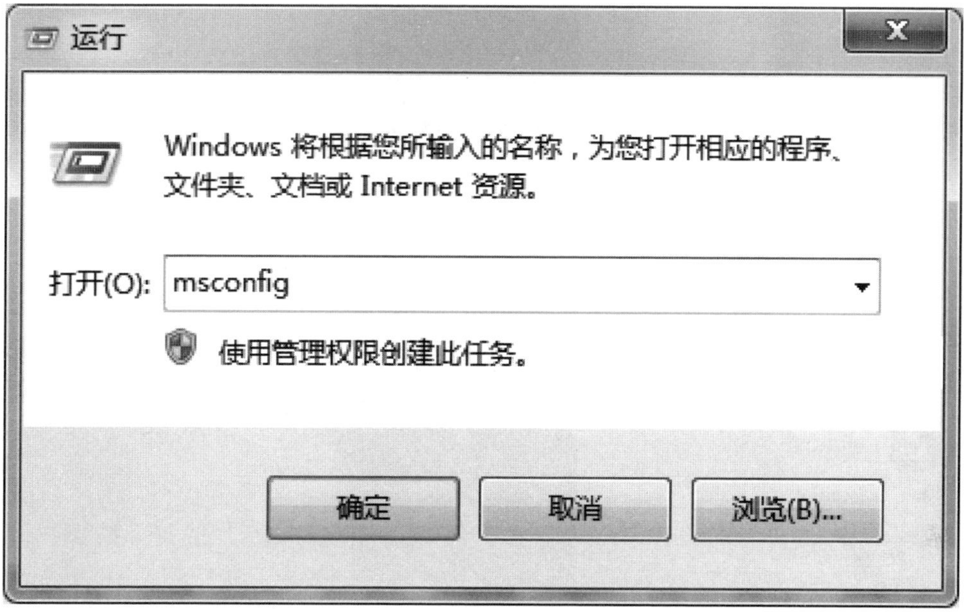

图 1-49　输入“msconfig”

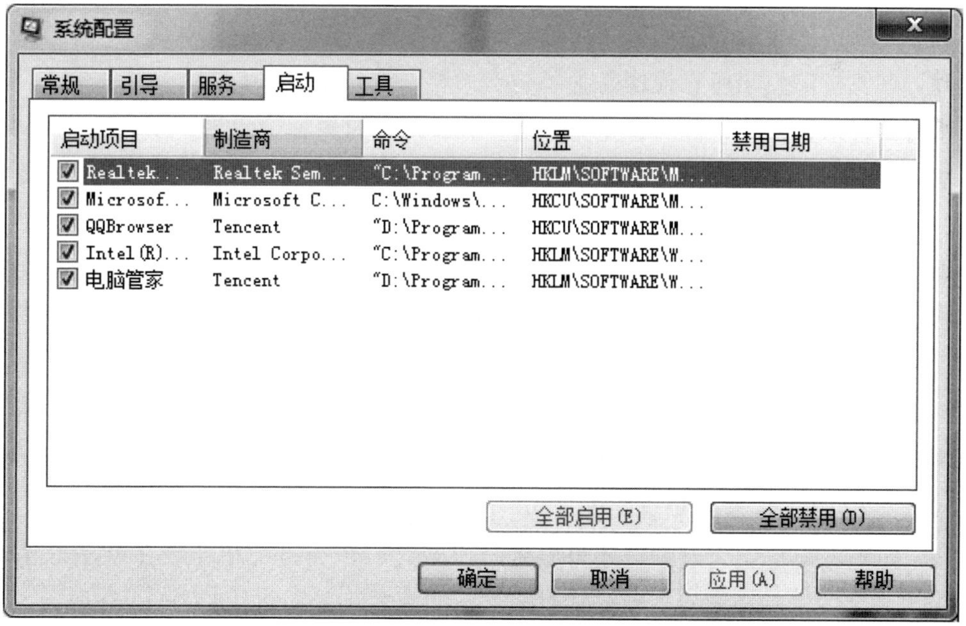

图 1-50　禁用不必要的应用程序

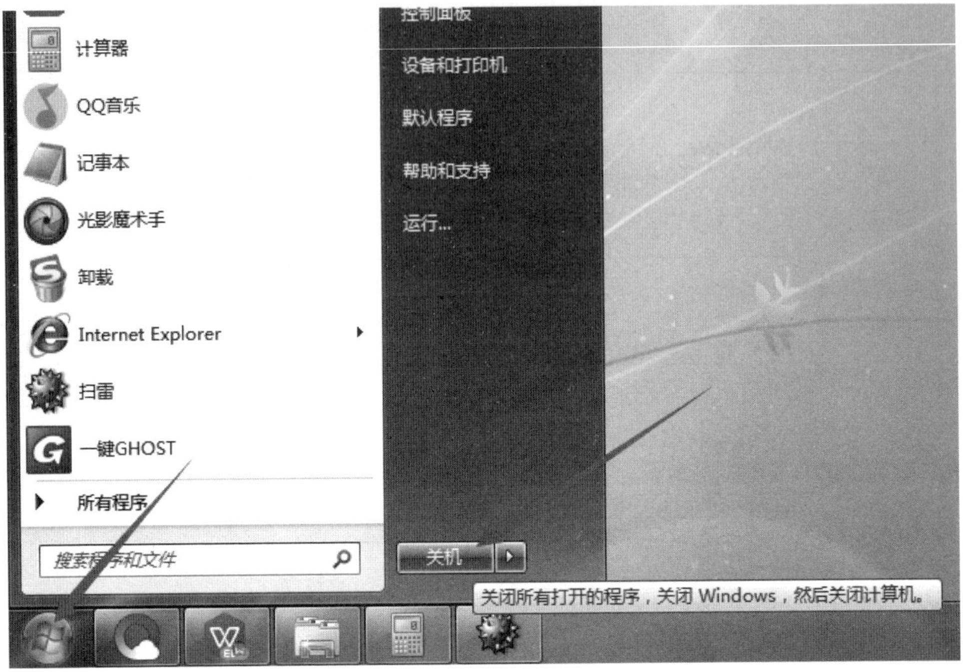

图 1-51 关闭计算机

机关闭后关闭显示器，四是关闭总电源。在关机前关闭所有程序是为了防止有文件未被保存，同时也是为了更快关机。

这里给大家推荐几种快速关机的方法。如果电脑使用的是 Windows XP 系统，可以按 win 键，然后连着按两次“U”键，电脑就会自动关机；如果电脑使用的是 Windows 7 系统，则需要先按 win 键，接着按右方向键（→），最后按下回车键，电脑就会关机。

如果觉得按键太麻烦，还可以做一个一键关机的小程序。首先，我们要在桌面的空白领域点击右键，选择“新建”选项，在其中找到“文本文档”选项（如图 1-52）并点击它。

此时桌面上出现一个名为“文本文档”的文件，打开这个文件，并在里面输入关机命令“shutdown /s /t 0”（如图 1-53），点击“文件”选项，选择“保存”后关闭文件。

关闭文件后在桌面找到该文件，并用右键选中，选择“重命名”选项，将文件名改为“一键关机 .cmd”，在弹出对话框中选择“是”（如图 1-54）。到这一步一键关机小程序就做好了，只需要双击这个文件就可以关机。

如果电脑由于一些原因死机了，

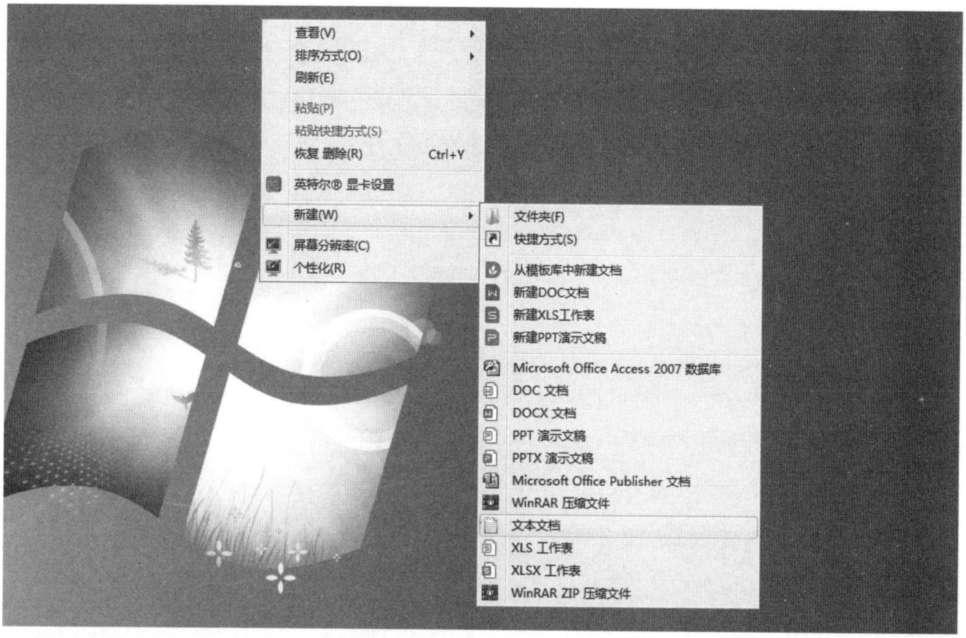

图 1–52　新建文本文档

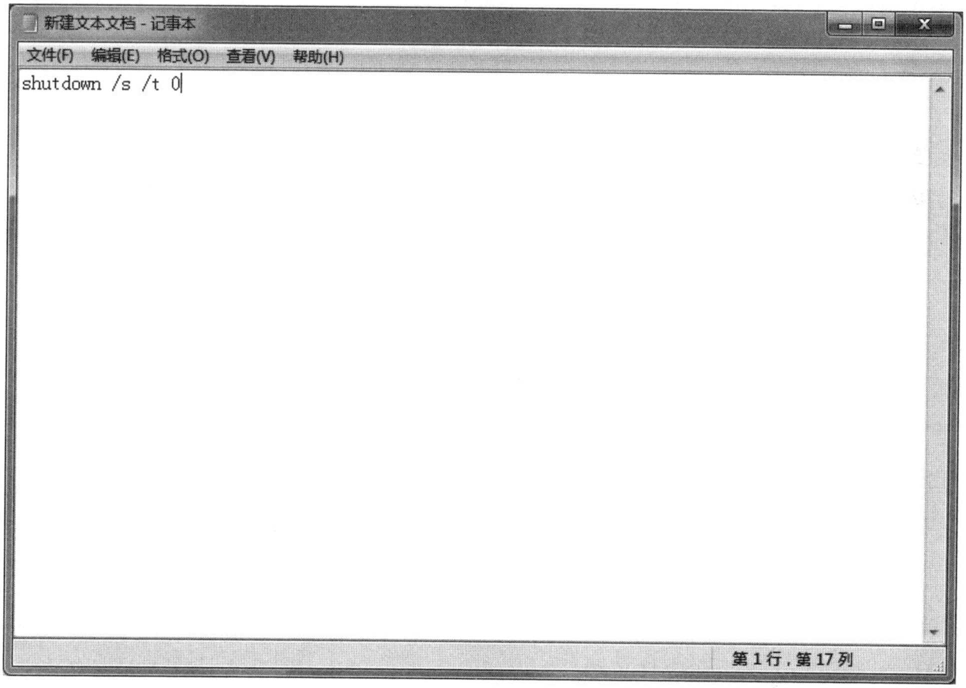

图 1–53　输入关机命令“shutdown /s /t 0”

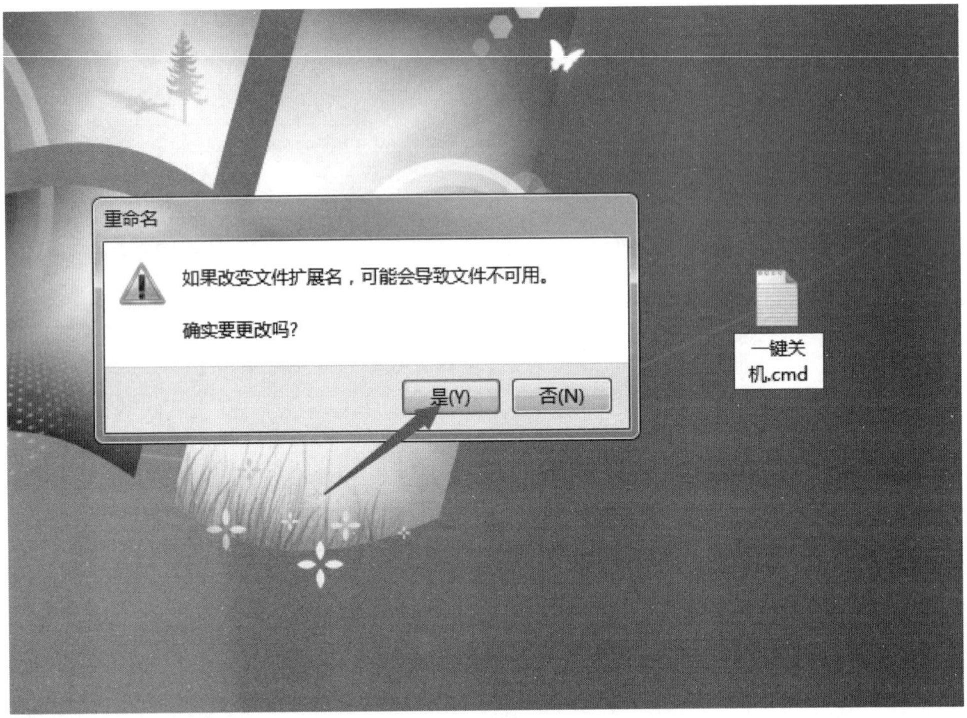

图 1-54　重命名

无论怎么点击鼠标都没有反应，可以长按主机电源键或者键盘上的 Delete 键强制关机。除此之外还可以同时按下 Ctrl 键、Alt 键与 Delete 键三个按键，打开任务管理器（如图 1-55），在“应用程序”选项中找到未响应的程序，并将未响应的应用程序关闭，然后再关机。

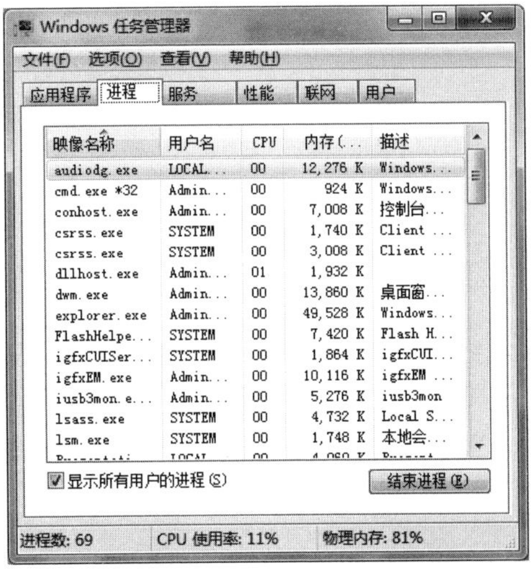

图 1-55　任务管理器

需要说明的是，病毒侵入、系统文件损坏、散热不良等情况都有可能造成电脑自动关机或重启，需要根据具体情况操作，才能够排除故障。

1.2.3 重启

重启就是电脑重新启动的意思，通常出于保护程序或保存更改设置的目的进行重启，也不排除上述故障导致重启。

与关机一样，重启也有很多方法。最为常规的方式重启方式就是打开“开始”菜单，点击“关机”选项右边的箭头，在弹出菜单中选择“重新启动”即可（如图 1-56）。

除此之外，也可以通过键盘快速关机。如果电脑使用的是 Windows XP 系统，可以按下 win 键，接着按“U”键，最后按“R”键，电脑就会自动重启。如果电脑使用的是 Windows 7 系统，则需要先按下 win 键，接着按两次右方向键（→），最后按“R”键，电脑就进入重启进程。

想要在更短的时间内、用更加快速的操作进行重启，还可以制作一键重启的小程序。制作一键重启小程序的步骤和制作一键关机小程序的步骤一样，但是在输入命令时要输入“shutdown /r /t 0”（如图 1-57），而非“shutdown /s /t 0”。

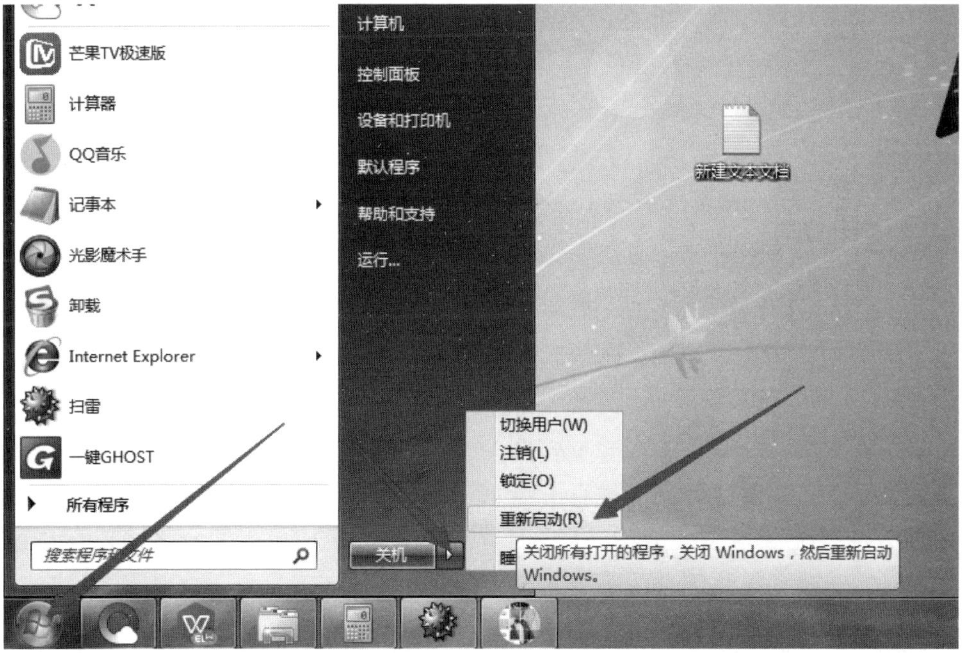

图 1-56　重启计算机

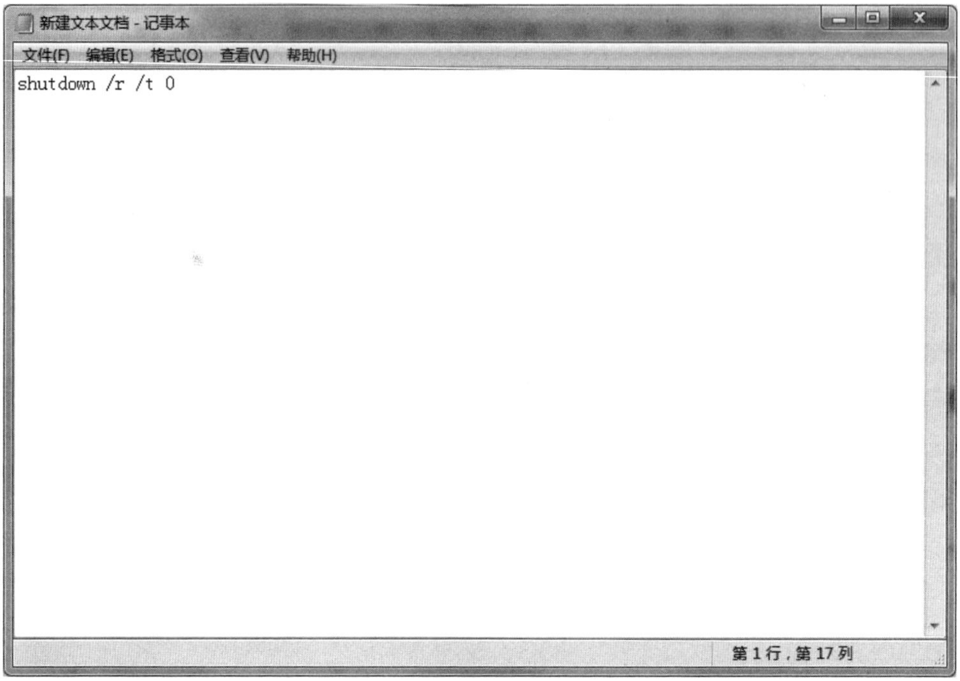

图 1–57　制作一键重启小程序

1.2.4　其他操作

除了开机、关机、重启外，用户还可以通过操作使电脑进入其他状态，比如切换用户、注销、锁定、睡眠等。

切换用户即从一个账户变更到另一个账户上。切换账户的前提是电脑上拥有两个或两个以上的用户账户，关于如何设置用户账户这一点，我们会在后续的内容中讲到。当电脑满足这个要求后，其他用户想要在不注销当前用户或不关闭当前用户程序、文件的情况下进入自己的用户账户，最简单的办法就是使用切换用户功能。

切换用户的方式为，打开“开始”菜单，单击“关机”选项右边的箭头，在弹出菜单中选择“切换用户”（如图 1–58）。

选择“切换用户”后，系统会跳转到“欢迎使用”界面（如图 1–59），在该界面选择希望切换的用户账户即可。与关机、重启一样，切换用户也有专属的快捷键，同时按下 Ctrl+Alt+Delete，然后单击希望切换的用户账户即可实现切换用户。

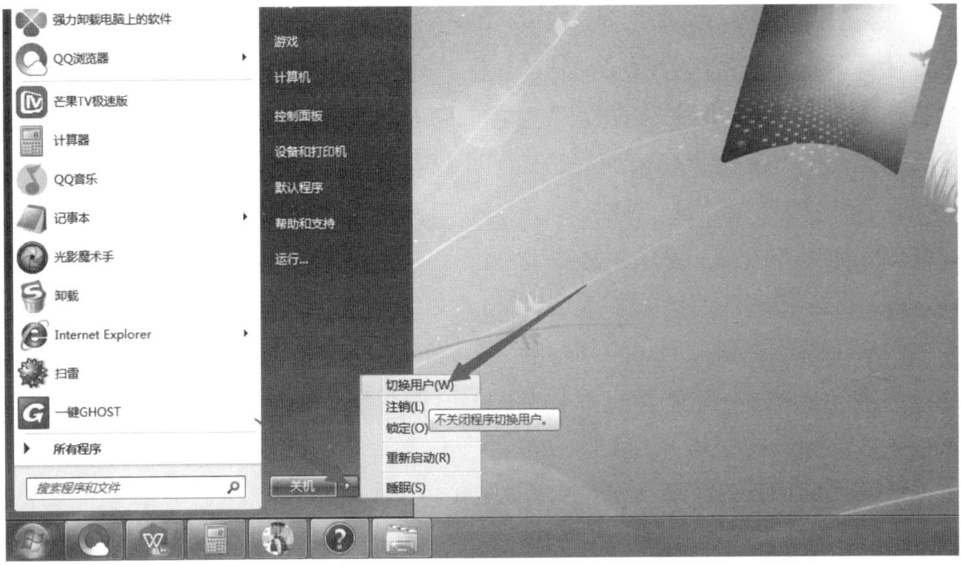

图 1–58　切换用户

图 1–59　“欢迎使用”界面

需要注意的是，如果用户登录到远程计算机（比如使用远程桌面功能操纵他人电脑），此时是无法在该计算机上进行“快速用户切换”的。另外，在进行账户切换时，最好将当前账户的重要文件进行保存。因为Windows系统在默认情况下不会自动保存用户打开的文件，当用户切换到其他的用户账户后，该账户也拥有关闭和重启计算机的权限，若该用户选择关闭或重启计算机，那么之前打开的用户账户中的所有文件都有可能由于系统未进行自动保存而丢失。因此，如果账户打开了重要文件，最好是保存以后再进行切换用户的操作。

注销是指将当前的用户账户所使用程序或打开文件全部关闭，并且退出该用户账户，在此过程中电脑并不会关闭。注销后，用户登陆无须重新启动电脑，用户可以再度进入该用户账户，或者进入其他用户账户。除此之外，用户也不必担心其他用户账户关闭计算机导致文件或其他信息丢失。

注销的方式为，在将程序关闭、文件保存后，打开“开始”菜单，点击“关机”选项右侧的箭头，在弹出菜单中选择“注销”选项（如图1–60）即可。

锁定计算机的目的在于保护计算机内的信息。当需要用户离开电脑前时，最好将账户注销或者锁定计算机，以防止信息泄露。这里需要说明

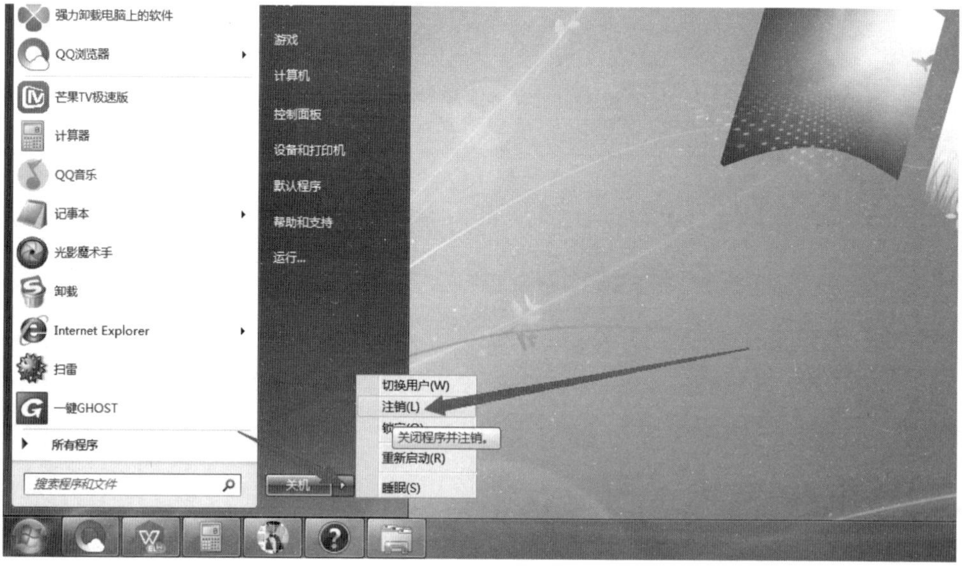

图 1–60　注销

的是，当用户注销后，其他用户在使用电脑时不会第一时间看到该用户的信息，但仍然可以登录该用户的账户。但是，如果用户选择锁定计算机，此时只有账户主人或者管理员才能够进入账户查看信息，能够有效防止其他用户查看信息或使用计算机。当用户解除锁定并重新登录账户后，之前打开的文件和程序仍然处于开启或运行状态，不用再度开启文件或程序。

锁定计算机的方式为，打开“开始”菜单，点击“关机”选项右侧的箭头，在弹出菜单中选择“锁定”选项（如图 1–61）即可。

睡眠的作用是让计算机进入一种节能状态，当用户需要再次使用计算机时，可在短短几秒钟的时间内让计算机恢复全功率运作。让电脑进入睡眠状态就像用智能手机看电影时按下了暂停键一样，电脑会立刻停止其工作，同时做好继续工作的准备，一旦用户唤醒后马上进入工作状态。

电脑进入睡眠状态的方式为，打开“开始”菜单，点击“关机”选项右侧的箭头，在弹出菜单中选择“睡眠”选项（如图 1–62）即可。

大多数电脑进入睡眠模式后，用户可以通过按下电脑的电源键来唤起电脑，使其恢复工作状态。当然，也有一些电脑需要用其他的方式唤醒，比如晃动鼠标、单击鼠标、按下键盘

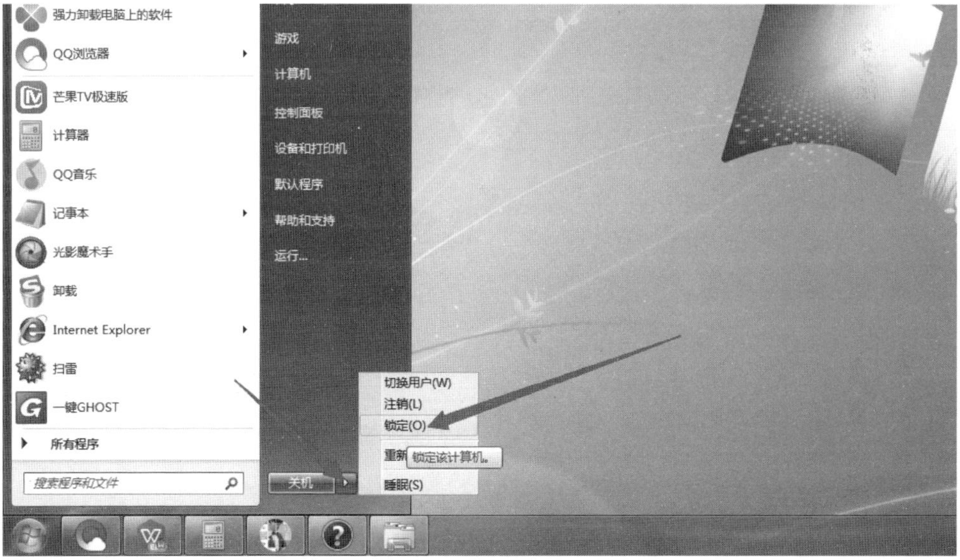

图 1–61　锁定

上的任意按键等，有些笔记本电脑只需要将显示屏翻开就可以唤醒，具体的唤醒方式还需要根据电脑的实际情况进行。

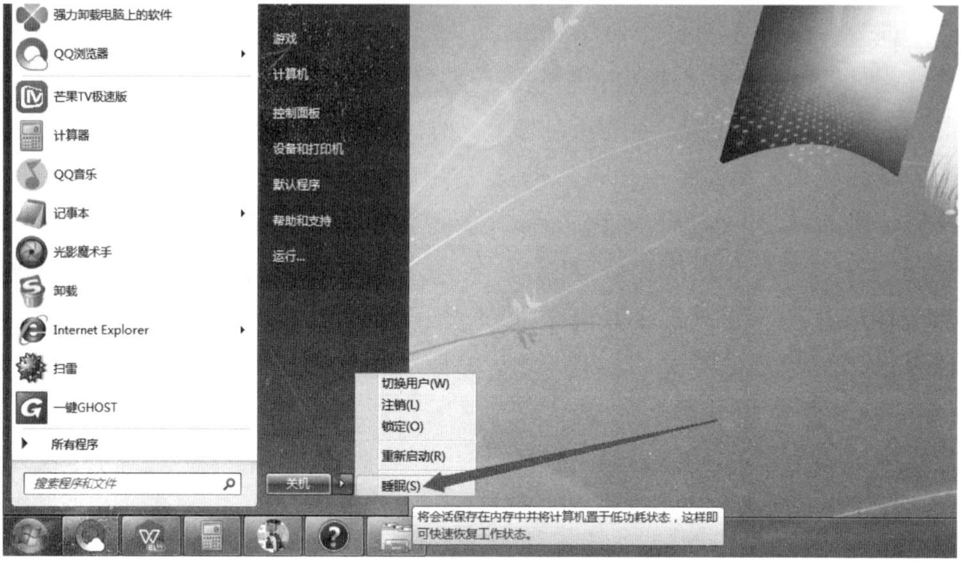

图 1-62　睡眠

> **场景实操**

- ✓ 了解电脑的组成部分。
- ✓ 设置一个关机或重启的快捷键。
- ✓ 切换一次用户账户。
- ✓ 注销当前账户。
- ✓ 进行一次锁定计算机。
- ✓ 将计算机设置到睡眠模式。

第2章

电脑硬件设备的使用方法

用户可以根据自身需要为电脑搭配配套的硬件设备，比如鼠标、音响、打印机、投影仪等等，这里主要针对鼠标、键盘及打印机这三种常用的硬件设备进行介绍。

2.1 鼠标的使用

鼠标的名字来源于其酷似老鼠的外形。1964年，加州大学伯克利分校博士道格拉斯·恩格尔巴特（Douglas Engelbart）发明了鼠标，在此之前他一直思考能否让电脑操作更加便捷，当时人们对电脑下达指令都需要依靠键盘输入，有时候需要输入大量的指令才能完成一项操作，鼠标的出现使人们使用电脑的工作效率提高了数倍。

鼠标可以说是每一台电脑上必须具备的硬件设备，如果没有鼠标很多指令都无法下达。尽管键盘也可以代替鼠标的部分作用，但是远没有鼠标使用方便。

2.1.1 正确握姿

经常使用电脑的人容易患上“鼠标手”，而掌握鼠标的正确握姿可以预防、缓解鼠标手，让人远离鼠标手的危害。鼠标的正确握姿一共有三种，分别是前位式、后位式、趴式。有一点需要注意，无论使用哪种姿势操控鼠标，用户的手腕都应该与鼠标呈水平状态，不要上翘，也不要下压，这样容易对手腕造成不必要的伤害。

1 前位式。

前位式握鼠需要用户将大拇指放

在鼠标左侧中部的位置，无名指、小拇指放在鼠标右侧中部的位置，食指、中指微微弯曲并分别放在鼠标左键和右键上，手掌下部放在鼠标尾部。使用前位式操控鼠标，需要将手臂作为支点，左右移动需要将手臂作为支点左右摆动，需要上下移动的话手臂也需要相应地进行垂直运动。指尖位于鼠标按键最中心的位置，这个位置加上手指弯曲的姿势，可以使用户在需要时快速按下按键。

使用前位式操控鼠标时，手掌的重量落在了鼠标尾部，手腕基本上悬空，支点也变为手臂，这样可以使操纵鼠标的力度变大，与其他两种握姿相比有更高的准确度。该方法比较适合要求快速按键、精准移动的用户，因此游戏玩家通常使用该方法操纵鼠标，尤其是使用体积大、对称型鼠标的用户，最适合使用该方法。

2 后位式。

后位式就是大拇指位于鼠标左侧靠后的位置，无名指、小拇指位于鼠标右侧靠后的位置，食指、中指分别放在鼠标左键和右键上，并保持较为舒适的弯曲状态，同时鼠标的背部、尾部并不会直接碰到手掌。使用后位式操控鼠标时，不需要移动手腕，而是将手腕当作一个支点，通过大拇指和无名指的力量使鼠标在手掌形成的空隙中滑动，使用指尖点击鼠标按键。

后位式操纵主要依靠手指，只要手指足够灵活，就可以快速移动鼠标，这个姿势非常适合短时间内高频率移动鼠标的情况下使用。另外，如果用户使用的鼠标体积比较大，就不太适合后位式，可以换成体积较小的笔记本鼠标。

3 趴式。

趴式同样需要大拇指位于鼠标左侧，无名指、小拇指位于鼠标右侧，不同的是食指和中指需要平放在鼠标的按键上，而且手指和手掌完全与鼠标贴合。在操作鼠标时需要大拇指、无名指、小拇指保持自然伸直状态，手腕随着鼠标的移动而移动，使用指腹点击鼠标按键。

趴式操作鼠标虽然也是依靠手腕做支点，但是整个手掌并非悬空状态，而是稳稳地贴在鼠标上，能够有效降低疲劳感，因此用户使用该方法操控鼠标会感觉到十分舒适，同时这也是最为常见的握姿。趴式操作鼠标具有较大的活动范围，适合长时间操作鼠标的用户使用。

2.1.2 左键、右键及滚轮的作用

出于针对不同用户群体、让鼠标的操作更简便等目的，鼠标的样式也

是多种多样，市面上的鼠标包括两键的、三键的、六键的等，其中较为常见的就是两键鼠标。两键鼠标包括左键（the left mouse button）、右键（the right mouse button），在左键和右键中间往往还有一个滚轮（mouse wheel）。接下来我们以两键鼠标为例，说说左键、右键及滚轮的作用。

鼠标左键有单击、双击、拖动三个功能，鼠标右键只有右击一个功能。

1 单击。

单击就是按下左键后迅速放开，通常在选定某个操作对象时进行。

2 双击。

双击就是连续进行两次单击，中间间隔时间不可以太长，通常在打开窗口、启动程序时进行。

3 拖动。

拖动就是按下鼠标左键不松手，将操作对象移动到指定位置后再松开左键，通常在选择多个操作对象、拖动选定文字或窗口等情况下进行。

4 右击。

右击就是按下右键后迅速放开，通常在打开操作对象相关的快捷菜单时进行。

很多人以为滚轮是没有什么作用的，其实不然，滚轮可以进行页面上下翻动、屏幕自动滚动、图片放大缩小和翻页、页面缩放。

1 页面上下翻动。

在浏览网页或文档时，很多人会用鼠标拖动滚动条使页面上下移动，其实完全不用这么麻烦，只需要轻轻滚动滚轮就可以实现页面上下翻动。这样一来不仅省去了移动鼠标和点击滚动条的麻烦，也可以更加专心地查看信息。

2 屏幕自动滚动。

在浏览网页或文档时，不仅可以使用滚轮翻页，还可以轻轻点击滚轮，这时会在窗口显示一个黑色的图标，该图标有两种，一种是由上下两个箭头组成，另一种是由上下左右四个箭头组成。只要将鼠标轻轻移动至该图标的任意方向，页面就会随之滚动，而且鼠标和图标的距离越远页面滚动的速度越快，调整好页面滚动的速度就可以实现屏幕自动滚动了，查看网页或文档十分方便。

3 图片放大缩小和翻页。

在使用软件查看图片时，滚轮也可以实现其作用。以软件 WPS 图片为例，鼠标滚轮可以设置为放大缩小（上滑放大、下滑缩小）或前后翻页（上滑为上一张，下滑为下一张）。具体设置方式为，打开 WPS 图片后点击右键，选择“设置”选项（如图 2-1）。

打开 WPS 图片的设置中心后，选

图 2-1　选择“设置”选项

择“鼠标滚轮”后的“放大缩小”或“前后翻页”选项（如图 2-2）。设置完成后关闭对话框，之后滚轮就可以进行图片的放大缩小或者前后翻页功能了。

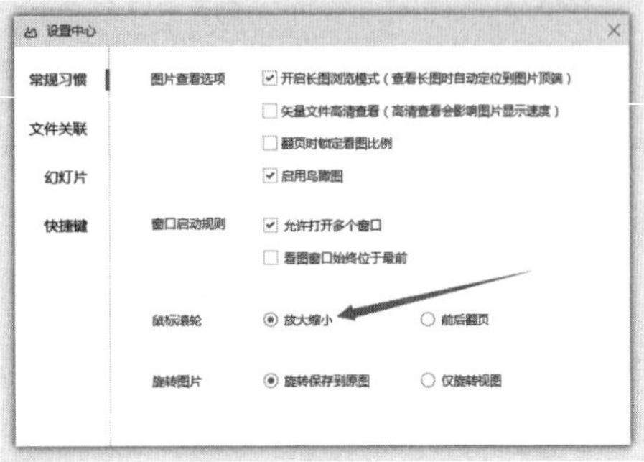

图 2-2　WPS 图片设置中心

4 页面缩放。

鼠标滚轮的页面缩放功能需要搭配 Ctrl 键进行，在网页或文档界面，按下 Ctrl 键后滑动滚轮（上滑放大、下滑缩小）就可以实现页面缩放了，从而达到查看信息的最佳视图。

2.1.3　常见问题及处理方法

鼠标是用户操作电脑时使用频率最高的设备之一，如果鼠标出现故障会直接影响到电脑的使用。鼠标常见的两种问题分别是无应答和单击无效，这里整理、总结了鼠标常见的两种问题及解决方案。

鼠标无应答是指用户移动鼠标时光标不会随之移动，或者用户点击左键或右键后并未选中或未出现相应的对话框。导致鼠标无应答的原因通常有以下几种：

1 系统繁忙或死机。

当系统中安装了太多的软件，以及长时间未清理缓存后，电脑中可能会存在大量的垃圾文件，除此之外，用户同时打开多个软件或下达多个指令时，都有可能导致系统繁忙，无法响应用户下达的指令。这个时候可以清除缓存垃圾并重新启动电脑，或者启动任务管理器将无响应的程序关闭。

2 接口松动或故障。

鼠标与电脑的接口可能由于插拔不当、插拔频率过高等原因导致松动，接口松动的话，鼠标就失去了和电脑的联系，自然无法下达指令。判断是否为接口松动的方法很简单，现在的鼠标都是光电鼠标，如果鼠标底部的指示灯不亮了，基本上可以确定是接口的问题，用户可以将鼠标线拔下重新连接到电脑上（PS/2 接口的鼠标拔下后需要重启电脑才能使用）。

3 无线鼠标未安装驱动或信号干扰

无线鼠标大多是不需要安装驱动程序的，但是也有例外，因此无线鼠标不能使用时，可以查看产品说明书，弄清楚是否需要安装驱动。如果已经安装了驱动或者不需要安装驱动但鼠标仍然无法使用，可以看看附近是否有人在使用相同型号或相似的鼠标。这是因为使用相同无线鼠标的人距离过近时，无线鼠标的信号会相互干扰，只要拉开距离就可以恢复。

4 鼠标损坏。

如果遇到上述情况且已经做出相应的措施却还是不能解决问题，可以尝试将鼠标连接到另外一台电脑上，还是无响应的话就是鼠标本身的问题，需要更换新的鼠标。

单击变双击是指单击鼠标却出现了双击的效果，通常情况下是由于鼠标故障导致的，但是也有可能是设置问题或者鼠标内部出现异物。

1 设置问题。

打开控制面板，选择“硬件和声音”选项（如图 2–3）。

打开硬件和声音后选择“鼠标”选项（如图 2–4）。

图 2–3　选择“硬件和声音”选项

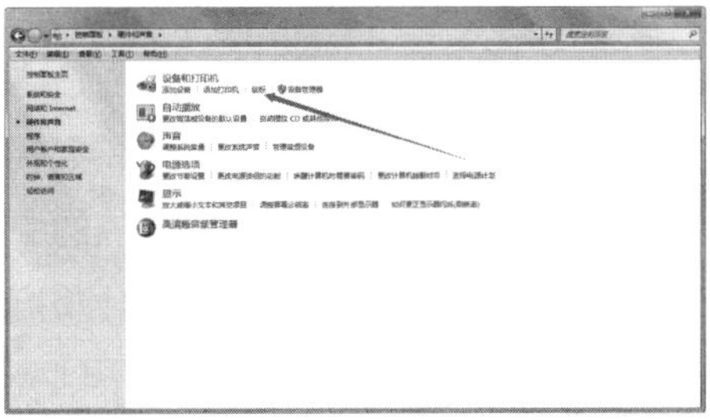

图 2–4　选择“鼠标”选项

在鼠标属性界面查看“启用单击锁定”选项是否被勾选，如果被勾选则取消掉（如图 2–5），然后选择应用并关掉对话框。如果“启用单击锁定”选项未被勾选，直接关闭对话框即可。

2 鼠标内部异物。

鼠标按键之间是有缝隙的，如果出现异物也有可能导致按键不准确，可以点击几次查看是否有异物感或者按键是否无法正常弹起。如果有异物感，可以将鼠标的外壳取下来取出异物，如果是按键无法弹起则需要更换鼠标。

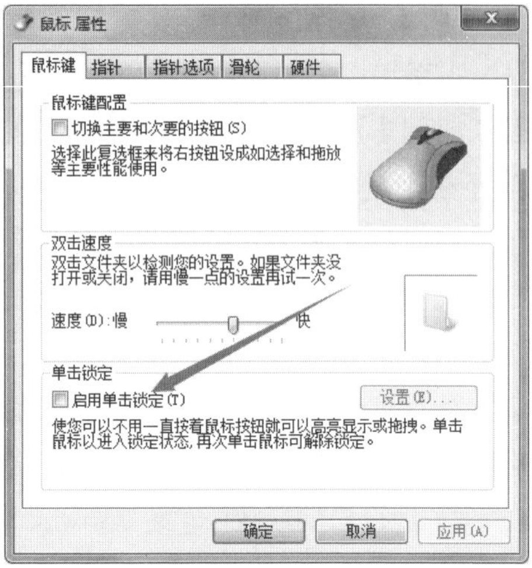

图 2–5　鼠标属性

2.2 键盘的使用

键盘作为电脑的重要输入设备，也是用户向电脑下达指令的关键设备，正确使用键盘十分重要，能够大大提升工作效率。

2.2.1 键盘的不同分区

键盘可以分为五个区，分别是主键盘区、功能键区、控制键区、数字键区和状态指示区。网络上流传的主键盘、副键盘、数字键盘、组合功能键等说法都是不标准的。键盘不同分区的划分如下：

1 主键盘区。

主键盘区（如图 2–6）又叫做打字键盘区、字符键区，体现了标准英文打字机键盘的格式。该区域占据了

图 2–6　主键盘区

键盘上最大的位置，一般具有 58 个按键，包括基本字符键、数字键、符号键、部分系统控制键等。

2 功能键区。

功能键区（如图 2-7）位于主键盘区的正上方，也是整个键盘的上方，以“Esc 键”为始，中间是 F1 到 F12，后面是“PrintScreen 键”“ScrollLock 键”（或简写为“ScrLk”）“Pause/Break 键”。功能键需要对应不同的软件，才能发挥其功能性。

图 2-7　功能键区

3 数字小键盘区。

数字小键盘区（如图 2-8）又被叫做“Num 数字辅助键盘区”，位于整个键盘的右侧，包括数字键、四个运算符号键（加、减、乘、除）、回车键、小数点键、NumLock 键（或简写为“NmLk”）。其中，NumLock 键的作用是开启、关闭数字小键盘区，相应的指示灯未亮起的情况下，数字

图 2-8　数字小键盘区

小键盘区所有按键都处于无效状态。

4 控制键区。

控制键区（如图 2-9）也处于键盘的右方，位于主键盘区和数字小键盘区当中，包括上下左右四个方向键按键，功能是光标定位、编辑等。

图 2-9　控制键区

5 状态指示灯区。

状态指示灯区（如图 2-10）即键盘上的指示灯，通常为两到三个，包括 Caps Lock 指示灯（大写锁定）、Num Lock 指示灯（数字小键盘锁定）和 Scroll Lock 指示灯（滚动锁定键）。

图 2-10 状态指示灯区

图 2-11 基本键位

当用户按下“Caps Lock键”“Num Lock键”“Scroll Lock键”后，相对应的指示灯会亮起或熄灭。

2.2.2 使用键盘的正确姿势

使用键盘的正确姿势不是指坐姿，而是指手指与键位的搭配，也就是将键盘上的按键分配给每个手指去“管理”，在十根手指的分工合作下输入指令的效率会大大提高。

在处于文字输入状态时，十指需要分别摆放于固定位置，并负责不同分区，按下相应的按键后，手指仍然需要回到最初的位置。除左右手的拇指外，其他手指所处的最初位置被我们称为“基本键位”，也叫“原位键”。

键盘上的按键顺序都是按照其在英文中的出现频率来排列的，因此“基本键位”（如图 2-11）是由出现频率较高的 7 个字母和 1 个符号组成，它们分别是“A”“S”“D”“F”“J”“K”“L”“；”。基本键位与手指的关系为：左手小指放在“A”上，左手无名指放在“S”上，左手中指放在“D”上，左手食指放在“F”上，右手食指放在“J”上，右手中指放在“K”上，右手无名指放在“L”上，右手小指放在“：；”上。

在八个基本键位中，在左右手食指对应的“F”和“J”具有一条突起的横杠或者是点状突起（如图 2-12），

图 2-12 “F”键和“J”键上的突起

这是便于用户在盲打时迅速找到手指对应的位置。

至于左右手的拇指，则需要一直放在空格键上。因此，除了拇指外，其他 8 个手指都有自己需要负责的范围，每个手指都要负责其区域内字符的输入，具体如下：

左小指负责“1”“Q”“A”“Z”“左 Shift”；

左无名指负责“2”“W”“S”“X”；

左中指负责“3”“E”“D”“C”；

左食指负责“4”“R”“F”“V”“5”“T”“G”“B”；

右食指负责“6”“Y”“H”“N”“7”“U”“J”“M”；

右中指负责“8”“L”“K”“，”；

右无名指负责“9”“O”“L”“。”；

右小指负责“0”“P”“：；”“右 Shift”。

2.2.3　部分按键的“隐藏功能”

键盘上的按键不光可以使用户完成文字输入，许多按键还有其特殊功能，甚至可以取代鼠标的功能。这里主要说明 Esc 键及 F1 键到 F12 键的“隐藏功能”。

Esc 键：Esc 键的作用是强行中止或退出。比如在观看视频或图片时想

图 2-13　Esc 键及 F1 键到 F12 键

退出全屏状态，可以直接点击 Esc 键。

F1 键：F1 键的作用是提供选定程序的帮助。比如在 Word 中需要唤起帮助选项，可以直接按下 F1 键，页面会呈现帮助窗口。

F2 键：F2 键的作用是重命名。在选定了某个文件或文件夹后，需要对其进行重命名，可以按下 F2 键并输入新的命名，实现重命名。

F3 键：F3 键的作用是搜索文件。F3 键的使用仅限于资源管理器、桌面、文件夹、Windows Media Player 中。在资源管理器、桌面、文件夹中按下 F3 键（或 Ctrl+F）后会跳出“搜索文件”窗口，在对话框中输入相应的指令就可以搜索文件了。在 Windows Media Player 界面中按下 F3 键，会跳出“通过搜索计算机添加到媒体库”窗口。

F4 键：F4 键的作用是快速关闭界面。绝大多数的程序，包括浏览器、游戏、电脑管家等都可以通过“Alt 键+F4 键”组合键关闭。如果当前显示

的界面是桌面，按下“Alt 键 +F4 键”组合键会跳出“关闭系统”对话框，可以通过这种方法关闭计算机。

F5 键：F5 键的作用是刷新当前显示的窗口。在浏览器或者资源管理器界面按下 F5 键，系统会自动刷新当前页面的内容。

F6 键：F6 键的作用是定位地址栏。在浏览器和资源管理器界面按下 F6 键可以迅速定位到地址栏。

F7 键：F7 键的作用是唤起拼写和语法页面。F7 键的作用在 Windows 中无法显示出来，但在部分程序中还是有些作用的，比如在 Word 中将光标移动到具有红色下划线的字符下方，按下 F7 键后会跳出拼写和语法页面。

F8 键：F8 键的作用是在启动电脑时显示启动菜单。在电脑的启动阶段按下 F8 可以进入菜单模式，用于选择启动方式等，多半是在电脑出现问题或需要更改某些设置时使用。

F9 键：F9 键的作用是调节音量。F9 键的作用也无法在 Windows 中显现出来，但在 Windows Media Player 界面按下 F9 键可以降低音量。

F10 键：F10 键的作用是激活菜单、调节音量。F10 键具有激活 Windows 或程序菜单的作用，按下“Shift 键 +F10 键”组合键就会跳出右键快捷菜单，而在 Windows Media Player 界面按下 F10 键可以提高音量。

F11 键：F11 键的作用是全屏显示。在浏览器或资源管理器界面按下 F11 键后，页面会变为全屏显示。

F12 键：F12 键的作用是唤醒另存为窗口。F12 键的作用在 Windows 中无法显现，但是在 Word 界面按下 F12 键会跳出另存为窗口。

2.2.4 鼠标键

在 Windows 98 及其后推出的系统中，有一种叫做鼠标键的功能。所谓鼠标键，就是用键盘代替鼠标进行部分操作的功能。以 Windows 7 系统为例，唤起鼠标键可以选择两种办法。

第一种是打开控制面板，选择“轻松访问”（如图 2–14）。

在“轻松访问”界面，选择“更改鼠标的工作方式”或“更改键盘的工作方式”（如图 2–15）。

在弹出界面中选择“启用鼠标键”选项（如图 2–16、2–17），之后点击应用或确定关闭界面即可。

第二种相对简单，只需要同时按下“Alt 键 +Shift 键 +Num Lock 键”组合键，就会弹出“您想启用鼠标键吗？”的界面，并附有鼠标键的简单介绍及唤起方法（如图 2–18），这时用户可以用鼠标选择是。如果电脑没

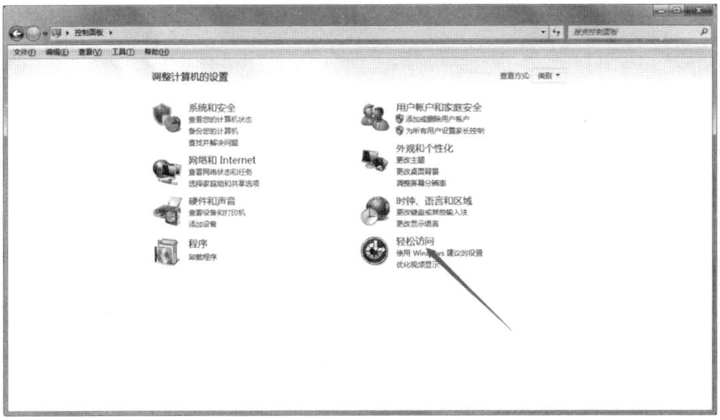

图 2-14　选择“轻松访问”

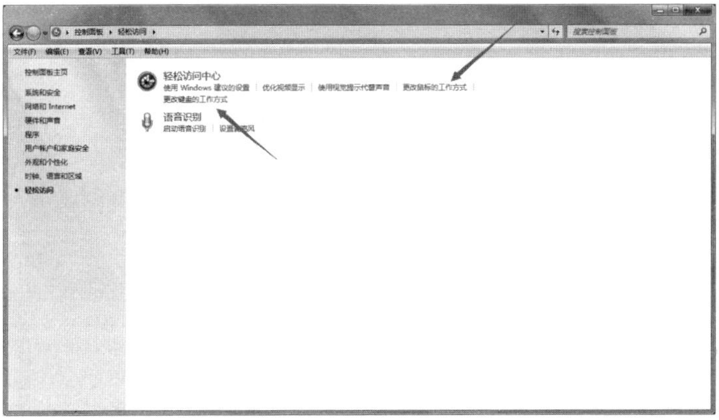

图 2-15　选择“更改鼠标的工作方式”或“更改键盘的工作方式”

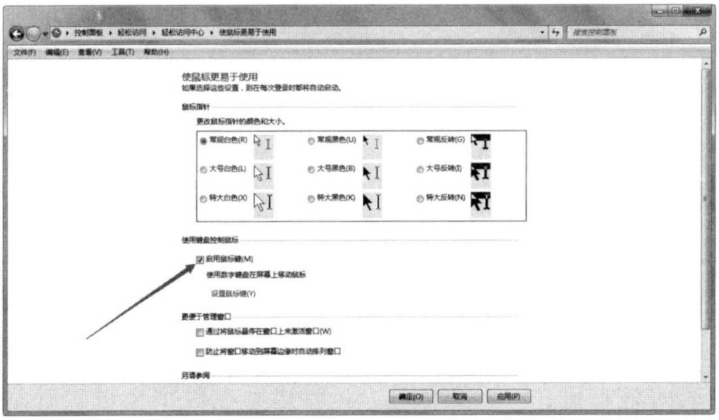

图 2-16　启用鼠标键

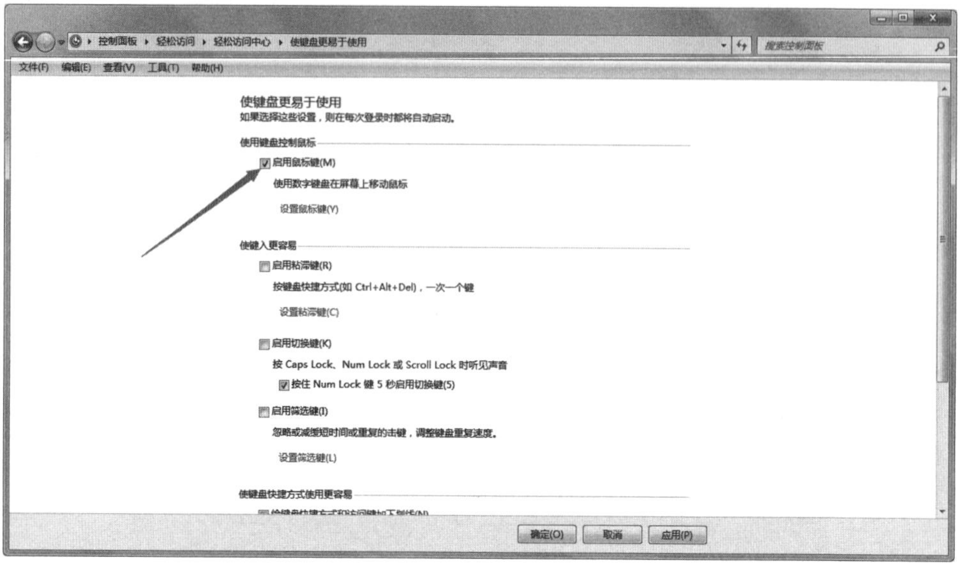

图 2-17　启用鼠标键

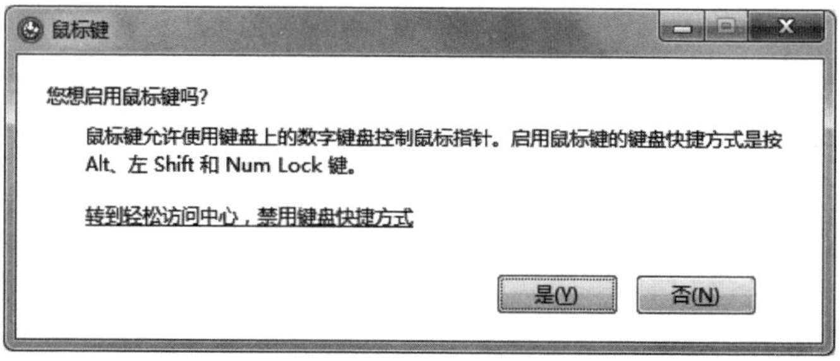

图 2-18　“您想启用鼠标键吗？”界面

有安装鼠标，或者鼠标出现故障，可以按下回车键确认该指令。

开启鼠标键后，可以使用数字小键盘代替鼠标进行操作。其中，“5”表示单击，“+”表示双击，“/”表示“5”“+”代表的是左键，“-”表示“5”“+”代表的是右键，“*”表示同时两键单击，“4”“6”“8”“2”分别控制左、右、上、下，“1”“7”“9”“3”分别对应左下、左上、右上、右下，“0”表示长按左键，“.”表示放开左键，按键的同时按住 Ctrl 能够加速移动，按住 Shift 会减速移动。

需要注意的是，开启鼠标键一定要建立在数字小键盘开启的情况下，如果未开启则无法使用。

2.3 打印机的使用

在工作和学习中，许多文件都需要被打印出来才能使用，这就离不开打印机。下面简单介绍下打印机的分类及操作流程。

2.3.1 打印机分类

根据不同的性质打印机有很多分类，比如以打印元件对纸张有无击打动作为基准，分为击打式打印机和非击打式打印机；以字符结构为基准，分为全形字打印机和点阵字符打印机；以文字在纸张上的打印顺序为基准，分为串式打印机和行式打印机；以所采用的技术为基准，分为柱形打印机、球形打印机、喷墨式打印机、热敏式打印机、激光式打印机、静电式打印机、磁式打印机、发光二极管式打印机。

尽管打印机的分类良多，但是市面上常见的打印机无非是三种类型：喷墨打印机、激光打印机、通用打印机。这三种类型的打印机是家庭和办公场所最常用到的打印机，每一种打印机的功能和技术方面都由其独特的优势，当然也有其不足之处。

喷墨打印机的工作原理是将细小的墨点喷到页面上，从而形成文本或图像。这种类型的打印机应当是最常见的打印机，倒不是因为它的功能，而是因为价格方面比较容易让大众接受，且如果不是较为繁重的打印任务它都足以胜任。当然，喷墨打印机并不是只能打印黑白色的文件，也有专为打印彩色照片而设计的喷墨打印机。

喷墨打印机（如图 2–19）虽然可以满足大多数用户的需求，价格方面也容易被人接受，但是它具有一个不可忽视的缺点，就是在打印速度上远远不及激光打印机。部分机型在打印一段时间后机身发热严重，打印速度

图 2–19　喷墨打印机[①]

① 图片来源于佳能（中国）有限公司官方网站。网址：http://www.canon.com.cn/product/gm2080/

变得更加缓慢，甚至停止打印，因此打印一段时间后需要暂停打印，等待机身温度降下来后再进行打印，不太适合打印大量文件。

喷墨打印机的另一个缺点就是添加打印纸的频率比较高，同时需要定期更换墨盒（如图 2-20）。更换墨盒的步骤为，打开打印机，使其处于开机状态，打开墨盒上的盖子，将原本的墨盒取出来，并将新的墨盒放进去，然后将墨盒盖合上，此时电脑上会看到墨量上升，这就完成了更换墨盒的过程。如果更换完墨盒后，电脑显示“机盖未关”，此时需要重启电脑。

图 2-20 墨盒[1]

激光打印机（如图 2-21）所采用的原料是一种十分细小的粉末状物质——墨粉，通过墨粉来显现出内容。激光打印机可以分为两种，一种是只能进行黑白色打印的单色打印机，另一种就是可以打印黑白文件和彩色文件的双色打印机，但双色打印

图 2-21 激光打印机[2]

机的价格往往比较高。

除此之外，激光打印机约有七成以上的成像部件集中在硒鼓（如图 2-22）中，打印质量很大程度上由硒鼓决定。硒鼓通常由铝制材料制作基本基材，并在基材上涂上感光材料，以此组成其基本结构。由于感光材料不同，硒鼓可以分为三类：OPC 鼓（有机光导材料）、硒鼓（Se 硒）、陶瓷鼓（a-si 陶瓷）。每种材料的价格不同，使用寿命也有所不同：OPC 鼓价格较为便宜，使用寿命也较短，通常只能打印 3000 页左右的内容；硒鼓的价格较为中等，能打印 9000 页左右的内容；陶瓷鼓的价格属于比较高的，但是其使用寿命也相应高了许多，可以打印 90000 页左右的内容。可以说硒鼓不仅决定了打印文件的质量，也决定了使用者购买后的使用成本。

与喷墨打印机相比，激光打印机

① 图片来源于佳能（中国）有限公司官方网站。网址：http://www.canon.com.cn/overview/consumable.html

② 图片来源于联想官方商城。网址：https://item.lenovo.com.cn/product/52883.html

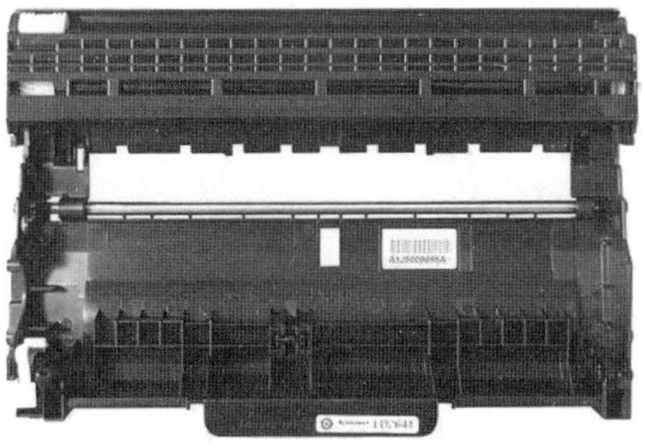

图 2–22　硒鼓[1]

图 2–23　多功能打印机[2]

具有容量较大的送纸器，添加打印纸的频率不必过高，它的工作效率（每分钟打印的页数）也比喷墨打印机多。激光打印机的墨盒寿命较于喷墨打印机来说比较长，更换墨盒的频率不必太高。从长远来看，如果打印文件的数量比较大，使用激光打印机可能要比使用喷墨打印机更加划算。

通用（AIO）打印机也有人称其为多功能（MFP）打印机（如图 2–23），是当下比较流行的一种打印机。相对来说这类打印机的价格比较高，但由于其功能强大，不仅可以满足用户打印、扫描照片、影印等需求，还可以当做传真机使用。可以说是用买一台机器的钱，买了三四台机器，而且这种“四合一”的性质可以节省不少空间，非常适合小型初创企业使用。

部分人士认为，通用打印机和多功能打印机的名字不同，因此两者之间是有差距的。但事实上，这两种类型的打印机通常没有什么差异，只不过部分贴上“多功能打印机”标签出售的设备都是大型设备，且其多半是为了满足办公室环境使用，而非家庭环境。不过总体而言，无论是通用型号也好，多功能型号也罢，它们都具有十分方便的特性，能够把之前需要三四台机器完成的工作全部包揽下来。它们还有一个优点就是，影印等功能是不需要通过计算机进行的，这就使其使用过程更加方便。

2.3.2　安装打印机

在“控制面板”找到“硬件和声音”选项，需要注意的是，部分电脑的开始菜单具有“设备和打印机”选项。打开“设备和打印机”后，选择

① 图片来源于联想官方商城。网址：https://item.lenovo.com.cn/product/1000513.html

② 图片来源于联想官方商城。网址：https://item.lenovo.com.cn/product/47722.html

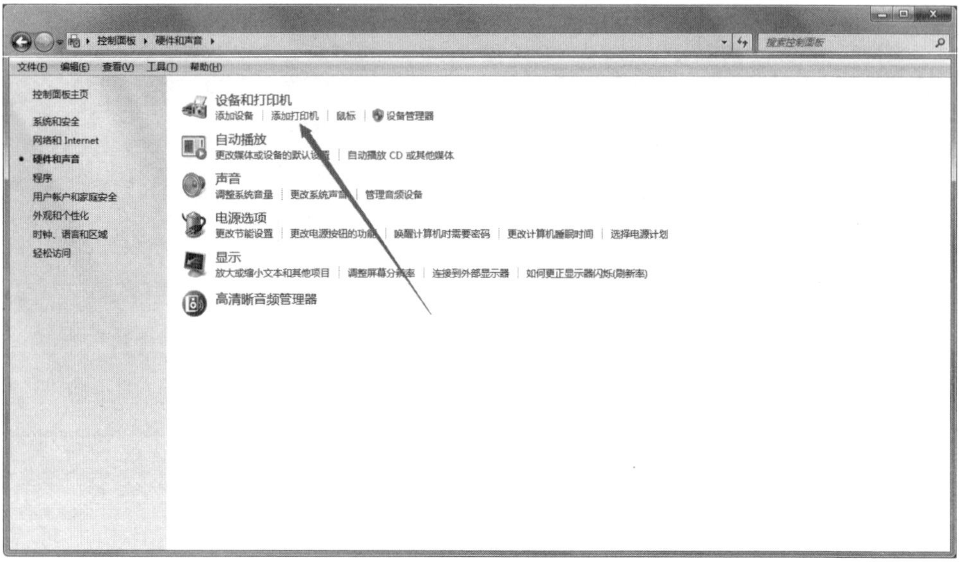

图 2–24　选择“添加打印机”

“添加打印机”（如图 2–24）。

在“要安装什么类型的打印机？”窗口具有两个选项（如图 2–25），一是添加本地打印机，二是添加网络、无线或者 Bluetooth 打印机（即蓝牙打印机，英文全称“Bluetooth printer”），根据打印机的类型选择相应的选项并点击“下一步”。安装不同类型的打印机其安装过程并不相同，相对而言，网络、无线或者 Bluetooth 打印机的安装过程更加简单一些。

如果选择的是添加本地打印机，系统会弹出“选择打印机端口”窗口（如图 2–26），根据产品的型号选择或创建相应的端口并点击“下一步”。

接下来系统会弹出“安装打印机驱动程序”窗口（如图 2–27），选择相应的驱动程序进行安装，并保持打印机与电脑相连接，之后点击“下一步”。

系统弹出“键入打印机名称”窗口（如图 2–28），用户可以选择系统默认的名字，也可以取一个名字并将其输入到对话框中，输入完成后点击“下一步”。

此时打印机进入安装状态（如图 2–29），但安装过程还没有结束，因此显示安装完成后仍需要点击“下一步”。

点击“下一步”后，系统弹出“打印机共享”窗口（如图 2–30），用户可以根据自己的需求以及页面上的提示选择是否共享，选择完成后点击“下一步”。

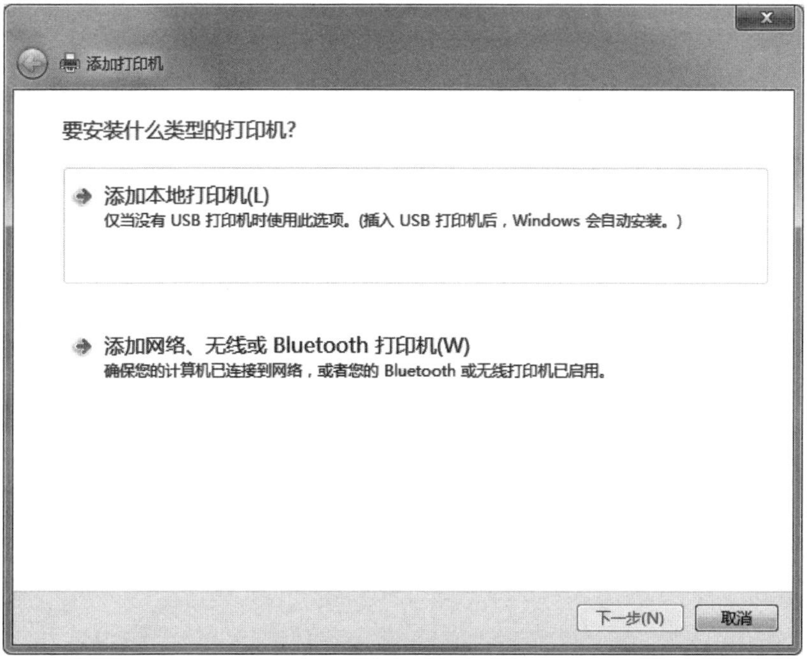

图 2-25　选择打印机类型

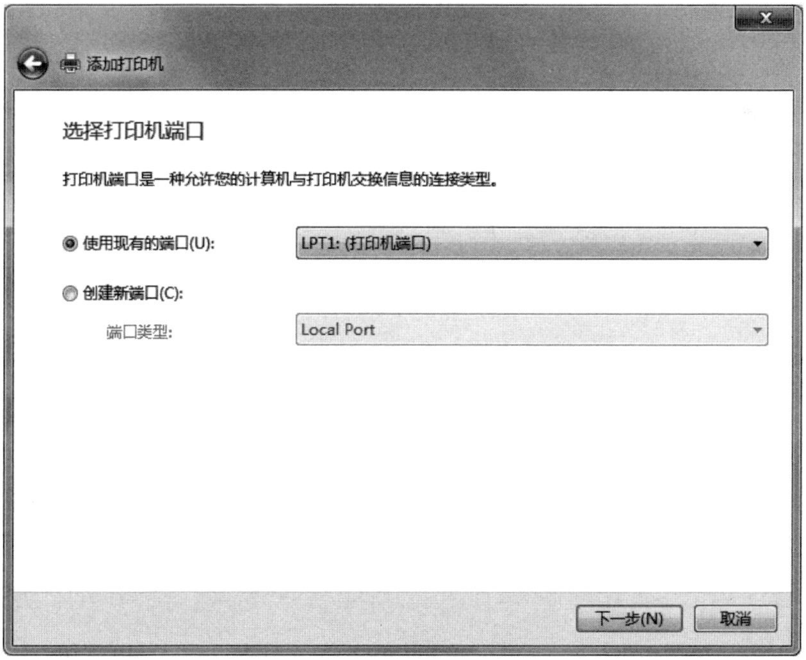

图 2-26　选择打印机端口

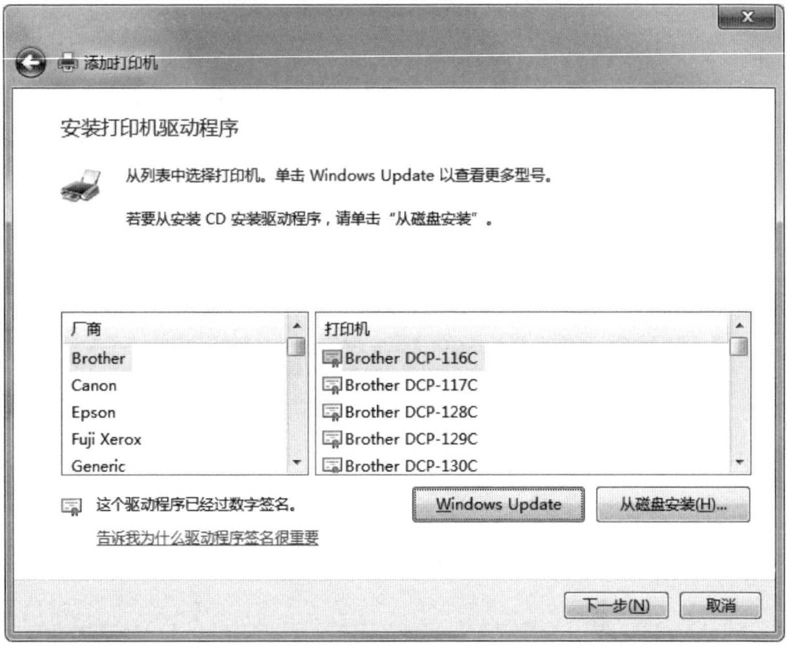

图 2-27　安装打印机驱动程序

图 2-28　键入打印机名称

图 2-29　安装打印机

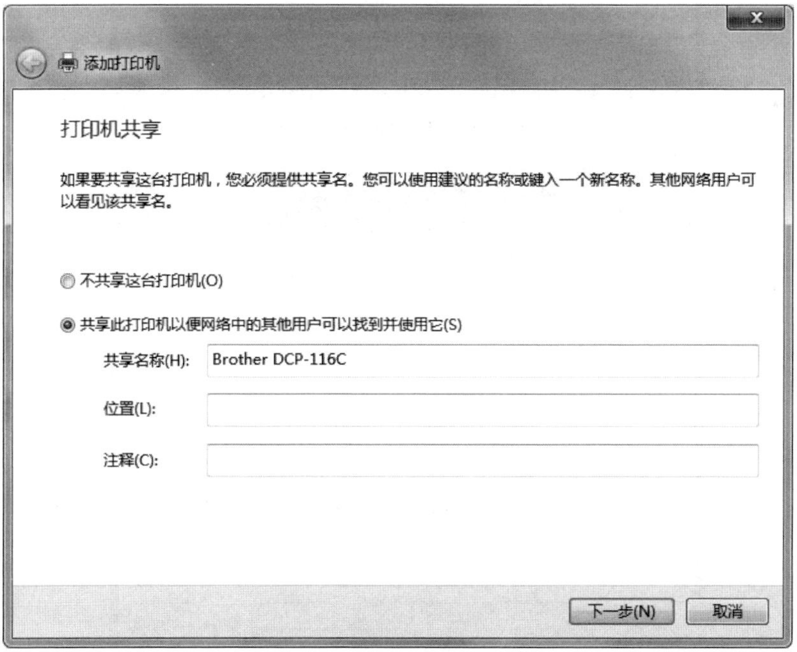

图 2-30　打印机共享

到此打印机就安装完毕（如图2–31），用户可以选择“打印测试页”查看打印机是否成功安装，也可以选择“完成”来关闭安装程序。

如果在“要安装什么类型的打印机？”窗口选择的是添加网络、无线或者 Bluetooth 打印机，那么系统会进行搜索（如图 2–32），搜索到相应的设备后选中它并点击下一步，进行后续操作即可。待安装的打印机不能被搜索到的话，可以选择“我需要的打印机不在列表中”进行查找。

图 2–31　打印机安装完成

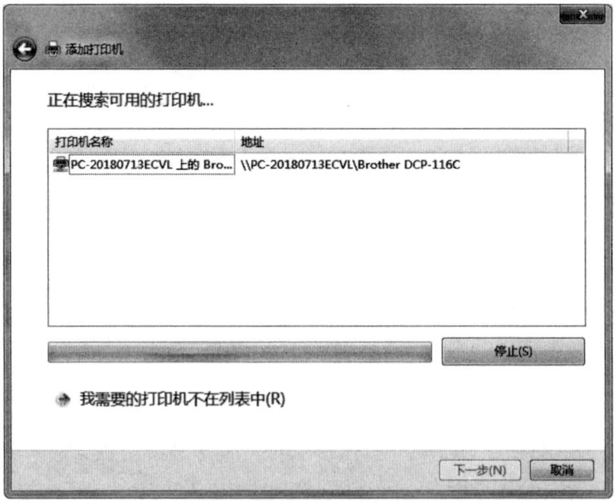

图 2–32　搜索可用的打印机

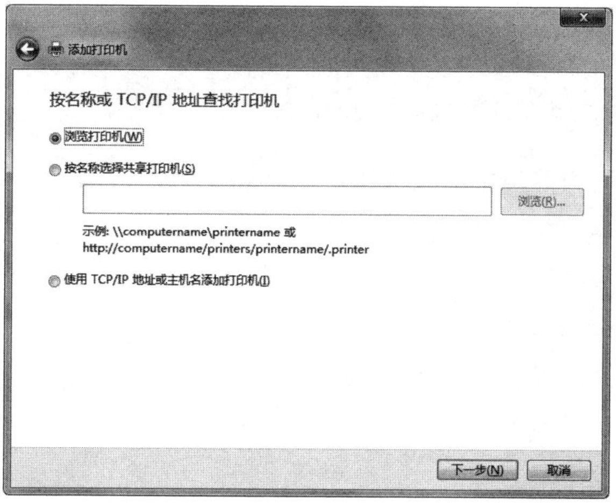

图 2–33　查找打印机

在弹出界面（如图 2–33），用户可以通过名称或 TCP/IP 地址查找打印机，找到后进行后续操作即可。

2.3.3　打印文本文档

首先需要找到准备打印的文本文档，然后在该文件的图标上点击鼠标右键，在右键菜单中找到“打印”选项（如图 2–34）。使用这种方式打印文档是比较快捷的，不需要打开文件，但需要注意的是，一定要确保文档中的内容不需要更改，且需要打印的是文档内的所有内容。

如果是正在使用中的文本文档，需要点击左上角的“文件”选项，选择“打印”选项（如图 2–35）。

选择“打印”选项后，系统会弹出一个“打印”选项窗口，如果用户没有其他要求，直接选择打印即可（如图 2–36）。

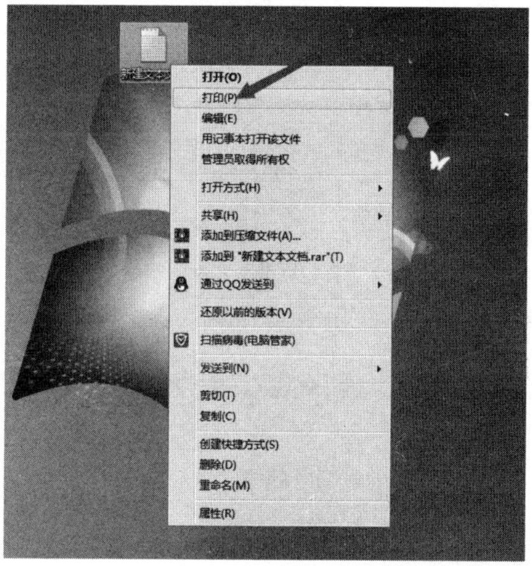

图 2–34　打印文本文档

如果需要打印的内容并非文档内的所有内容，可以在“打印”选项窗口设置页面范围（如图 2–37）。

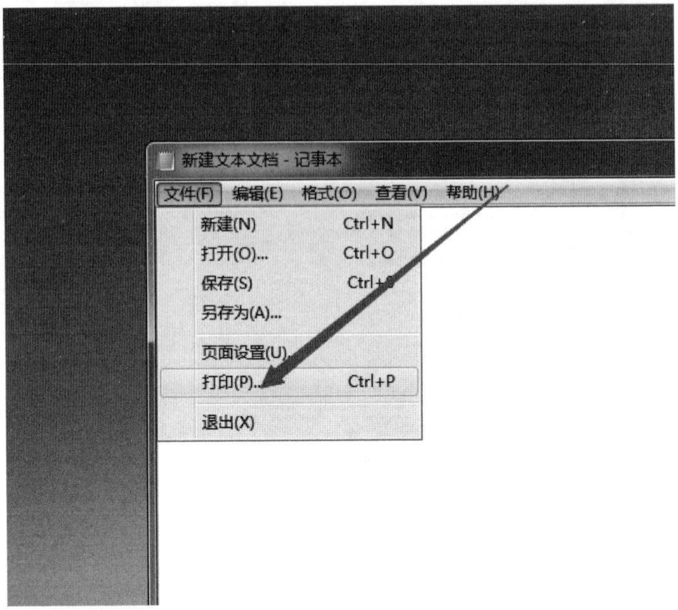

图 2-35　打印文本文档

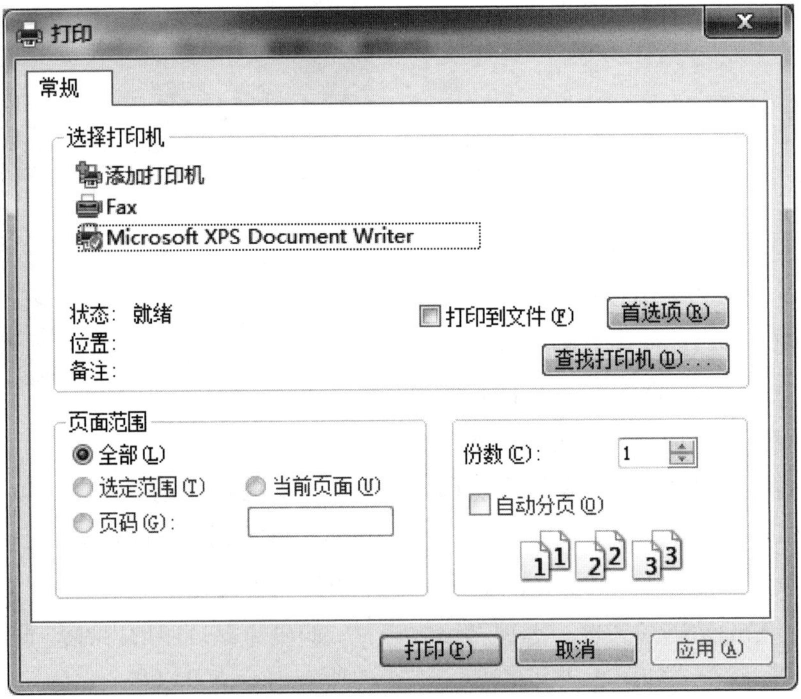

图 2-36　“打印”选项窗口

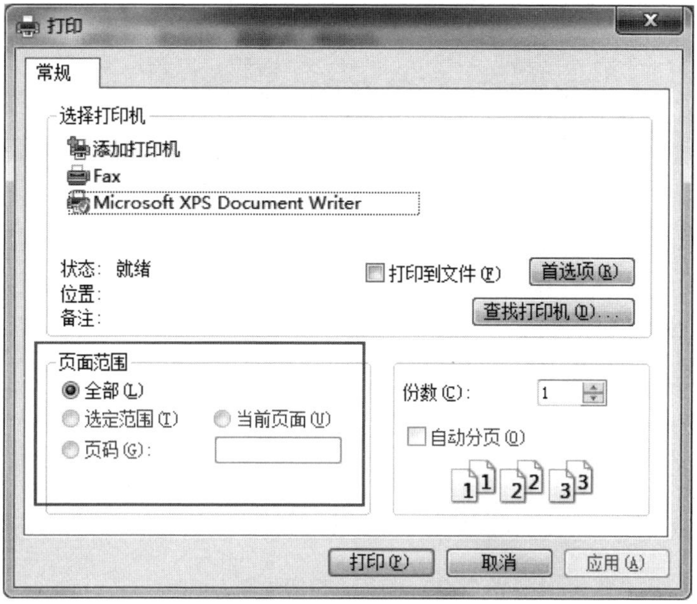

图 2-37　设置打印范围

2.3.4 打印 WPS 文件

打印 WPS 文档需要找到待打印文档，并在其图标上点击鼠标右键，在右键菜单中选择“打印”选项（如图 2-38）。

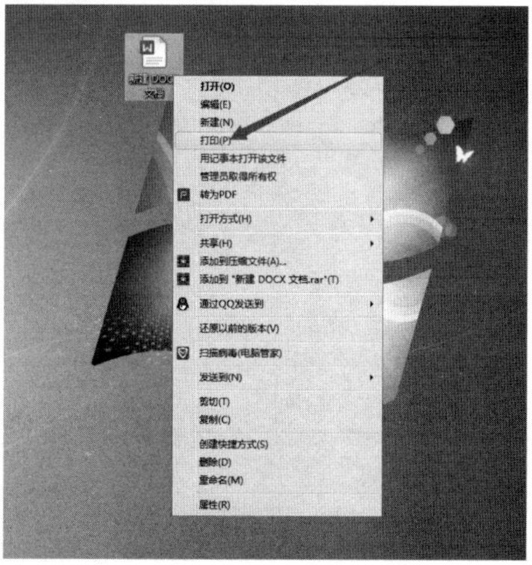

图 2-38　打印 WPS 文档

如果是正在使用中的 WPS 文档，可以点击左上角的“文件”选项，将光标移动至“打印”的位置，系统会弹出“打印”“打印预览”两个选项（如图 2-39），选择打印。如果有不放心文章排版等问题，可以选择打印预览，查看打印效果。

通常情况下，默认的打印设置是单面打印，采用的纸张是 A4 纸，因此没有特殊要求的话，只需要在“打印”窗口填上打印份数就可以了（如图 2-40）。

图 2–39　打印及打印预览

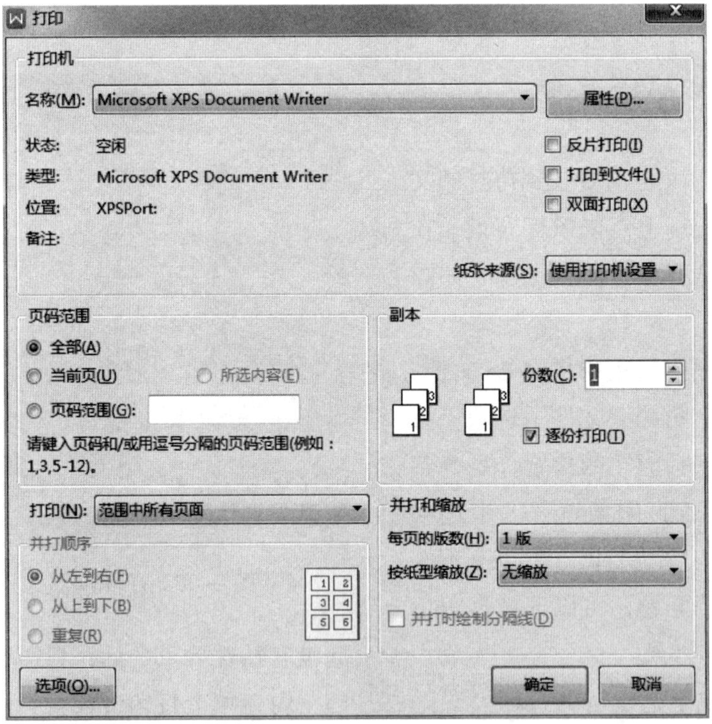

图 2–40　文档“打印”窗口

如果对纸张有特殊要求，可以在打印设置界面选择纸张或者页面缩放（如图 2–41），根据需求选择相应的选项即可。

为了节约纸张，对于一些非正式的文件我们可以选择正反面打印，在打印的设置界面选择双面打印即可（如图 2–42）。

有些文件并不一定要全部打印出来，只需要打印一部分就可以了，但是将其余的部分都删除掉再进行打印显然很麻烦，这个时候我们可以在打印设置界面选择“指定页打印”，选择页码范围并输入需要打印的起止页，中间用“/”或“,”隔开（如图 2–43）即可。指定页面打印不仅可以指定连续的几页，还可以指定非连续的页面，例如，在页码范围内键入 2, 5, 35–37 将打印第 2、5、35、36、37 页。

打印 WPS 工作表的流程与打印 WPS 文档的流程一致，一种是用右键点击文件图标，在右键菜单找到“打印”选项。另一种就是在 WPS 工作表界面点击左上角的“文件”选项，在下拉菜单选择“打印”。

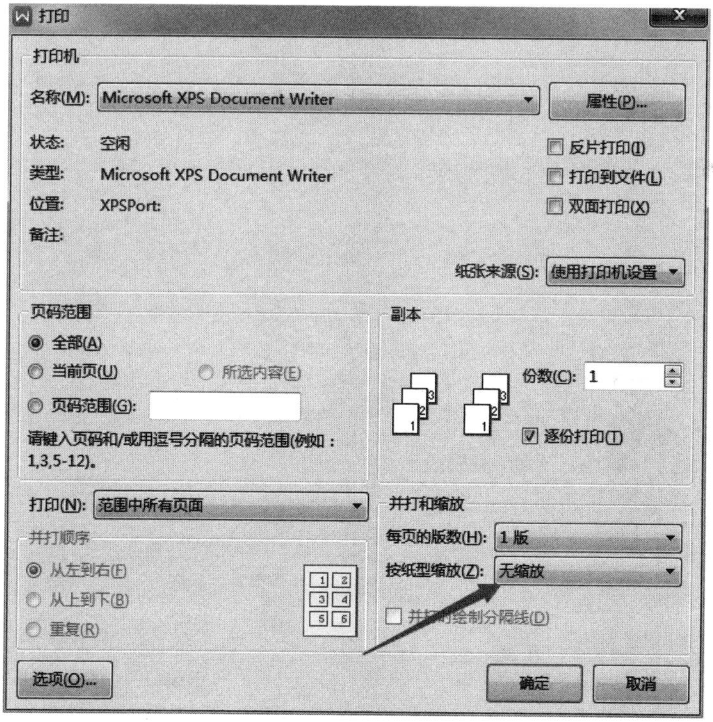

图 2–41　纸张选择及缩放

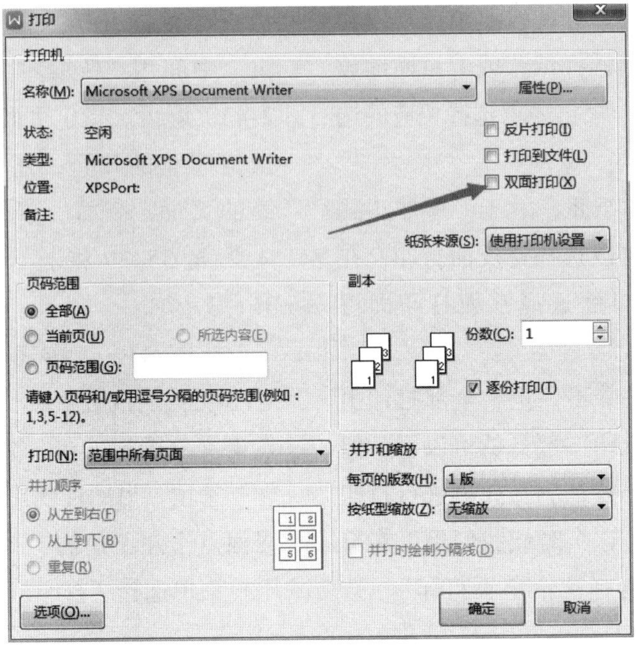

图 2-42　双面打印

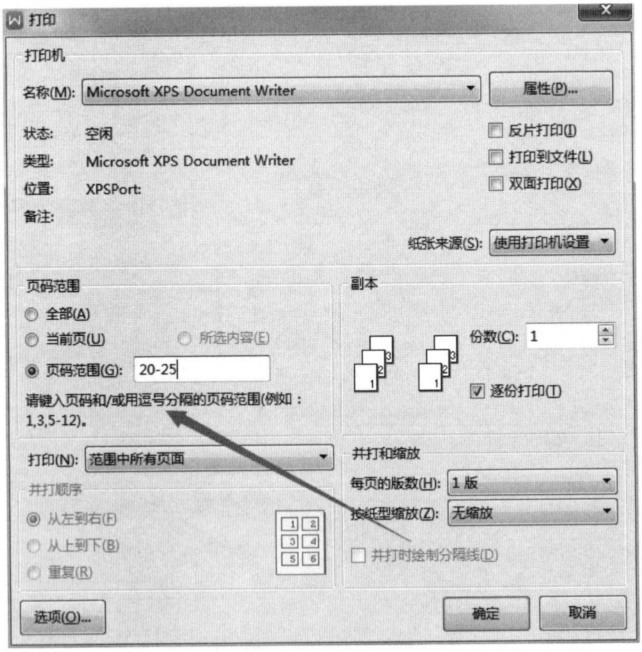

图 2-43　指定页打印

接下来要说的就是打印 WPS 工作表时如何设置页码范围和打印内容。在 WPS 工作表界面点击“文件”菜单中的“打印”选项后，会弹出“打印”窗口，在窗口的中间位置有页码范围和打印内容选项（如图 2–44）。页码范围对应的是全部和指定页，打印内容对应的是选定区域、选定工作表、整个工作簿。系统默认的是打印选定工作表，如果需要打印部分内容或整个工作簿，需要勾选相应的选项。

除了文档和工作表之外，WPS 演示文稿也可以被打印出来。打印的方式分为两种，一种是用右键点击文件图标，在右键菜单找到“打印”选项。另一种就是在演示文稿界面点击左上角的“文件”选项，在下拉菜单选择“打印”。选择后会弹出“打印”窗口，在窗口的中间位置（如图 2–45），可以选择打印当前幻灯片，也可以选择指定某一页幻灯片，还可以指定连续或非连续的某几页幻灯片。

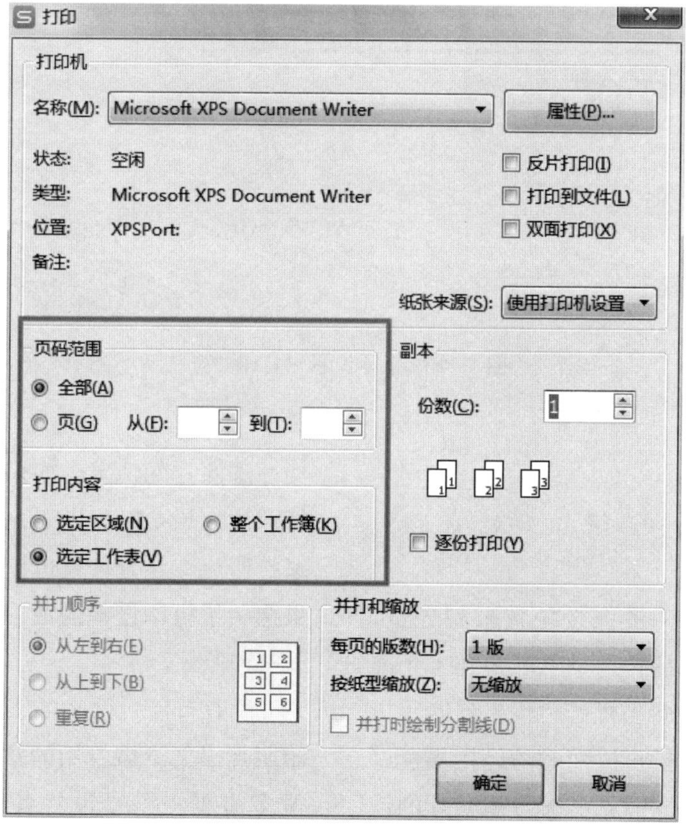

图 2–44　工作表“打印”窗口

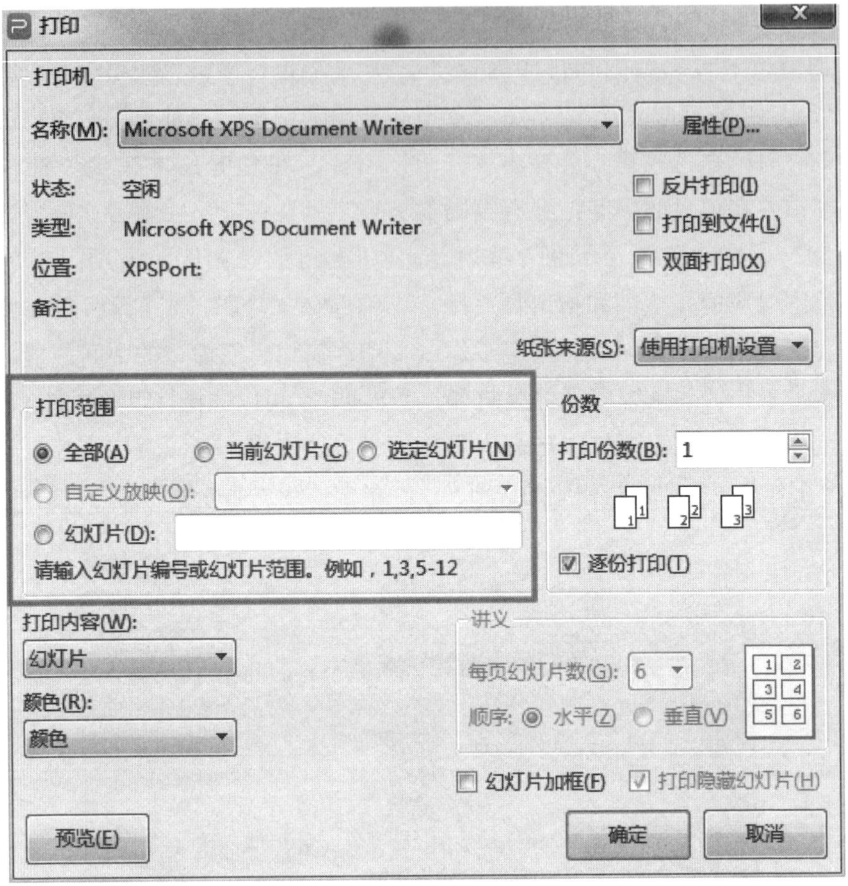

图 2-45 演示文稿“打印”窗口

2.3.5 打印照片

现如今，摄像设备越来越先进，也越来越便捷化，早已不是几十年前只能使用胶卷相机的时代，智能手机的普及让人们可以随时随地拍摄美好瞬间。与此同时，能够打印照片的设备逐渐普及，也早没有留着底片去影楼冲洗照片的情况。如果拍到了好看的照片，想要打印出来，只需要找一家打印店，几分钟就可以打印好。如果购买了打印设备的话，在家里就可以打印照片。

没有打印过照片的人或许以为打印照片需要下载专用的软件，需要有很多步骤，需要设置各种参数。其实，打印照片十分简单。

首先需要确定打印设备具有彩色打印的功能，并且已经与电脑相连接。接着我们需要找到准备打印的照片，并将光标移动至该照片上，点击鼠标右键，在右键菜单中找到“打印”选项（如图 2–46），点击打印选项即可。

使用上述方式可以快速打印照片，但缺点是不能设置更多属性。想要在打印照片时设置其他属性，需要把照片打开。下面以 WPS 图片软件打开照片为例进行介绍。

打开照片后，可以看到照片位于整个窗口的中间位置，左上角是图片名称等信息，右上角是用户头像、会员、皮肤、菜单等选项，照片下方有图片美化、放大、缩小、上一张、下一张、删除等选项。如果对照片大小

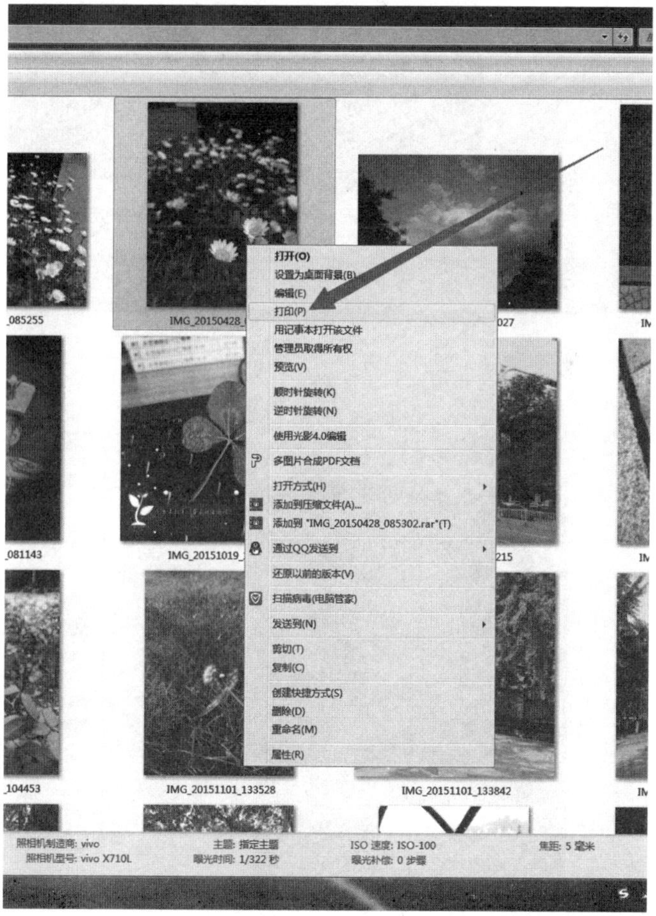

图 2–46　打印照片

等设置不满意，可以点击图片美化图标（位于图片下方最左侧，带有画笔的图标，如图 2–47）。

打开图片美化后，可以看到图片位于窗口左侧，占据了大部分位置，右侧是一些图片编辑选项，包括裁剪、旋转、色彩、滤镜、涂抹、画笔、文字、水印等（如图 2–48），用户可以根据自己的需求对图片进行编辑。

在编辑过程中，用户可以点击图片右上角的“对比”或“原图”（如图 2–49），用来查看编辑效果。

图 2–47　图片美化图标

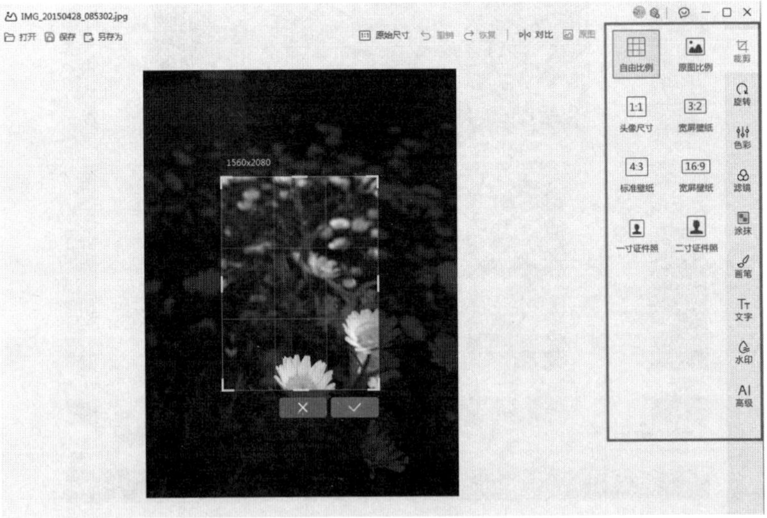

图 2–48　图片美化

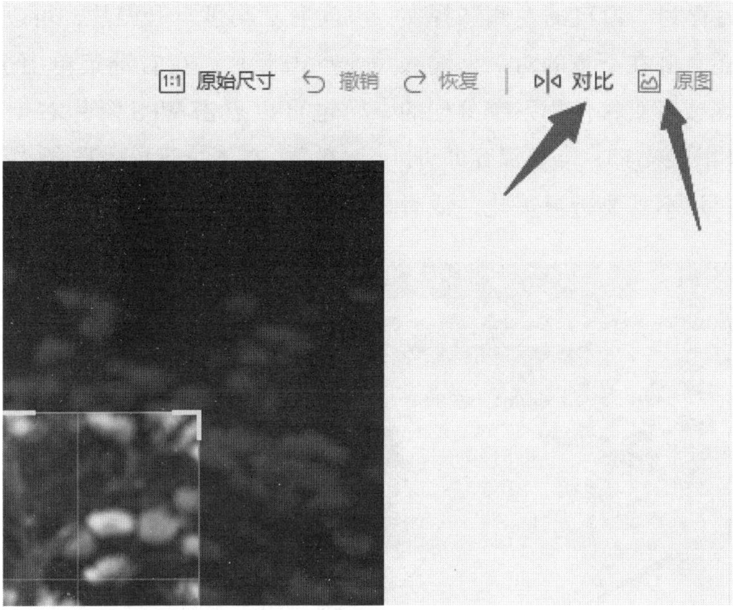

图 2-49 对比和原图

编辑完成后，如果想要替代原本的照片文件，可以选择左上角的“保存”；如果不准备替代原本的照片文件，需要选择“另存为”（如图 2-50）。

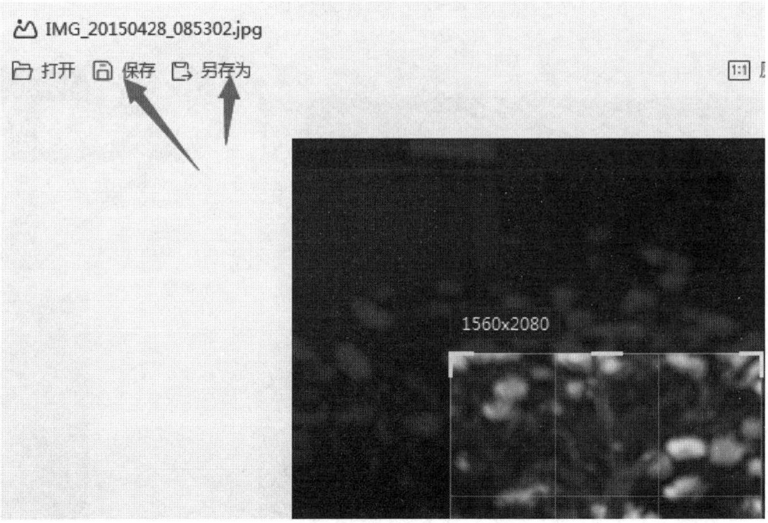

图 2-50 保存和另存为

在“另存为”窗口的左侧选择文件存放位置，并在下方的对话框输入新的文件名或者直接使用系统分配的文件名（如图 2-51），点击保存即可。

如果照片不需要进行美化，或者美化后再度打开照片，可以使用右键点击照片，在右键菜单中选择打印。也可以点击 WPS 图片右上方的“菜单”，在下拉菜单中选择“打印”（如图 2-52）。

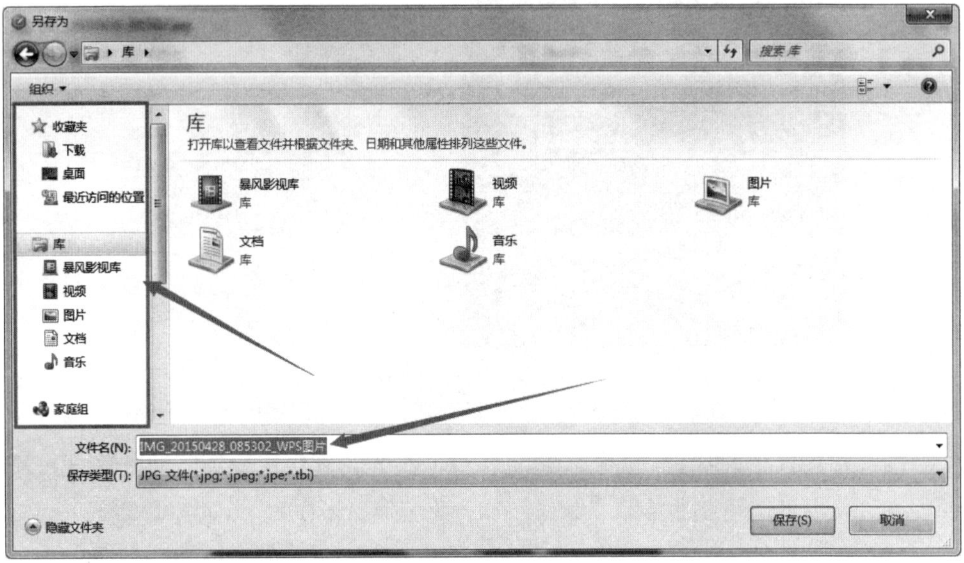

图 2-51　图片另存为

图 2-52　打印照片

除此之外，还可以点击图片下方最右侧的箭头，从弹出菜单中找到“打印”选项（如图 2–53）。

选择打印后，系统会弹出“打印图片”窗口，用户可以在该窗口对打印图片的要求进行设置，最常规的设置就是选择打印机、纸张大小、图片质量、每张图片的份数这四项（如图 2–54）。

图 2–53　打印照片

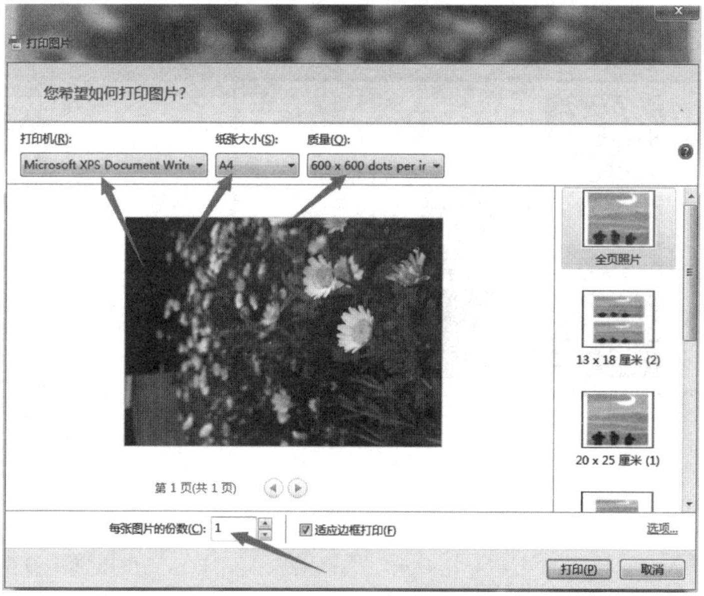

图 2–54　打印图片的常规设置

有时候需要打印的照片是二寸、小二寸、一寸的，这个时候就需要设置照片的大小。设置照片大小的方式为，在“打印图片”窗口的右侧找到合适的大小，选中该大小并输入每张图片的份数，此时可以看到窗口中间出现打印预览效果（如图 2-55）。效果满意的话，点击打印即可。

很多人都接触过大头贴，多张不同的照片打印到同一张纸上，不了解打印过程的人或许会以为这种打印方式非常复杂，实则不然。将多张不同的图片打印到同一张纸上，只需要选中多张照片，在右键菜单中选择“打印”（如图 2-56）。

在打印图片窗口，我们可以选择一张纸上打印一张照片，也可以选择打印四张照片或者九张照片，甚至更多。比如选择一张纸上打印四张照片（如图 2-57），可以看到预览图中出现了四张不同的照片。

除上述设置外，还可以对打印图

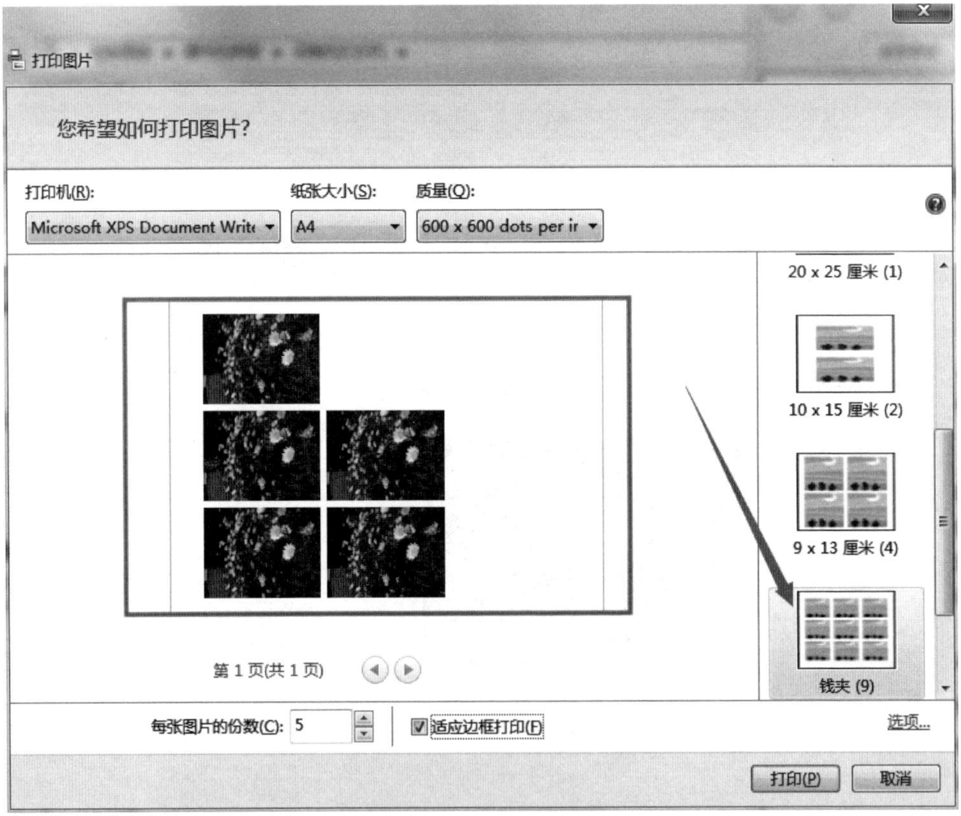

图 2-55　图片大小及打印效果预览

图 2-56　打印多张照片

图 2-57　打印效果

片进行更多设置。点击“打印图片”窗口右下方的“选项”（如图 2–58）进入打印设置界面。

在打印设置界面（如图 2–59），用户可以选择使打印清晰、仅显示与我的打印机兼容的选项。由于纸张的

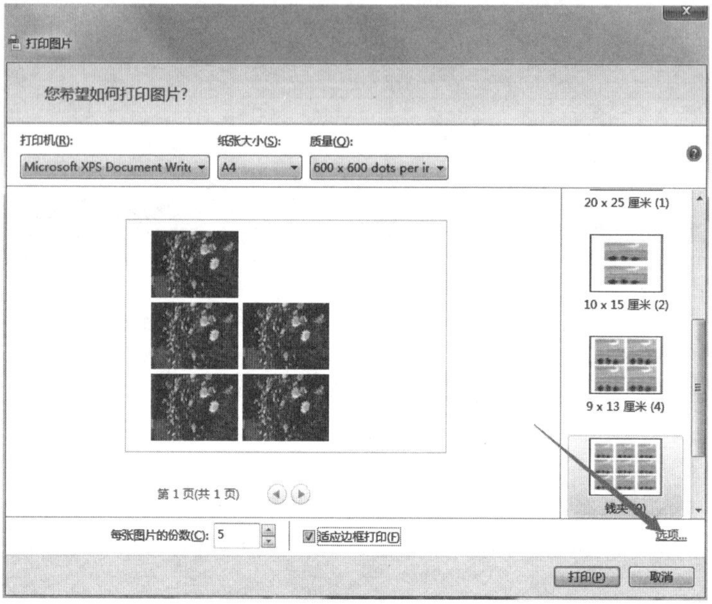

图 2–58　选项

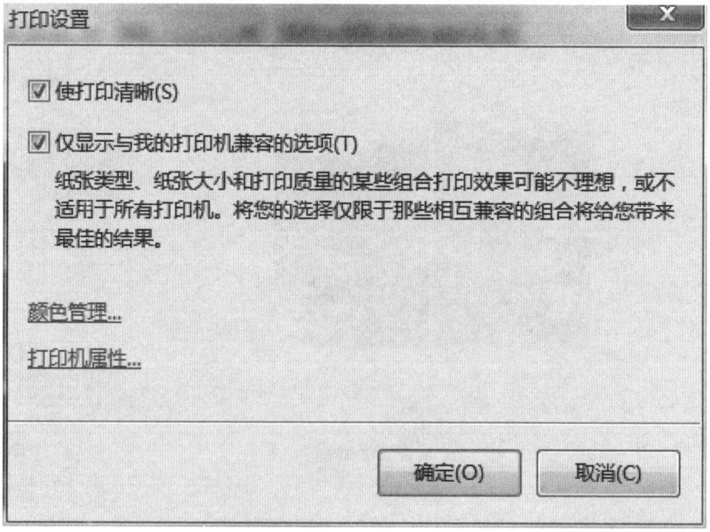

图 2–59　打印设置界面

类型、大小、质量等设置是可以进行人为控制的，因此不同组合会呈现不同打印效果，效果未必理想，也未必适用于所有类型的打印机，因此用户勾选“仅显示与我的打印机兼容的选项”后，系统会给出能够互相兼容的组合供给用户选择，使用户可以体验最好、最适合的结果。

在打印设置界面的左下方，有“颜色管理”和“打印机属性”两个选项。颜色管理能够保障色彩在不同位置的呈现精准程度，比如在显示器、打印机等设备上。选择打印设置界面的“颜色管理”即可进入颜色管理界面，用户可以选择“高级”选项，更改颜色参数设置（如图 2–60）。

选择打印机属性后，可以进入文档属性界面，对其布局方向进行设置，包括横向和纵向两种选项（如图 2–61）。

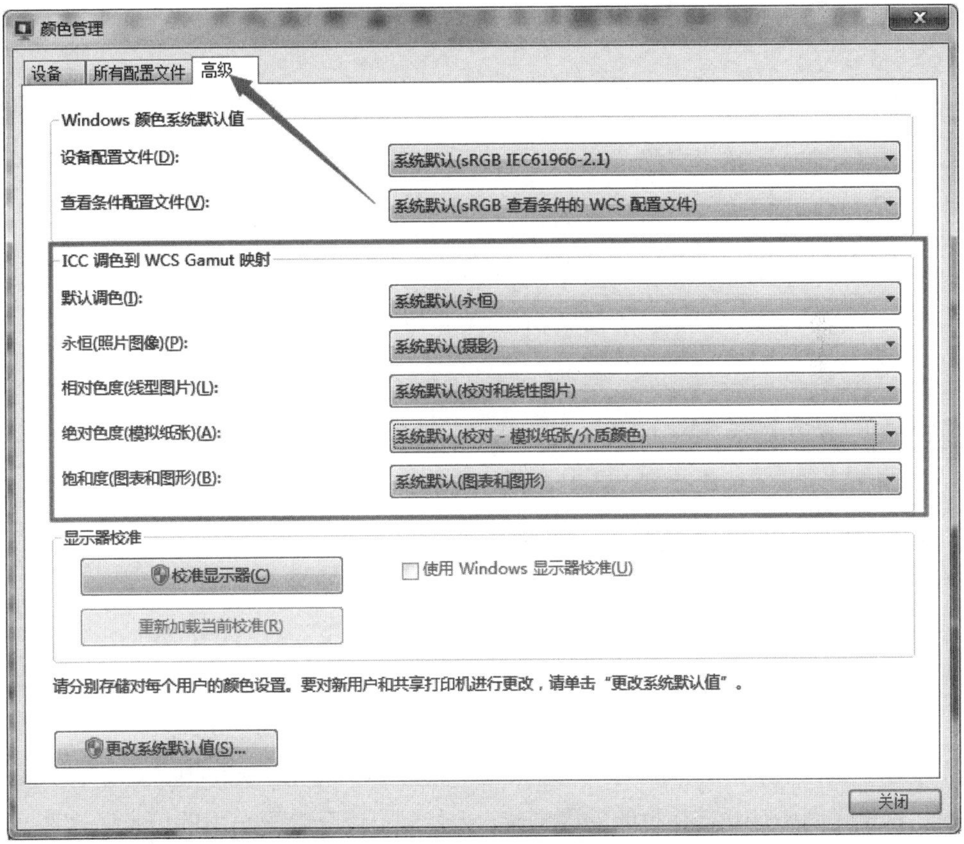

图 2–60　颜色管理高级选项

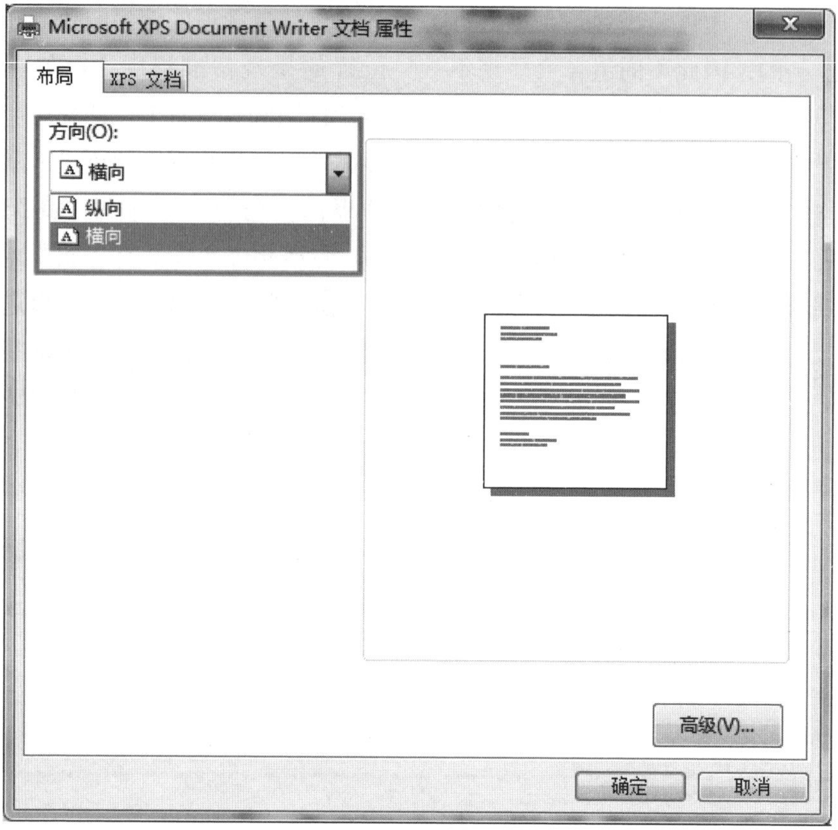

图 2-61　文档属性界面

2.3.6 打印网页

电脑的打印功能不仅局限于电脑当中的文件，通过互联网搜集到的信息也可以直接被打印出来，而不用将信息从网页粘贴到文档中去。下面我们就来说说如何通过打印机将网页打印出来。

首先我们要打开需要打印的网页，然后在网页内容的任意位置点击鼠标右键，在右键菜单中找到“打印”选项（如图 2-62）。

选择打印选项后，系统会自动进入打印预览界面（如图 2-63）。在翻动打印预览的过程中，我们可以看到打印内容，此时我们可以查看打印的效果，防止做无用功。

大家都知道现在很多网站的页面上充斥着广告等无用的信息，这些东西往往是我们用不着的，因此在打印

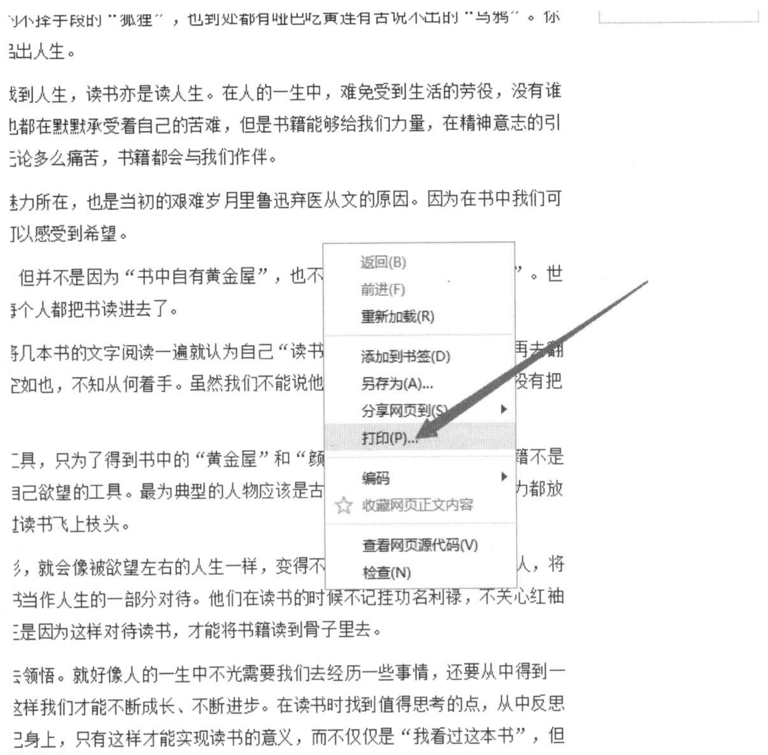

图 2-62　打印网页

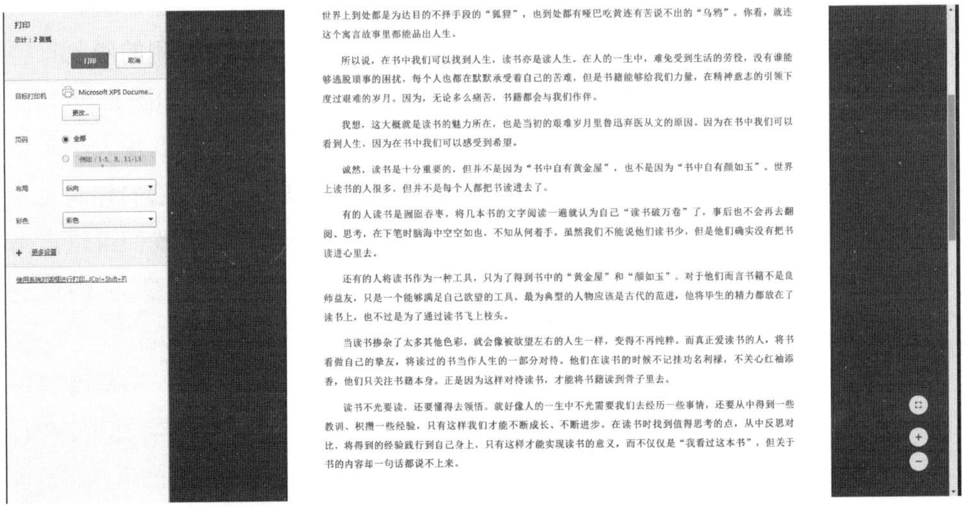

图 2-63　打印预览

时不必将这些内容算进去，这样不仅可以节省打印时间，也可以节约资源。如果在翻看打印预览的过程中看到了无用的页面，我们可以设置跳过这些页面。设置方式为，点击打印预览界面左侧的页码选项，勾选位于“全部”选项下方的对话框（如图 2-64），在其中输入需要打印的页码，页码中间添加“-”并用顿号隔开（具体操作可以根据网页提示进行），比如输入“3-6、10、17-20”就会打印 第 3、4、5、6、10、17、18、19、20 页。

如果网页中存在宽度较大的表格等内容，使用纵向打印会使文字太

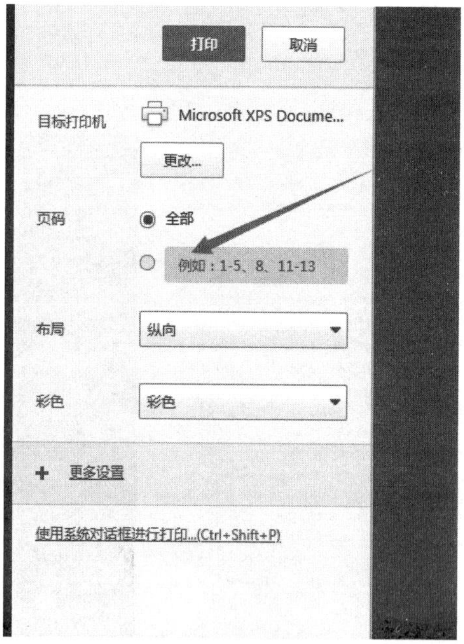

图 2-64　设置页码

小，不利于阅读，那么我们可以将页面设置为横向打印。设置方式为，点击打印预览界面左侧的布局选项，将纵向改为横向（如图 2-65）。

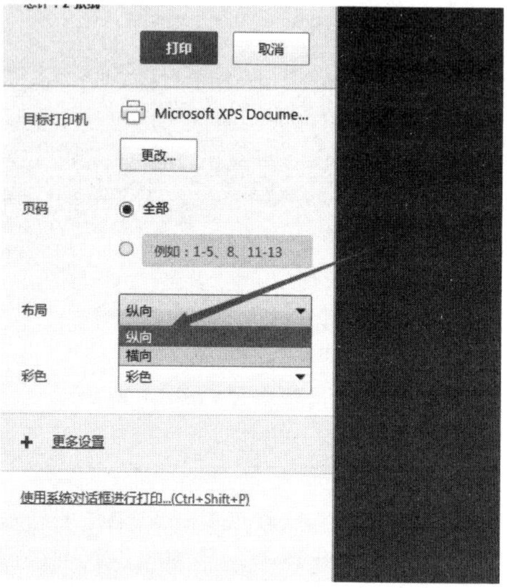

图 2-65　设置页面布局

除了设置页码和页面布局外，我们还可以设置页面的颜色。设置方式为，在打印预览界面左侧的彩色选项中选择黑白色或彩色（如图 2-66）。

在打印时，默认的纸张大小多是 A4 纸，但也难免有些内容打印时对于纸张有特殊要求。这时我们可以点击彩色选项下的“更多设置”，而后选择纸张大小（如图 2-67）。

为了节约纸张，对于不是特别正式的文件，我们可以压缩其页边距，让一张纸上可以容纳更多的内容。设置页边距的方式为，在打印预览界面左侧

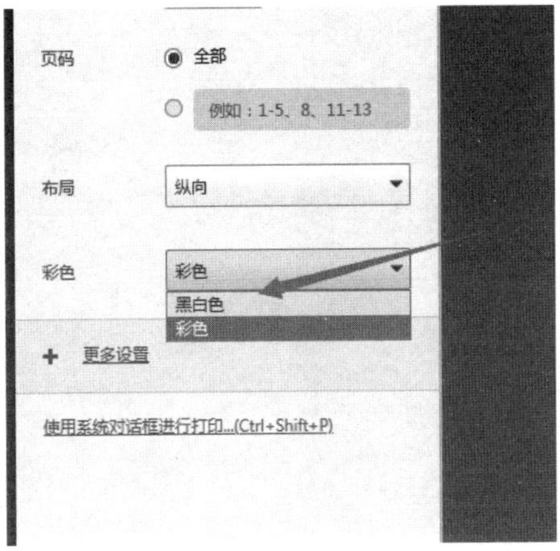

图 2-66　设置页面色彩

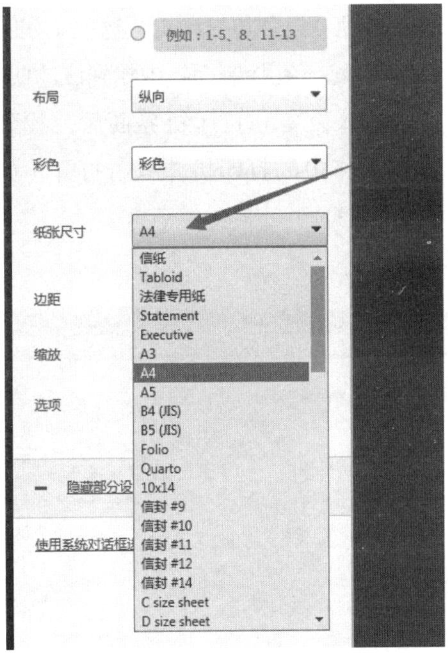

图 2-67　选择纸张大小

打开更多设置，选择边距选项（如图 2-68），并从中找到合适的页边距。

在更多设置中，除了选择纸张大小和边距外，我们还可以设置缩放、

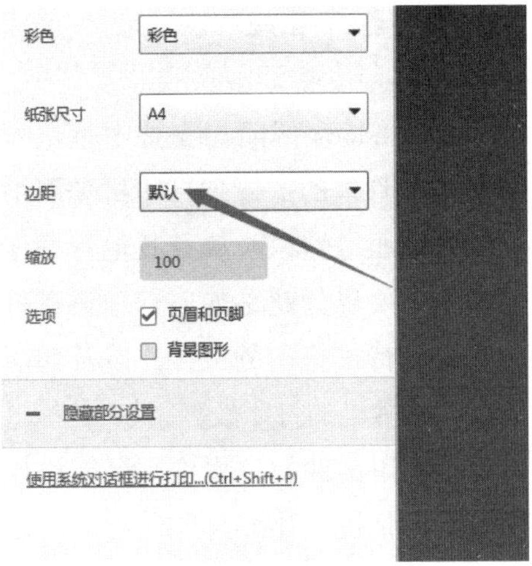

图 2-68　设置页边距

页眉页脚等内容（如图 2-69）。设置方式也是在打印预览界面左侧打开更多设置，找到对应的选项进行设置即可。

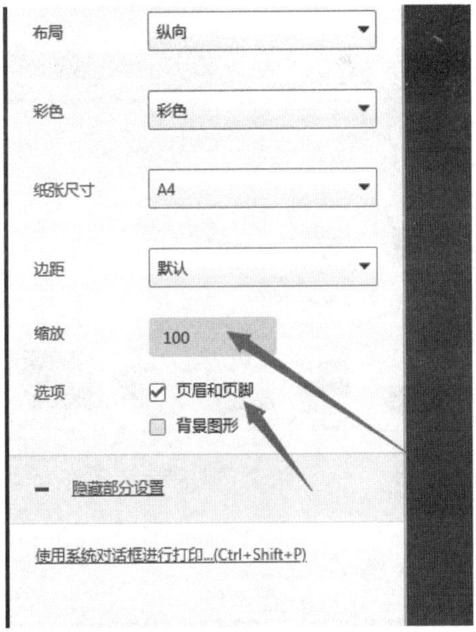

图 2-69　设置缩放、页眉页脚

2.3.7 打印管理

在 Windows 帮助与支持中是这样定义打印管理的：管理打印机和网络上的打印服务器以及执行其他管理任务。这里要讲的就是如何管理正在打印或者等待被打印的文件，以及如何解决一些常见的打印故障。

在打印文件的过程中，可能出现很多突发情况，比如打印的内容弄错了，需要立即中断打印。再比如停电了导致打印机关机，但是开机后打印机并没有继续打印，需要手动操作使其继续工作。这就需要说到如何管理正在打印或者等待打印的文件。

首先我们需要打开“开始”菜单，找到“设备与打印机”选项（如图 2–70），或者在控制面板中找到该选项。

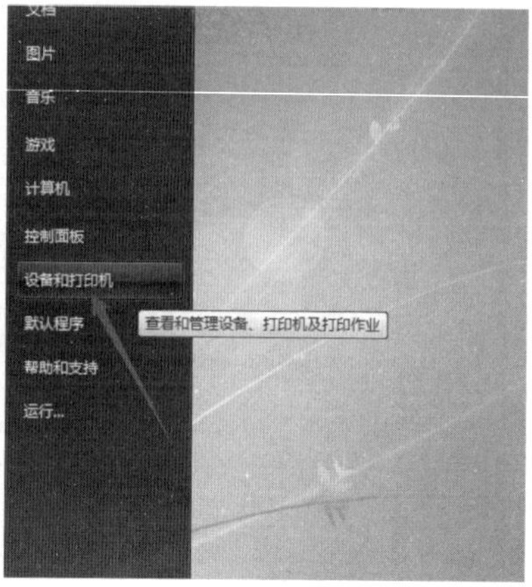

图 2–70　设备和打印机

进入设备和打印机界面后，找到正在工作中的打印机并双击打开（如图 2–71）。

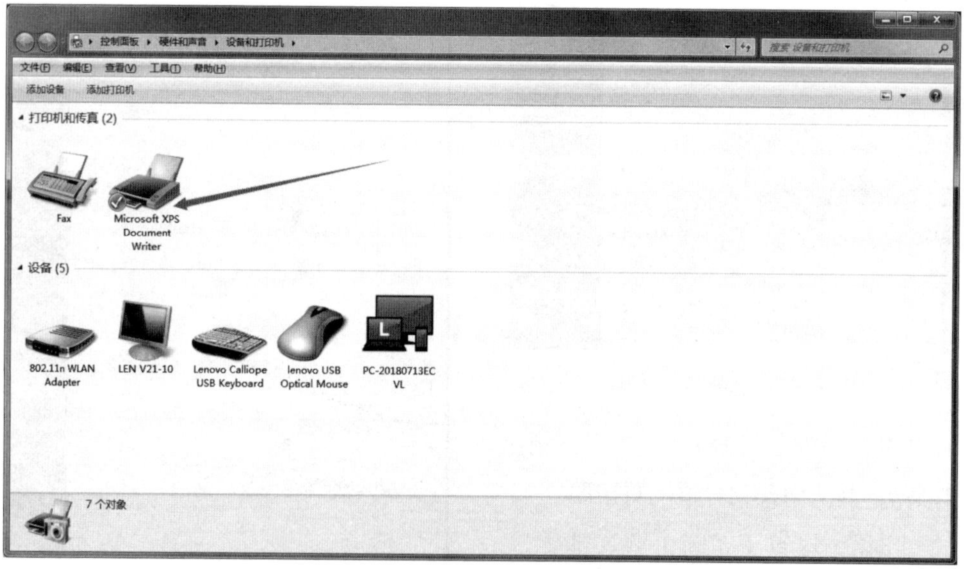

图 2–71　打开打印机管理界面

图 2–72　打印管理窗口

此时系统会弹出一个窗口（如图 2–72），如果系统中有正在打印或者等待打印的文件，它们的基本信息都会出现在该窗口中，包括文档名称、状态、页数、大小等信息。点击待操作的文件名称，在菜单中找到相应的选项即可。

如果想要向所有正在打印或者等待打印的文件下达暂停或取消指令，可以点击打印管理窗口左上角的“打印机”选项，在下拉菜单中选择“暂停打印”或“取消所有文档”即可（如图 2–73）。

与所有人类的发明一样，打印机

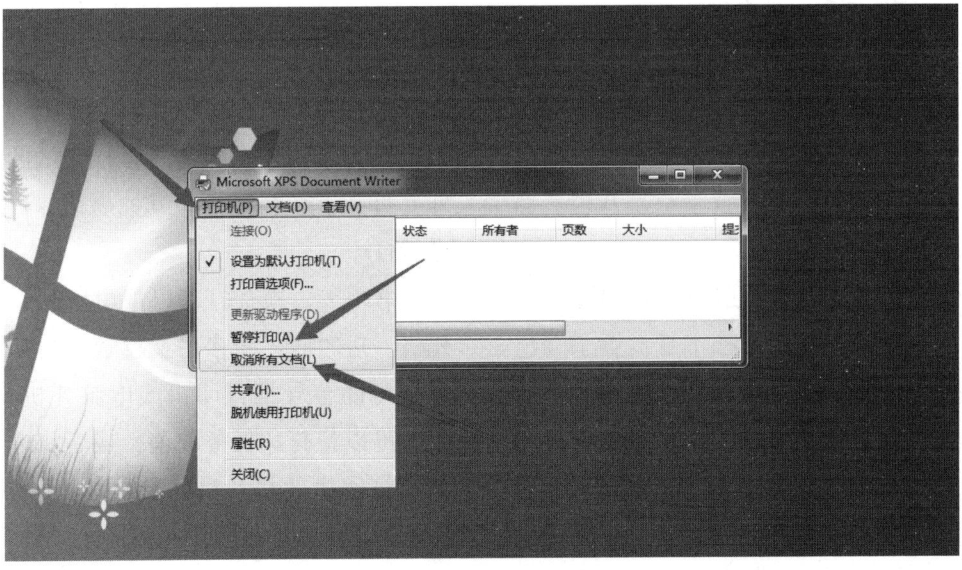

图 2–73　暂停或取消打印任务

也会出现各种各样的故障，导致其无法完成主人下达的指令。但有些故障属于零件损坏、到达使用寿命等机器本身的问题，有些则是由于设置问题或软件问题导致的。下面归纳了几种打印机常见的问题及解决方案。

1 打印文件着色不正常。

部分用户在使用打印机时会出现这样的情况：打印内容颜色越来越浅，直至消失；只有左半边有内容，右半边呈空白；上半部分内容完好，下半部分内容不见；打印出的内容呈区域分布，页面上原本应该填充内容的地方有好几处是空白……

造成这种情况的原因通常是墨盒里的墨粉快没了，一般只需要更换新的墨盒就可以继续使用了。

2 打印文件有墨点。

有时候使用打印机打印文件，会发现打印出来的文件字迹清晰、颜色正常，但是纸张上面有星星点点的墨点，甚至整张纸的背景都是灰色、黑色的。

通常情况下，造成这种情况的原因有两种，一是文档本身设置了颜色较深的背景或是添加了点状的文字效果，二是硒鼓出现问题，需要更换新的硒鼓。

3 打印机不打印。

打印机不打印是一种比较难以确定其问题所在的故障，这是因为市面上打印机的类型千差万别，虽然其构造相似，但其差异性导致出现问题的原因多种多样。因此，当打印机出现不打印的情况时，我们需要做的就是一一排查，确定无法解决故障后及时寻求商家的帮助。

第一步，检查打印机电源是否接通。我们需要确定打印机已经按照要求接通了电源，且电源线没有松动或脱落。如果打印机电源未连接则需要用户根据说明书进行连接，如果电源线松动或脱落，重新插上即可。

第二步，检查打印机与电脑之间是否连接。如果打印机与电脑之间未连接，用户需要按照说明书的要求下载相应软件，并将数据线接通。

第三步，检查打印机是否卡纸。打印纸曲折或没有放平可能会导致纸张卡在打印机中。如果打印机内卡纸，先暂停打印任务，并将打印机的外壳打开，轻轻将打印纸抽出来，再进行打印。

第四步，检查打印机或电脑是否死机。短时间内将多份文件放入打印列表可能会导致打印机或电脑死机，此时可以将打印任务取消，或者将电脑和打印机关机几秒钟后再次开机，并重新添加打印任务。

第五步，检查驱动程序是否需要

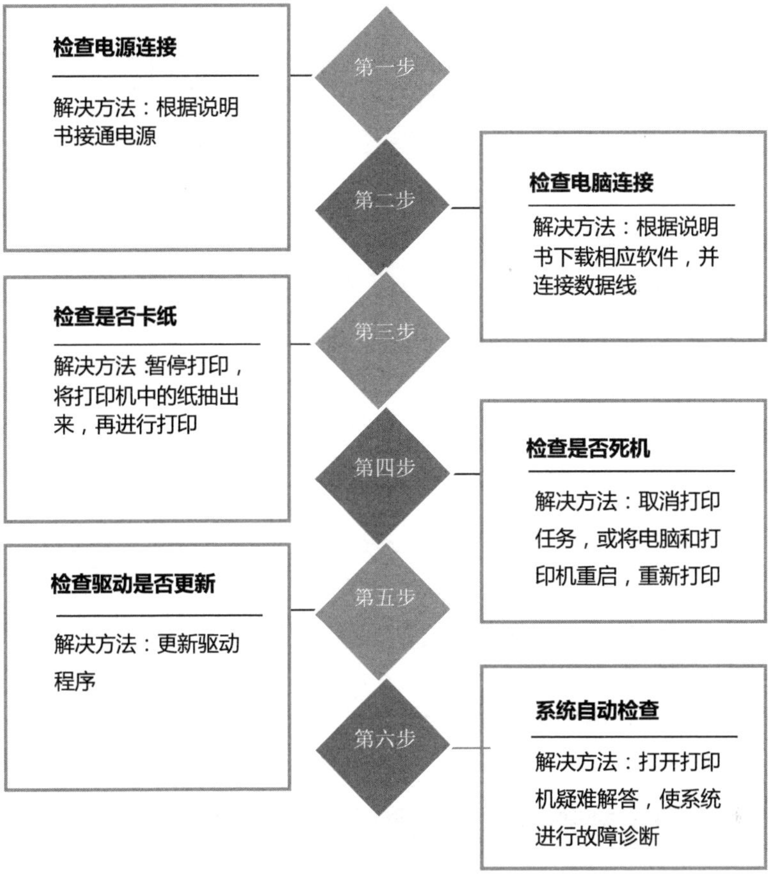

图 2–74　检查打印机不打印原因的流程

更新。有时候驱动程序未及时更新也会导致打印机故障，因此可以打开计算机上的软件管理程序，对驱动进行更新。大部分打印机制造商的官方网站都有其产品最新的驱动程序，用户可以进行下载。驱动程序一般都会要求 Windows 版本和打印机型号，通过 Windows 版本和打印机型号匹配到相应的驱动程序，再根据制造商所提供的说明安装即可。

第六步，系统自动检查。打开打印机疑难解答，使系统对此次故障进行诊断，并提出解决方法。

如果进行了上述六个步骤后，打印机还是不能打印，那么则需要通过打印机制造商官方网站的信息来寻求帮助，必要时还可以找到其客服询问具体原因。

4 开始打印后跳出文件另存为窗口。

部分用户在进行打印时，点击打印后会出现“文件另存为”窗口（如图 2-75），导致文件无法打印。

出现这种情况的原因有两个可能。

一种可能是电脑上安装了虚拟打印机。如果电脑上安装了虚拟打印机，而打印文件时选择的打印机恰好是这款虚拟打印机，就会出现文件另存为的窗口，解决办法是打印窗口选择正确的、可正常使用的打印机（如图 2-76）。

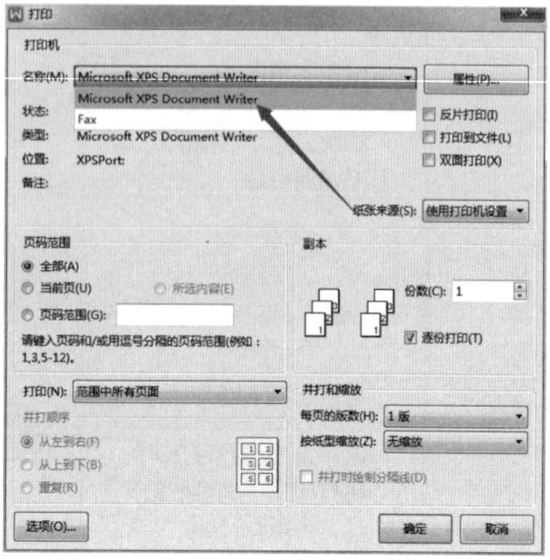

图 2-76　选择打印机

另一种可能是勾选了打印到文件选项。在打印窗口右侧较为靠上的位置，有反片打印、打印到文档和双面打印三个选项，如果勾选了打印到文档，在打印时就会出现文件另存为窗口，此时我们只需要在打印窗口取消掉打印到文档选项即可（如图 2-77）。

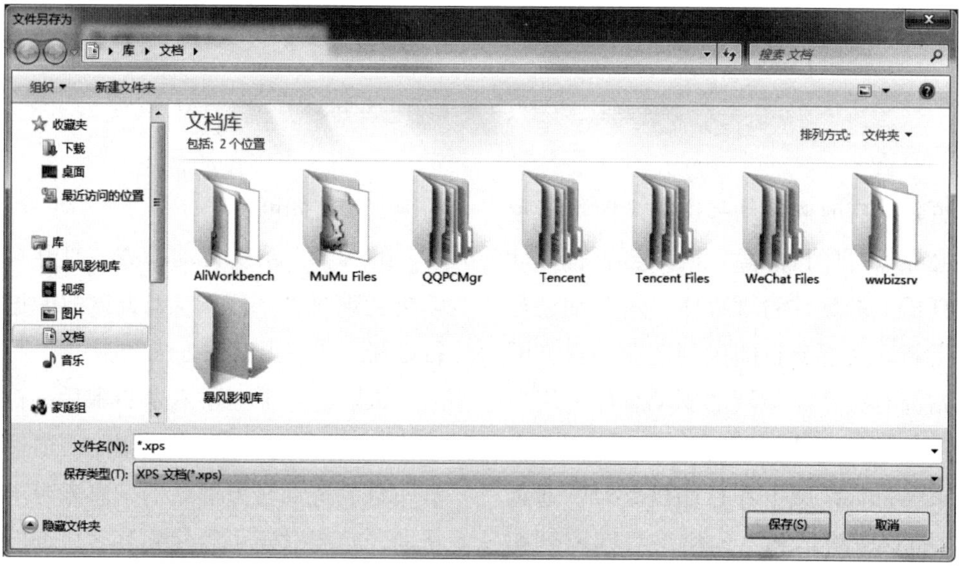

图 2-75　文件另存为窗口

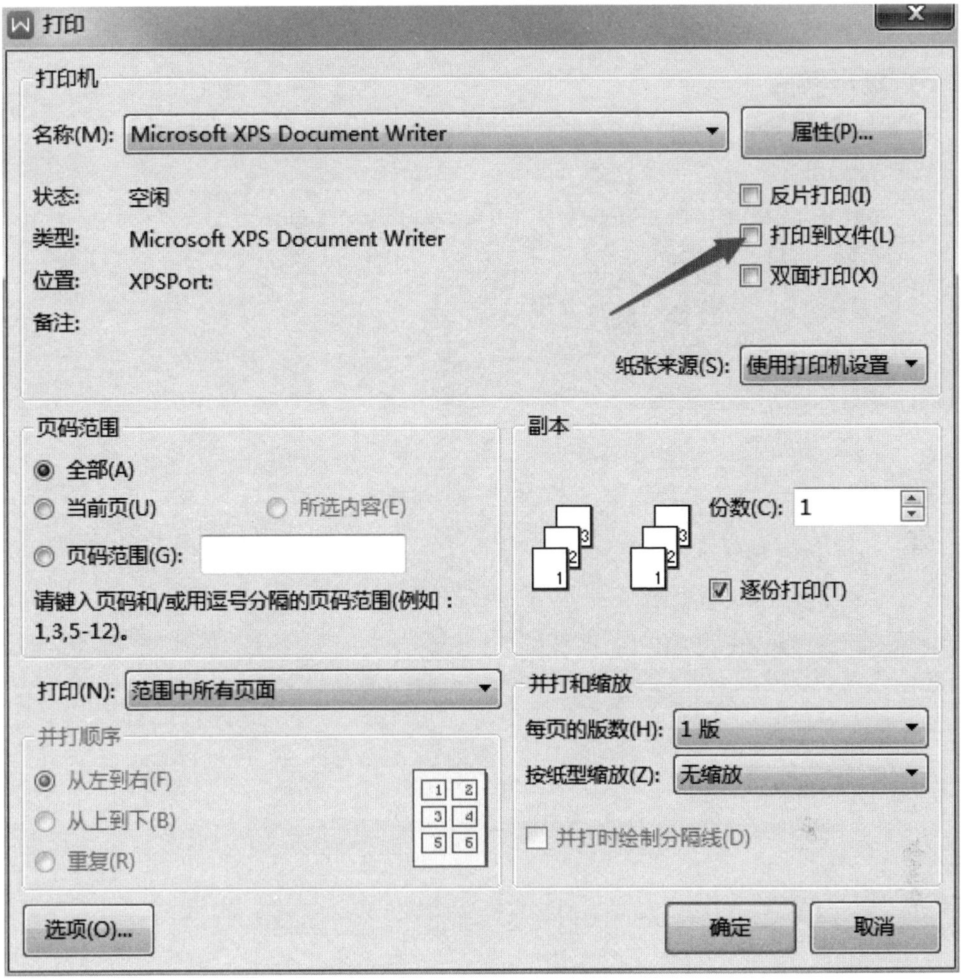

图 2-77　取消打印到文件

➢ 场景实操

- ✓ 尝试鼠标的正确握姿。
- ✓ 查看图片时使用鼠标滚轮进行一次前后翻页或缩放。
- ✓ 了解键盘的各个分区。
- ✓ 使用一次按键的隐藏功能。
- ✓ 使用一次鼠标键。
- ✓ 打印一份文本文档。
- ✓ 打印一份 WPS 文档。
- ✓ 打印一份 WPS 工作表。
- ✓ 打印一份演示文稿。
- ✓ 打印一张照片。
- ✓ 打印一次网页。

第3章

了解 Windows 10 操作系统

Windows 10 操作系统是美国微软公司研发的，应用于台式计算机、平板电脑等电子设备的操作系统。2015 年 7 月 29 日，微软公司推出了 Windows 10 系统正式版，该系统也可以看做是 Windows 7 操作系统、Windows 8 操作系统的联合升级版本。

3.1 Windows 10 系统基本信息

Windows 10系统是目前（2019年）为止，微软公司推出的最后一个独立的 Windows 版本。它融合了之前其他版本操作系统中的优点，同时也增加了更多新技术的应用。尽管 windows 10 可以看做是一次技术升级，但在问世之初还是受到了不少用户的质疑。随着近几年的开发与完善，Windows 10 系统也逐渐被人们认可，成为继 Windows XP、Windows 7 等操作系统后，又一个受到大众追捧的操作系统。

3.1.1 简介

在 Windows 10 系统出现之前，微软公司先后推出了 Windows 95、Windows 98、WindowsME、Windows 2000、Windows XP、Windows Server 2003、Windows Vista、Windows 7、Windows 8、Windows 8.1 等多个操作系统。

其中，Windows XP 系统出现的年代恰好是电脑开始在中国普及的年代，该系统对于国人的意义和影响是十分深远的，也被大多数用户认为是微软公司众多操作系统中最为成功的一款。也正是因为如此，尽管微软公司已经于2014年4月8日停止了对该系统的技术支持，但是还有许多用户坚持使用了很久。

除了Windows XP系统之外，Windows 7系统和Windows 8系统也是为大众所熟知的操作系统，但由于Windows 8系统的界面与之前的系统有很大不同，导致很多用户无法适应，仍旧乐于使用Windows XP系统或Windows 7系统。Windows 10系统的出现可以说是回归之后的再度升级，因为它的界面（如图3–1）并非与Windows 8系统一样没有“开始”菜单，而是如图Windows XP系统和Windows 7系统一样具有“开始”菜单。

图3–1 Windows 10系统界面

而在Windows 10系统出现之前，很多用户认为微软公司下一个推出的操作系统会延续之前的顺序，以“Windows 9”命名。但在2014年10月1日，微软公司在旧金山召开新品发布会，谜底被正式揭晓。在该场发布会上，微软公司不仅展示了新的操作系统，同时也公布了该系统的名字是“Windows 10”，直接将“9”这个数字略过了。

在Windows 10正式版公布之前，微软公司还有几项重要举措。2015年1月21日，微软公司于华盛顿发布新的Windows系统，同时声明使用Windows7系统、Windows 8.1系统、Windows Phone 8.1系统的用户可以在其新系统发布的第一年享受免费升级。同年2月13日，微软公司启动了Windows 10手机预览版更新计划；3月18日，微软公司中国官网出现了Windows 10中文介绍；4月22日，微软公司发布Windows Hello和微软Passport用户认证系统；4月29日，微软宣布Windows 10不仅支持其覆盖的所有设备，也支持Android和iOS程序；7月29日，Windows 10正式版公布。

站在技术领域来看，Windows 10系统是一款功能性十分出众的操作系统。在Windows 10系统的设计中还与云服务、智能移动设备、自然人机交互等新技术实现了融台，并提供了电

① 图片来源于微软公司官方网站。网址：https://www.microsoft.com/zh-cn/windows/

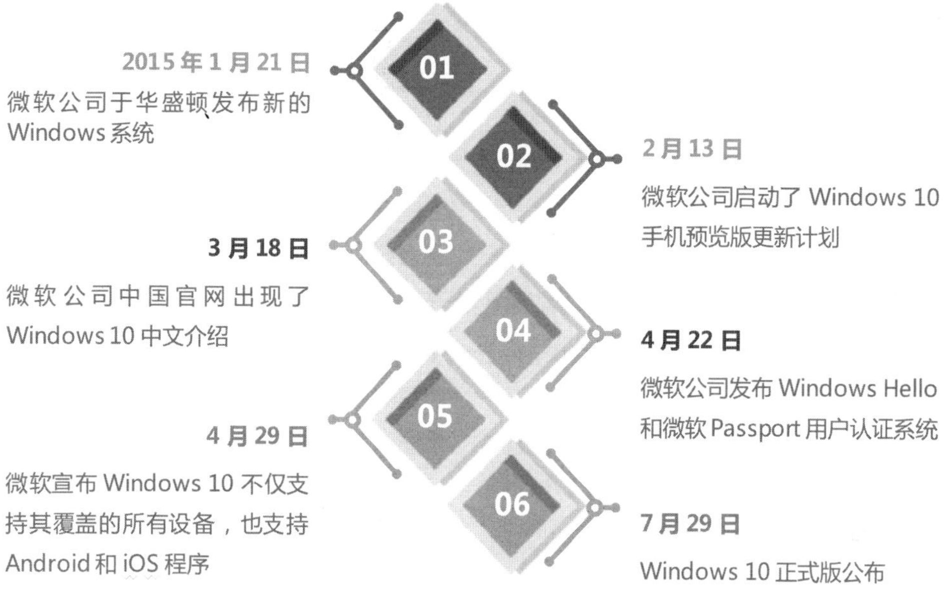

图 3–2　windows 10 系统公布前微软公司的举措

脑与固态硬盘、生物识别、高分辨率屏幕等设备连接的技术支持。

综合来看，Windows 10 作为跨时代作品，不但融合之前版本操作系统的优点，还在其基础上进行技术升级，不但节省了空间，其内置最新的 DirectX 12，还能够为用户带来更好的游戏体验。

3.1.2　版本

Windows 10 系统包括 7 个版本，分别是家庭版、专业版、企业版、教育版、移动版、移动企业版、物联网核心版。

图 3–3　Windows 10 系统版本

1 家庭版（Home）。

该版本具有操作系统的关键功能，比如开始菜单、Edge 浏览器、WindowsHello 生物特征认证登录、虚拟语音助理 Cortana 等等。在游戏方面支持游戏串流，玩家可以在电脑上进行 XboxOne 游戏。出于系统安全性的考虑，该版本不支持用户自行选择来自 Windows Update 的关键安全更新，而是系统自动安装。

2 专业版（Professional）。

该版本在家庭版的基础上增加管理设备和应用，对于用户的文件等资源的保护程度更高，同时支持远程和移动办公，其系统中更是融合了云计算技术。Windows 10 专业版还为用户提供了 Hyper-V 客户端（虚拟化）、BitLocker 全磁盘加密、企业模式 IE 浏览器、远程桌面、Windows 商业应用商店、企业数据保护容器等众多新功能。

3 企业版（Enterprise）。

该版本在专业版的基础上，又具备了较为先进的安全系统，使企业可以针对不同类型的企业信息的现代安全威胁进行防范，为微软公司的批量许可（Volume Licensing）用户提供服务，用户可以掌控新技术的节奏，比如使用 Windows Update for Business（该计划的目的是让企业客户掌握更多微软提供修复、安全升级和新功能的方式以及时间等方面的话语权）的选项。

4 教育版（Education）。

该版本立足于企业版，性能方面基本上一致，具有企业版的安全、管理、连接等功能，不同的是，教育版是针对于大型学术机构的管理人员、职员和学生等用户开发的操作系统，而且没有 LongTermServicingBranch（该计划目的在于成为面向所有客户的安装选项）更新选项。通过将针对教育机构的批量许可计划给予用户，用户可以升级 Windows 10 家庭版和 Windows 10 专业版设备。

5 移动版（Mobile）。

该版本针对的设备是移动电子设备设备，比如智能手机、平板电脑等，这一类设备的特点是尺寸小、具有电容屏。在系统方面，包括与 Windows 10 家庭版中通用的 Windows 应用、便于触控操作的 Office 两大特色。由于部分设备支持 Continuum 功能，因此设备与外置显示屏连接后，用户也可以将移动电子设备当作电脑使用。

6 移动企业版（Mobile Enterprise）。

该版本立足于 Windows 10 移动版，同样是针对企业用户研发的操作系统，它具有大部分普通版 Windows 10 系统不存在的内容，针对大企业用户等，将重点放在了优化多核处理及大文件处理方面，比如 6TB 内存、ReFS 文件系统、高速文件共享和工作站模式等。

7 物联网核心版（Windows 10 IoT Core）。

该版本针对于小型低价物联网设备，比如树莓派 2 代 /3 代、Dragonboard 410c（基于骁龙 410 处理器的开发板）等。

3.2 Windows 10 系统功能介绍

作为老一代操作系统的升级版，Windows 10 系统经过几年的进化和升级，表现出了更强大的安全性和稳定性，同时也提供了更多实用的服务。

3.2.1 多任务处理

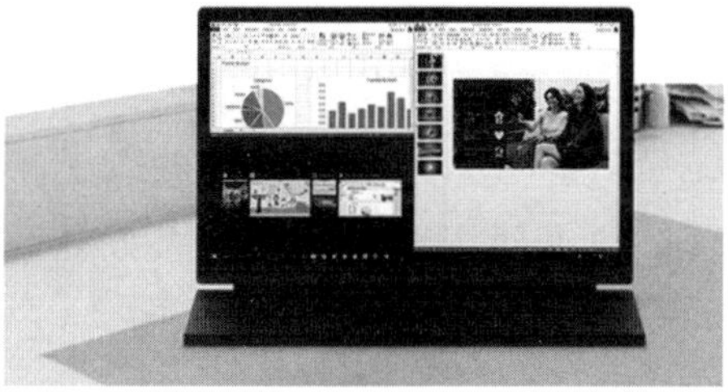

图 3-4　多任务处理①

多任务处理就是用户可以同时处理多个任务，也就是将四个窗口摆放在屏幕中，像影视剧中的专家一样查看多个窗口，并随时下达指令。部分用户不存在多显示器配置，可是却需要重新排列许多个窗口，在常规的窗口下似乎很难实现，但在 Windows 10 系统中存在虚拟桌面，可以有效解决这一问题。通过虚拟桌面功能，用户所开启的窗口可以放进不同的桌面中，并且可以在各个不同的桌面间随意切换，让桌面变得更加整洁。

3.2.2 新浏览器

在众多浏览器中，微软公司 Windows 系列操作系统中自带的 Internet

图 3-5　Microsoft Edge 浏览器②

① 图片来源于微软公司官方网站。网址：https://www.microsoftstore.com.cn/windows/windows-10-home/p/js0005-00000

② 图片来源于微软公司官方网站。网址：https://www.microsoftstore.com.cn/windows/windows-10-home/p/js0005-00000

Explorer（俗称“IE 浏览器”）似乎并不讨喜，为了赶超 Google Chrome（俗称“谷歌浏览器”，谷歌公司开发的网页浏览器）和 Mozilla Firefox（俗称“火狐浏览器”）等比较受欢迎的浏览器，微软公司选择放弃了 IE 浏览器，继而开发了新的 Microsoft Edge 浏览器。

虽然 Edge 浏览器并不能称之为是成熟的浏览器，但其便捷性是有目共睹的，例如与 Cortana 的整合、快速分享等技术的融入。除此之外，用户还可以直接在网页上进行写入，与其他用户共享收藏；在阅读时可以打开阅读视图，降低外界干扰因素，享受阅读时光；地址栏也与之前不同，升级后可以大大提升搜索效率。

3.2.3 视觉效果

Windows 10 系统对增强了用户的活动和设备体验效果，从而使界面看起来更加舒适，保护用户的眼睛，降低视觉疲劳。用户还可以调整屏幕上的功能，应用程序也能够由小到大进行平滑缩放。Windows 10 系统具有 Continuum 模式，能够优化用户的设备和活动体验，让屏幕看起来更加舒适，减少视觉疲劳，增强视觉效果。用户可以根据自己的喜好调节屏幕上的功能，方便使用程序或文件，应用程序具有最小到最大显示平滑缩放的功能。

图 3-6　Continuum 模式[①]

① 图片来源于微软公司官方网站。网址：https://www.microsoftstore.com.cn/windows/windows-10-home/p/js0005-00000

3.2.4 生物识别技术

Windows 10 系统中融入了生物识别技术，例如较为常见的指纹扫描，在具备 3D 红外摄像头的设备上安装 Windows 10 系统就可以通过面部或虹膜扫描进入系统。这样的改进不仅提高了使用效率，更是大大提高了安全性。

3.2.5 捕获、标记和共享图像

通过“截图和草图”能够将图像信息捕获、标记乃至共享。通过在任务栏搜索框中输入“截图和草图”并进行搜索，在搜索结果中选择“截图和草图”就可以打开应用。

想要快速截取图像，还可以按下

Windows 徽标键 +Shift+S，该组合键可实现快速截取图像。按下上述组合键后，电脑屏幕将会变暗，光标也会变成十字形，这个时候就进入图像截取状态了，用户需要选择待截取的区域边缘一点，随后单击鼠标左键，并沿着待截取区域的对角线方向移动光标，直至整个目标区域突出显示出来，此时就可以完成图像截取了。

3.2.6 Cortana 搜索

Cortana 是一种私人助手服务，Cortana 搜索不仅可以应用于硬盘内的文件，还可以应用于系统设置、应用、互联网等等，可以说是“包罗万象”。除此之外，Cortana 也能够如同移动平台般，让用户设置时间和地点的备忘。

图 3-7　Cortana 搜索[①]

① 图片来源于微软公司官方网站。网址：https://www.microsoftstore.com.cn/windows/windows-10-home/p/js0005-00000

3.2.7 平板模式

从界面上来说，Windows 10 系统可以看做是一次回归，但微软公司不仅关注老用户的需求，也惦记着新一代用户对于触控屏幕的依赖。Windows 10 系统不但可以应用于触控屏设备，还可以提供操作优化，配备了独立的平板电脑模式，在该模式下，“开始”菜单、应用等统统以全屏模式显示。通过用户设置，系统还可以实现平板电脑和桌面模式两者的随意切换。

3.2.8 文件资源管理器

Windows 10 系统的文件资源管理器添加了在主页显示用户常用文件和文件夹的功能，用户可以通过该功能快速获取需要的内容。

3.2.9 兼容性和安全性

Windows 10 操作系统的兼容性是十分强大的，能够运行 Windows 7 操作系统的设备都可以运行 Windows 10 系统。尽管 Windows 10 系统融入了固态硬盘、生物识别、高分辨率屏幕等新技术或功能，但是各方面也都得到了相应的优化与完善。

安全性方面，Windows 10 系统不仅具有旧版系统的安全功能，还添加了 Windows Hello，Microsoft Passport、Device Guard 等新的安全功能，安全性能大大提升。

3.2.10 云剪贴和自动备份

基于云服务而运作的剪贴板，能够通过复制粘贴，将图像、文本等数据从一台电脑转移到另一台电脑。使用方式为，打开“开始”菜单，选择“设置”，接着选择“系统”，最后选择“剪贴板”，勾选“剪贴板历史记录”和“跨设备同步”选项后进行复制粘贴即可。还可以按下“Windows 徽标键+V”的组合键，直接打开剪贴板。

除了云剪贴，Windows 10 系统还有自动备份功能，OneDrive 可以实现文档、图片、桌面文件夹等数据的自动备份。开启自动备份后，即便电脑丢失或损坏，文件也不会丢失。开启方式为，选择任务栏右侧的“OneDrive”，然后选择“更多”，最后选择“设置”。在设置界面，打开“自动保存”选项卡，选择需要自动备份的数据信息即可。

3.2.11 游戏效果

Windows 10 系统还有为游戏发烧友定制的 Xbox 功能。当用户在 Windows 10 PC 端、笔记本电脑或平板电脑上玩 Xbox One 游戏时，通过 Game DVR 功能可以将游戏过程录制下来，并且可以将其转发给朋友们欣赏，这个过程中不需要退出游戏。在保障游戏进行的同时，可以让玩家即时分享游戏中的精彩瞬间。

图 3-8　游戏和 Xbox[①]

需要注意的是，游戏和 Xbox 的部分功能需要通过连接互联网才能进行，在此过程中可能会收取费用。Xbox Live 功能并非通用于所有国家的所有游戏中，只有国家和游戏支持 Xbox Live 功能才能够使用。DirectX 12 也需要受到游戏支持和显示芯片的限制。

① 图片来源于微软公司官方网站。网址：https://www.microsoftstore.com.cn/windows/windows-10-home/p/js0005-00000

➢ 场景实操

- ✓ 使用一次多任务处理。
- ✓ 使用一次 Edge 浏览器。
- ✓ 更改电脑的视觉效果。
- ✓ 利用系统捕捉图像。
- ✓ 使用一次 Cortana 搜索。
- ✓ 进行一次云剪贴。
- ✓ 开启自动备份。

第 4 章

电脑的自定义设置

自定义的意思就是自己对某一事物进行定义，所谓的“电脑自定义设置”，就是根据自己的喜好，对电脑的桌面壁纸、窗口颜色、字体字号等内容进行设置。电脑自定义设置可以说是为了满足用户追求个性化而诞生的产物，这也从侧面反应了电脑这款电子设备的受众群体十分广泛。

4.1 用户账户和家庭安全

在 Windows XP、Windows 7 等系统中，同一台电脑可以具备多个独立的用户系统，也就是说每个用户的 Windows 设置都是独立的，这个用户系统就是我们说的用户账户。用户可以根据自己的需求设置用户账户，为了保障文件的安全性，还可以设置密码防止他人进入自己的账户。除此之外，家长还可以通过用户账户控制孩子使用电脑的时间及内容。这就是用户账户与家庭安全的功能。

4.1.1 用户账户

在 Windows 帮助与支持中对用户帐户的定义如下：用户账户是通知 Windows 您可以访问哪些文件和文件夹，可以对计算机和个人首选项（如桌面背景或屏幕保护程序）进行哪些更改的信息集合。通过用户帐户，您可以在拥有自己的文件和设置的情况下与多个人共享计算机。每个人都可以使用用户名和密码访问其用户帐户。

用户账户包括三种不同类型，每种类型的用户都有其对应的系统控制级别：标准帐户用于日常使用；管理员帐户具有电脑的最高级别控制权，但需要在特定场合下才能发挥作用；来宾帐户又被称为客人账户，是提供临时使用的一种账户类型，会受到管理员账户的控制。在设置用户账户时，我们可以根据需求选择不同的类型。

添加账户是设置用户账户的第一步。操作方式为：打开控制面板，选择“用户账户和家庭安全”选项下的“添加或删除用户账户”（如图 4–1）进入账户管理界面。

进入账户管理界面后，选择“创建一个新账户”（如图 4–2）。

打开创建新用户的界面后，可以

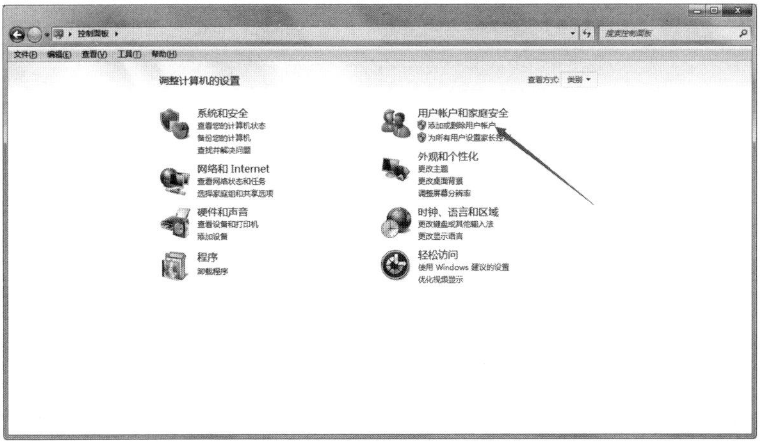

图 4–1　选择“添加或删除用户账户”

图 4–2　选择“创建一个新账户”

选择标准用户或管理员，选择以后在对话框填上用户的名称（如图 4–3），之后选择创建账户就可以完成新用户的创建。

以上就是创建新账户的流程。如果想要创建来宾账户，可以在管理账户界面选择 Guest（来宾账户），在启用来宾账户界面选择“启用”（如图 4–4）。

添加用户账户后，我们可以为其设置密码来保障信息安全。设置密码首先需要在用户账户与家庭安全界面选择“用户账户”（如图 4–5）。

打开用户账户页面后，由于之前没有设置密码，所以需要选择“为您的账户创建密码”（如图 4–6）。

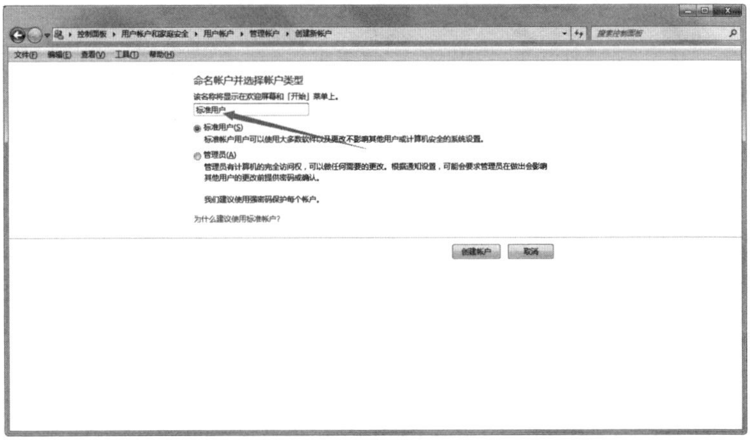

图 4–3　选择用户类型及填写用户名称

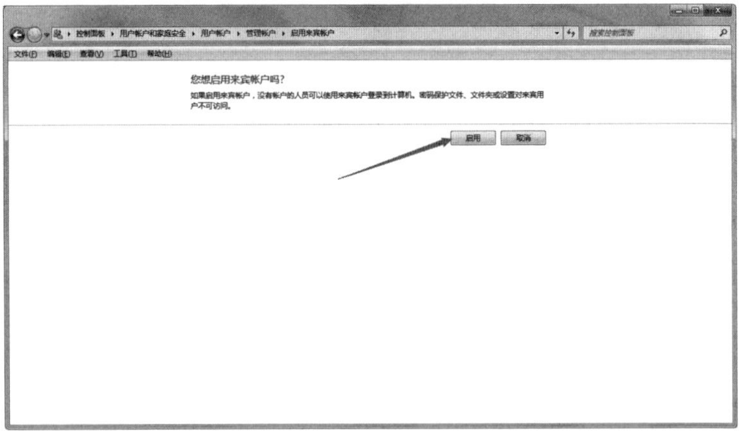

图 4–4　启用来宾账户

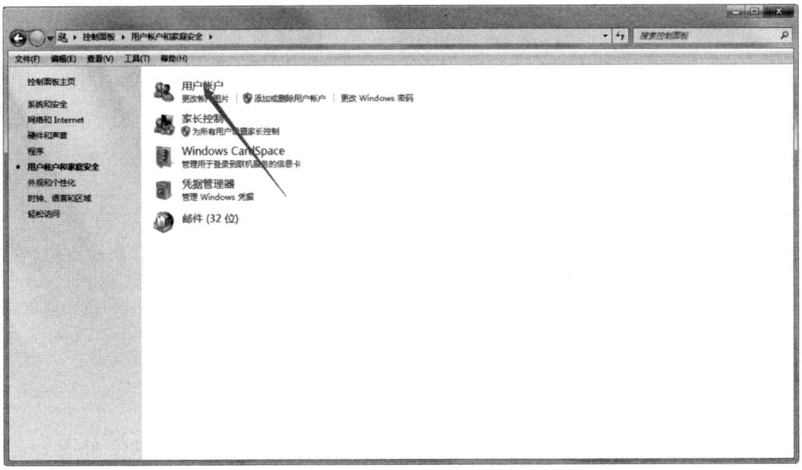

图 4-5　选择“用户账户”

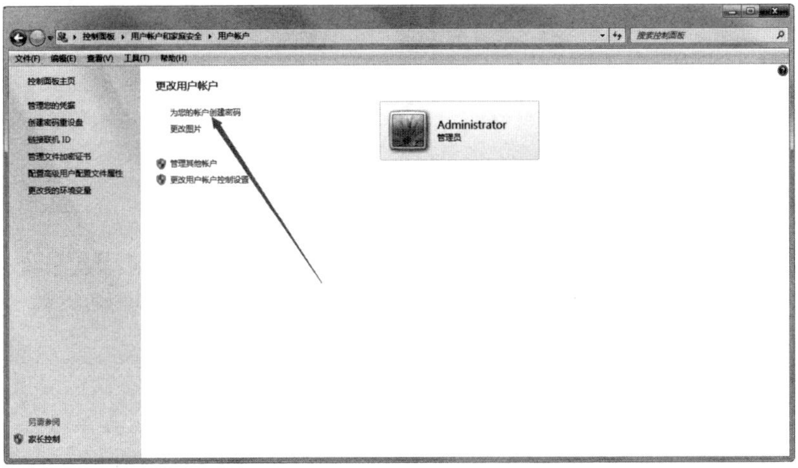

图 4-6　选择“为您的账户创建密码”

来到创建密码界面，在第一个对话框中输入密码，在第二个对话框中再次输入密码进行确认（如图 4-7）。为了防止用户忘记密码导致账户无法使用，还可以在第三个对话框输入密码提示（如图 4-7），该提示可以在进入账户前输入密码时进行查询，且任何人都可以看到，因此用户在设置密码提示时需要谨慎对待。

在设置密码后，为了防止密码泄露等，可以定期更改密码。更改方式是直接在用户账户和家庭安全界面选

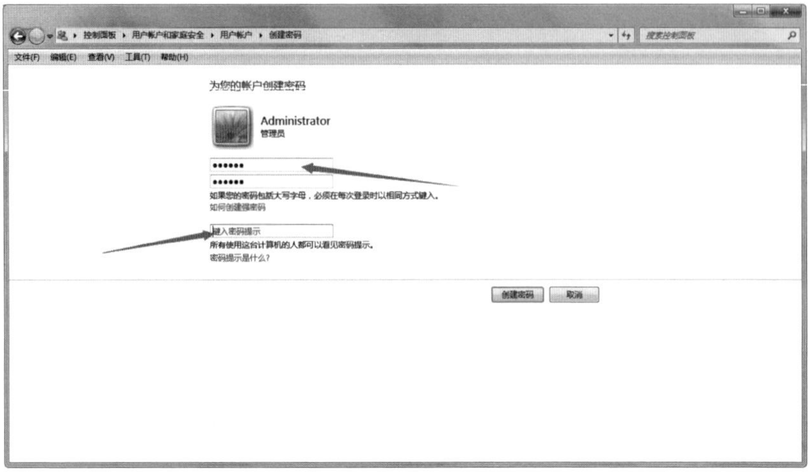

图 4-7　设置账户密码及密码提示

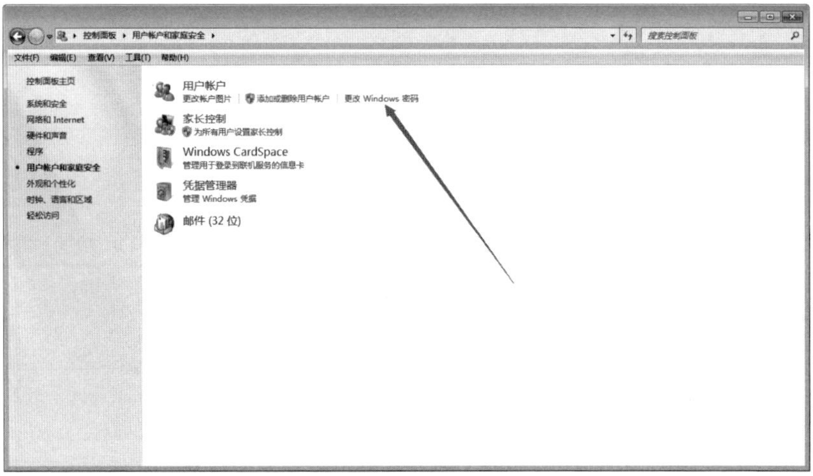

图 4-8　选择“更改 Windows 密码”

择“更改 Windows 密码”(如图 4–8)，也可以打开用户账户，在用户账户界面选择“更改密码”(如图 4–9)。

进入更改密码界面 (如图 4–10) 后，根据对话框的提示输入相应的信息，之后选择更改密码，就完成更改账户密码了。

设置用户账户后，系统会自动分配一个图片作为账户的头像，如果用户不喜欢这张图片，可以选择更改。方式是在用户账户和家庭安全界面选择“更改账户图片”(如图 4–11)，或

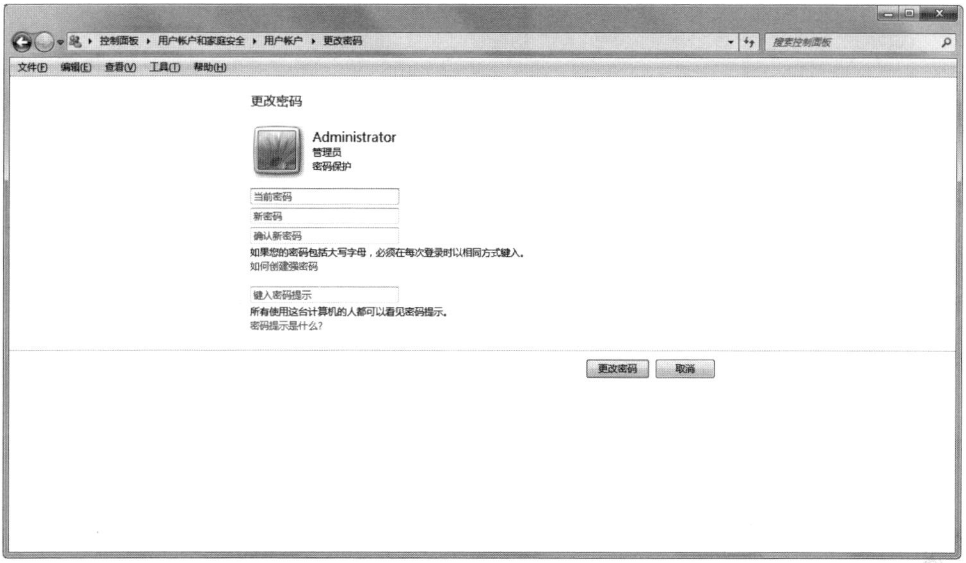

图 4-10　更改密码界面

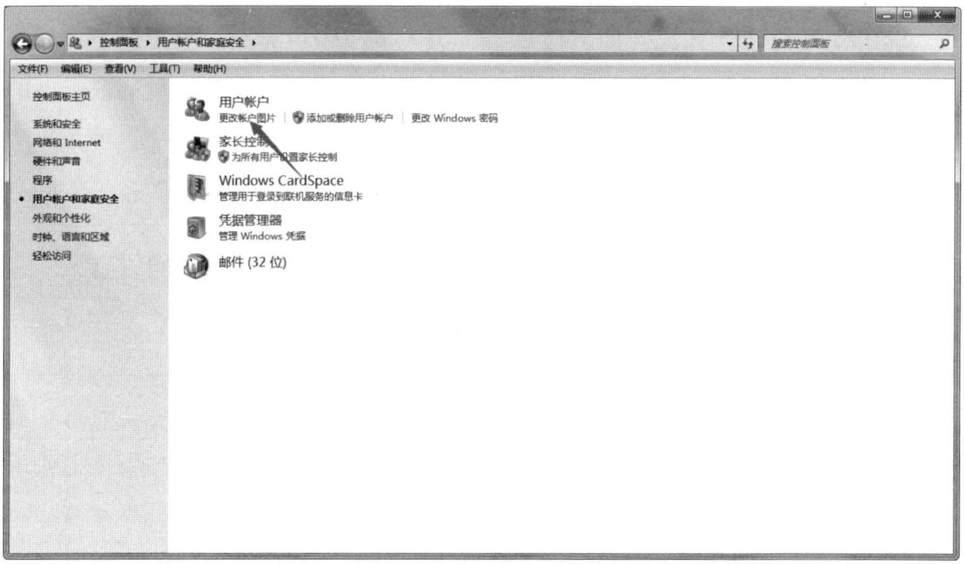

图 4-11　选择“更改账户图片”

者在用户账户界面选择更改图片。

在更改图片界面，用户可以选择备选的系统图片。如果不喜欢系统提供的备选图片，可以选择“浏览更多图片”（如图 4-12），在相应文件夹中找到自己中意的图片，并双击它，账

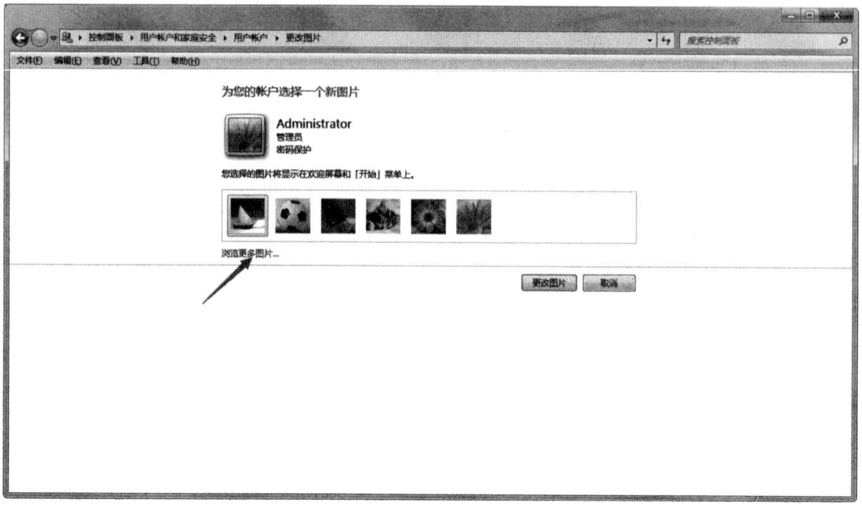

图 4–12　选择“浏览更多图片”

户图片就会随之更改。

除了常规设置之外，管理员账户还可以在用户账户界面选择“管理其他账户”（如图 4–13），实现对其他账户的管理。

在账户管理界面选择待管理账户，进入更改账户界面。由于各个类型的账户用处不同，管理员对每个类型的账户的管理权限也有所不同（如图 4–14、4–15、4–16）。

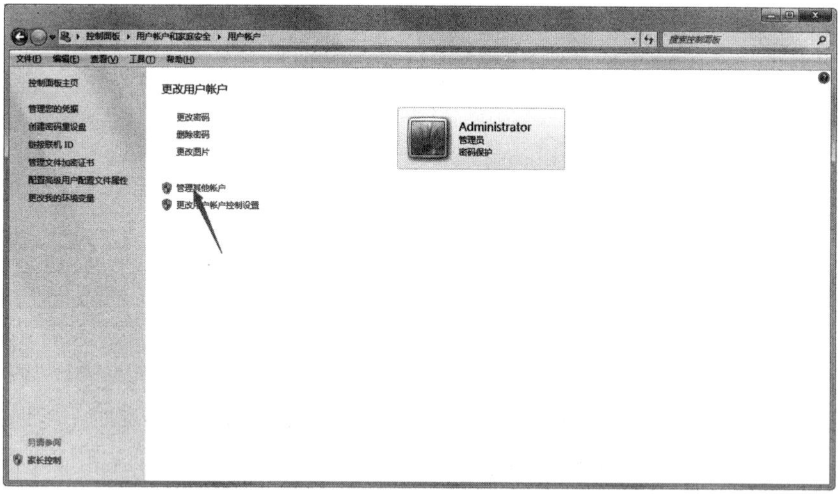

图 4–13　选择“管理其他账户”

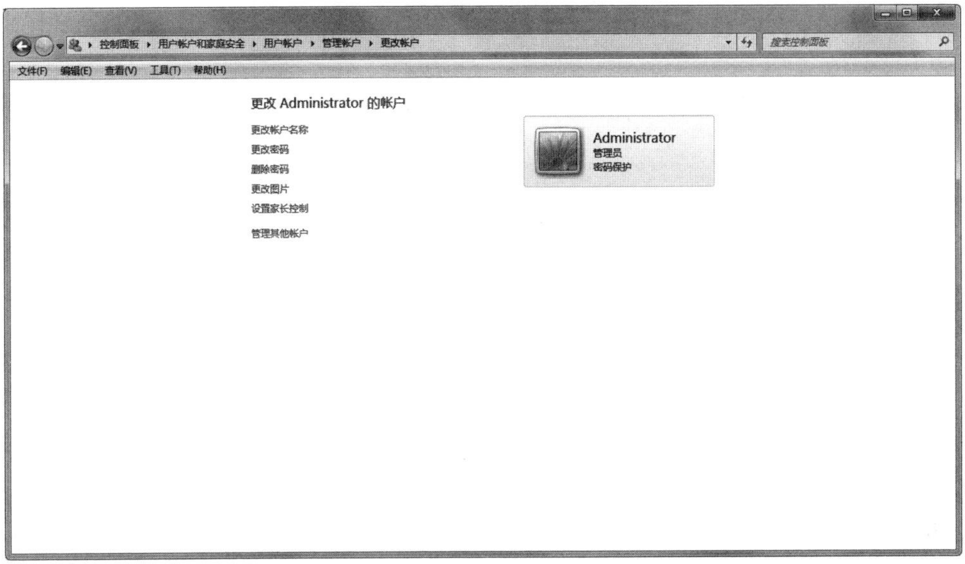

图 4-14　更改 Administrator（管理员）的账户

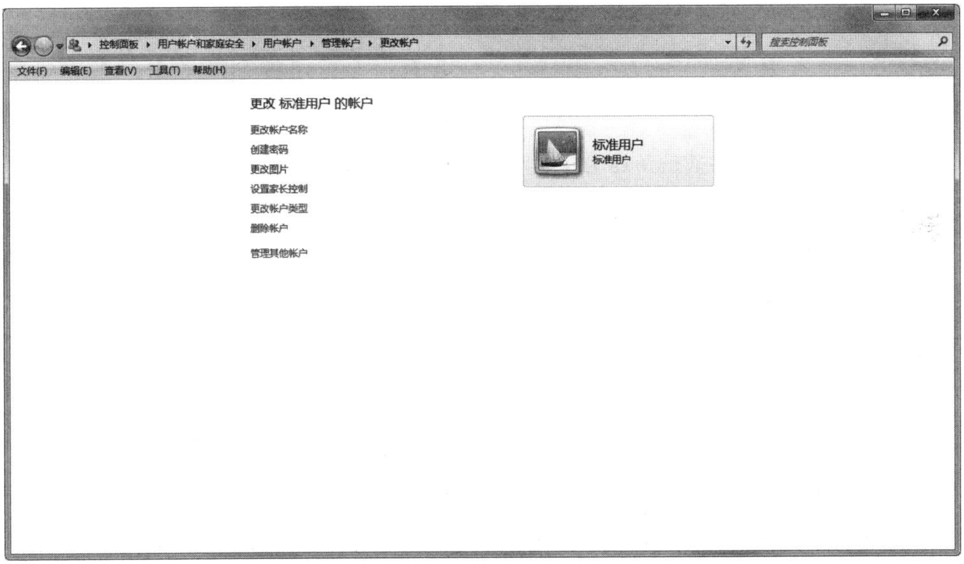

图 4-15　更改标准用户的账户

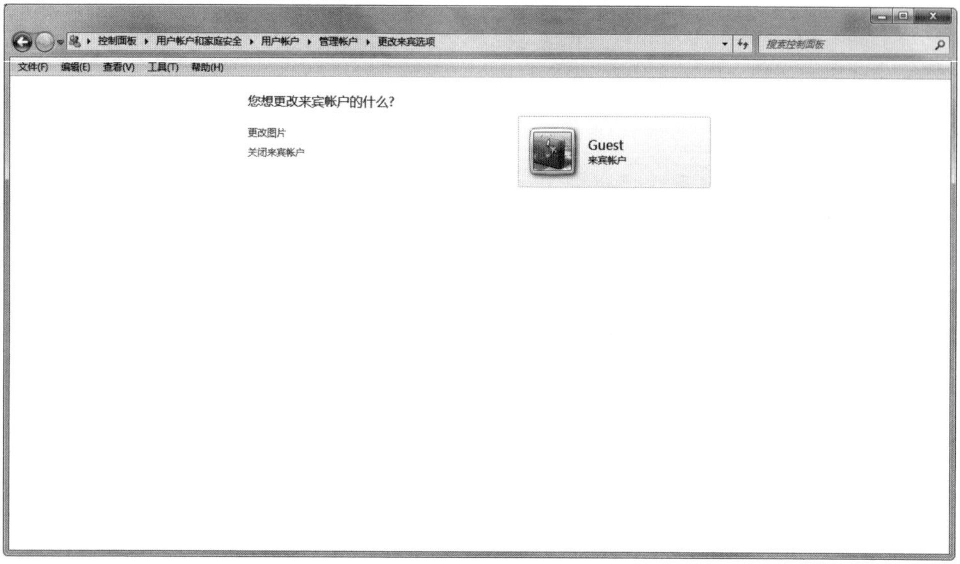

图 4-16 更改 Guest（来宾账户）的账户

4.1.2 家长控制

关于家长控制，Windows 帮助与支持中做出了如下解释：

您可以使用家长控制对儿童使用计算机的方式进行协助管理。例如，您可以限制儿童使用计算机的时段、可以玩的游戏类型以及可以运行的程序。

当家长控制阻止了对某个游戏或程序的访问时，将显示一个通知声明已阻止该程序。孩子可以单击通知中的链接，以请求获得该游戏或程序的访问权限。您可以通过输入帐户信息来允许其访问。

若要为孩子设置家长控制，您需要有一个自己的管理员用户帐户。在开始设置之前，确保您要为其设置家长控制的每个孩子都有一个标准的用户帐户。家长控制只能应用于标准用户帐户。

除了 Windows 提供的控件之外，还可以安装附加控件，如来自独立服务提供商的 Web 筛选和活动报告。

开启家长控制，首先需要家长拥有一个的管理员账户，并且已经设置密码。接下来用户可以在标准用户的更改账户界面选择“设置家长控制”，也可以在用户账户和家庭安全界面选择家长控制（如图 4-17），接着在家长控制界面选择待控制的标准用户

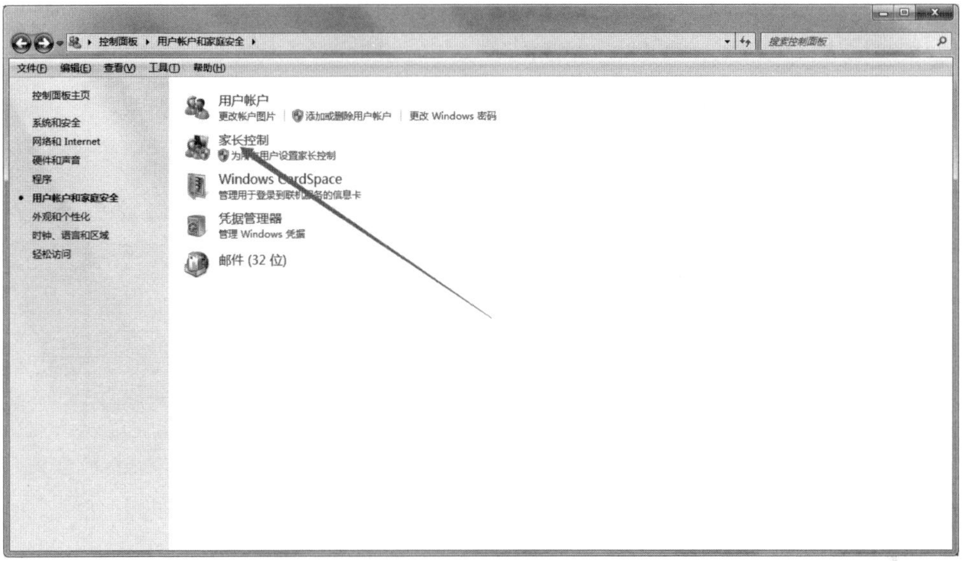

图 4–17　选择家长控制

（如图 4-18）。如果电脑中没有标准用户，则需要选择创建新用户账户添加一个标准用户。

进入用户控制界面后，选择“启用，应用当前设置”（如图 4-19）。

为标准用户启用家长控制后，时

图 4–18　选择标准用户

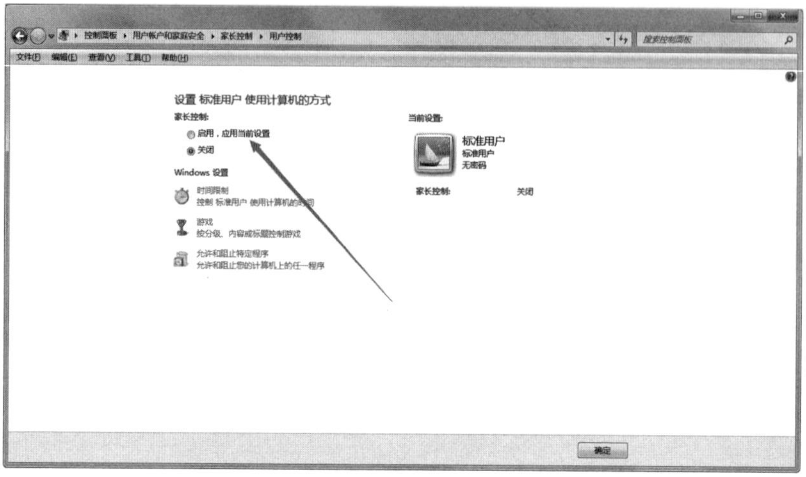

图 4-19　选择“启用，应用当前设置”

间限制、游戏、允许和阻止特定程序等选项的颜色会由浅变深，用户可以点击相应内容进行设置。

1 时间限制设置。

Windows 帮助与支持中这样解释“时间限制”选项：您可以设置时间限制，对允许儿童登录到计算机的时间进行控制。时间限制可以禁止儿童在指定的时段登录计算机。可以为一周中的每一天设置不同的登录时段。如果在分配的时间结束后其仍处于登录状态，则将自动注销。

用户可以打开时间限制界面（如图 4-20）设置允许使用的时间。

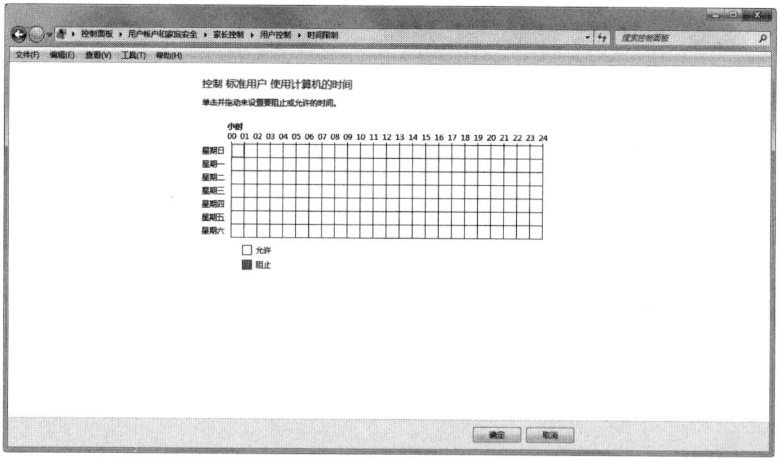

图 4-20　时间限制

2 游戏控制设置。

Windows 帮助与支持中这样解释“游戏控制”选项：您可以控制对游戏的访问、选择年龄分级级别、选择要阻止的内容类型、确定是允许还是阻止未分级游戏或特定游戏。

用户可以在游戏控制界面（如图 4–21）对游戏类型等进行设置。

3 允许或阻止特定程序限制。

Windows 帮助与支持中这样解释“允许或阻止特定程序”选项：您可以使用家长控制来设定您的孩子可以使用的特定程序。例如，如果您使用某个程序记录财务收支，则可以禁止您的孩子打开并查看您的财务收支信息。

用户可以在应用程序限制界面（如图 4–22）对允许使用的应用程序进行设置。

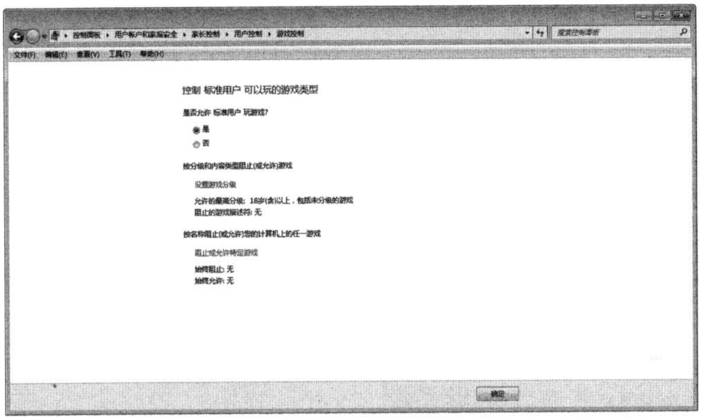

图 4–21　游戏控制

图 4–22　应用程序限制

4.2 个性化设置

个性化就是脱离了大众化的东西，具有标新立异的特点。电脑的个性化设置就是为了满足用户追求独特、另类的需求，使用户的个人电脑可以拥有自己特质，从而提升用户体验效果。电脑个性化设置的内容包括很多，这里主要针对主题设置、桌面背景设置、窗口颜色设置、声音效果设置、屏幕保护设置、鼠标指针设置六个方面展开。

4.2.1 主题

主题即 Windows 主题，是指系统整体所展现的风格，主要内容有窗口色彩、控件布局、图标样式等，对上述内容进行修改以达到美化界面的目的。

更改系统主题需要打开个性化设置。个性化设置可以通过两种途径打开，一是在桌面空白部分点击鼠标右键打开菜单，选择“个性化”选项（如图 4-23）。

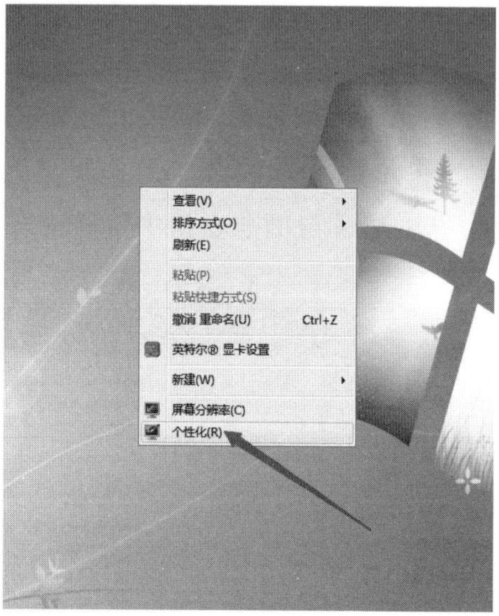

图 4-23　选择“个性化”选项

另一种是在控制面板界面选择“更改主题”选项（如图 4-24）。

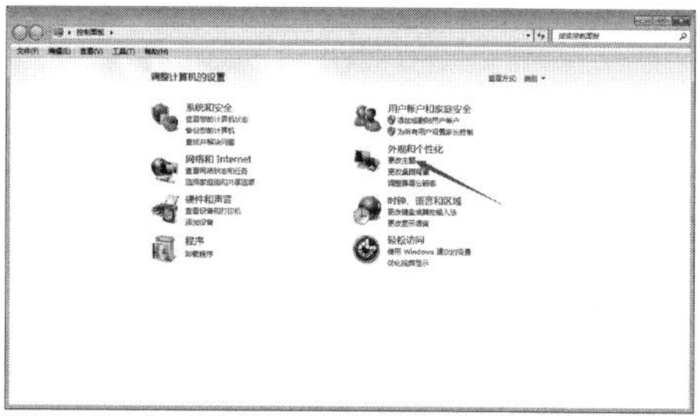

图 4-24　选择“更改主题”选项

选择更改主题后，用户会进入个性化设置界面。

打开个性化设置窗口后，可以选

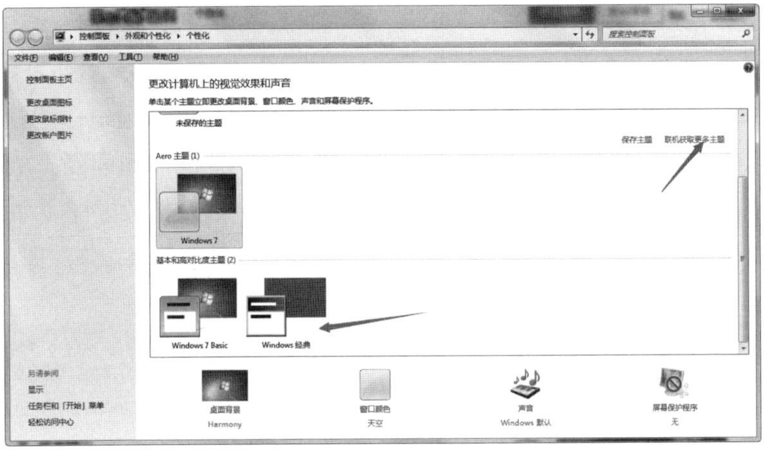

图 4–25　设置主题

择电脑内部存储的主题，也可以选择联机获取更多主题（如图 4–25），以获取更多风格的系统主题。

4.2.2 桌面背景

桌面背景即桌面壁纸，是用户桌面的“背景板”，用户可以根据自己的喜好进行设置。为了缓解长时间盯着电脑造成的视觉疲劳，用户可以选择以草地、天空等元素组成的色彩自然、清新的背景图，也可以设置每隔一段时间更换一次桌面壁纸。

更改桌面背景也有两种方式。一是在桌面打开个性化界面，选择“桌面背景”选项（如图 4–26）。

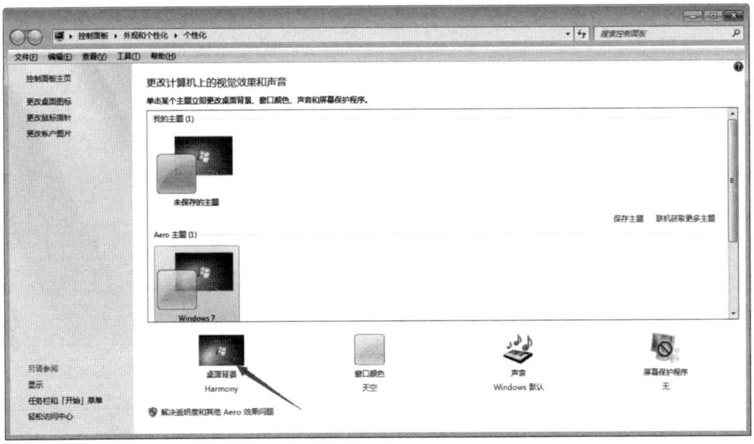

图 4–26　选择“桌面背景”选项

二是在控制面板界面选择“更改桌面背景”选项（如图 4-27），进入桌面背景设置界面。

进入桌面背景设置界面后，可以从系统提供的几个文件夹中选择图片位置或通过浏览选取更多图片位置。选择完成后，可以在左下方的“图片位置”处选择图片的显示形式。如果要设置定时更换壁纸，可以选中一些壁纸，并设置更改图片的时间间隔（从 10 秒到 1 天不等）以及播放顺序（如图 4-28）。设置完成后选择保存修改即可。

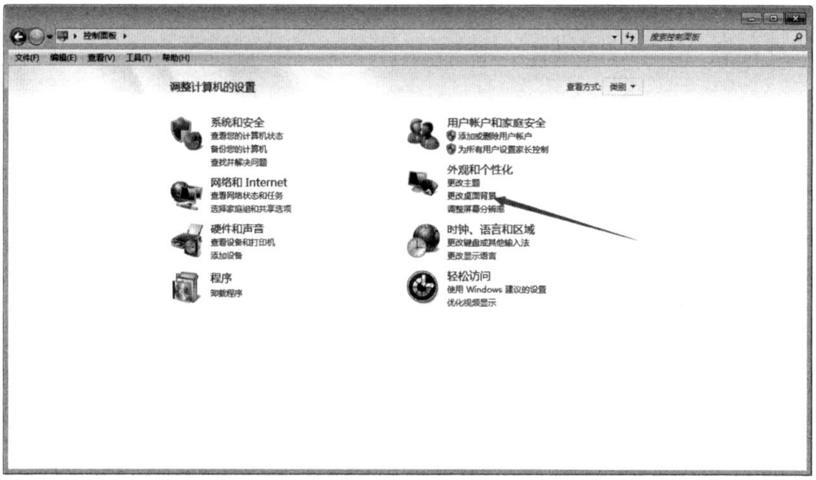

图 4-27　选择“更改桌面背景”选项

图 4-28　设置桌面背景

4.2.3 窗口颜色

窗口是电脑系统中一种新的操作环境，电脑屏幕内出现的不同功能的区域就是我们所说的窗口。窗口的作用是显示和处理一类信息，用户可以在任意的窗口进行操作，在各个窗口之间实现信息交换，也可以通过专门的软件管理各个窗口。窗口颜色即组成窗口的边框及窗口内部的颜色，用户可以根据自己的喜好进行设置。

设置窗口颜色很简单。首先我们要在个性化设置界面选择“窗口颜色”选项（如图 4–29），进入窗口颜色和外观界面。

在窗口颜色和外观界面，我们将鼠标移动至项目下方的对话框中并单击它，之后在下拉菜单中找到“窗口”选项并选中它（如图 4–30）。

将项目更改为“窗口”后，右下方的颜色选项会变成深色，我们可以看到可以设定的颜色由一个变成两个（如图 4–31）。其中位于上方的“颜色 1”对应的是窗口内颜色，位于下方的“颜色”对应的是窗口边框的颜色，用户根据自己的需求调节颜色即可。

图 4–29　选择“窗口颜色”选项

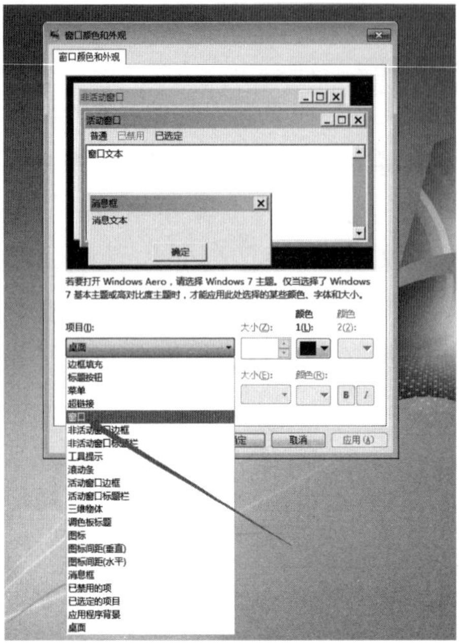

图 4-30　选中“窗口”选项

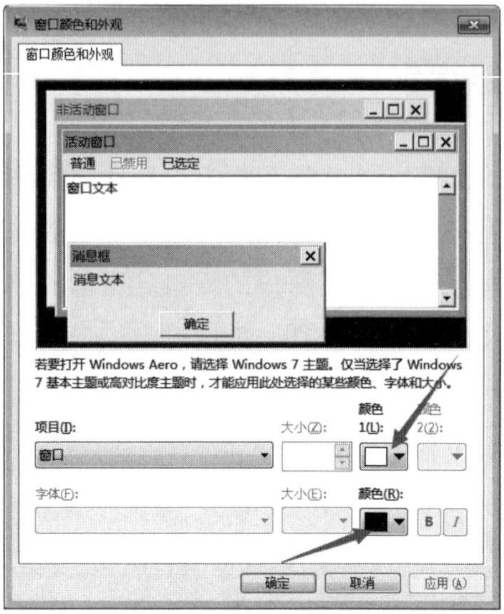

图 4-31　窗口颜色选项

在这里跟大家分享一个小妙招。我们都知道，长时间对着电脑、手机等电子设备的屏幕对人的眼睛十分不好，因此很多手机和软件都有护眼模式。其实，电脑也可以被设置成护眼模式，保护我们的眼睛。

设置的方式是，在更改窗口内部颜色的下拉菜单中选择其他（如图 4-32），进入到自定义颜色的界面。

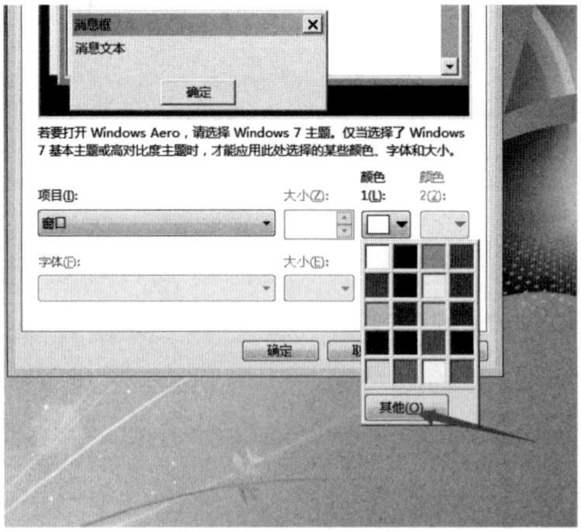

图 4-32　选择其他

在自定义颜色界面，我们将色调改为 88，饱和度改为 123，亮度改为 205，红改为 199，绿改为 237，蓝改为 207，设置好以后点击“添加到自定义颜色”，此时左边的自定义颜色中就会出现该颜色（如图 4–33）。选中新设置的颜色，并点击确定，所有的窗口内部都会变成浅绿色的护眼模式了。

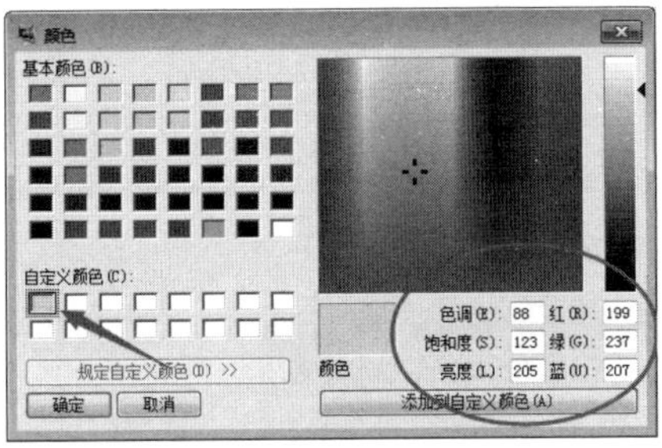

图 4–33　设置自定义颜色

4.2.4　声音效果

声音效果简称“声效”，是指声音所营造的效果，用以增加声音的真实感，在电脑等多媒体设备中都可以对声音效果进行更改，以使用户感受到最舒适的声音环境。

更改声音效果的途径有两个，一是在个性化设置界面选择“声音”选项（如图 4–34）。

二是在外观和个性化界面选择“更改声音效果”选项（如图 4–35）。

进入设置声音的界面后，选择适合的声音方案即可（如图 4–36）。

图 4–34　选择“声音”选项

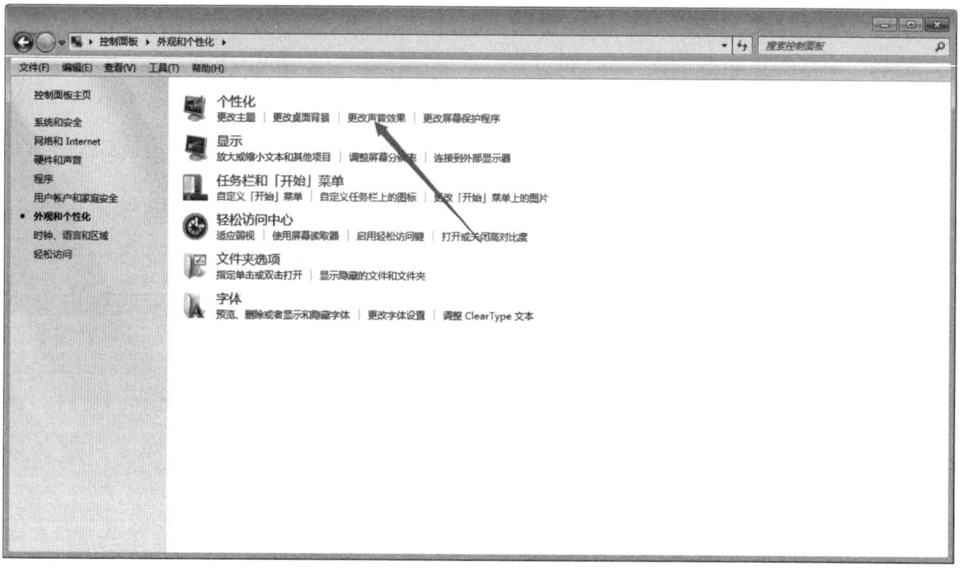

图 4–35 选择“更改声音效果”选项

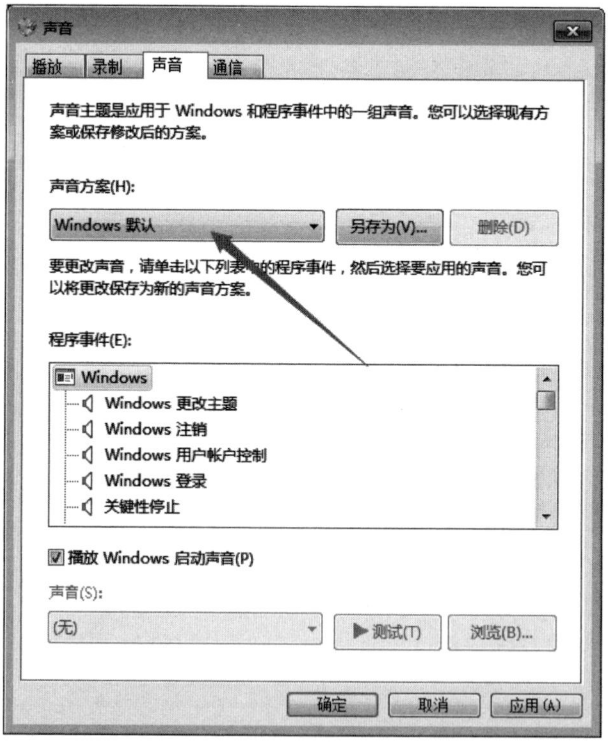

图 4–36 选择声音方案

4.2.5 屏幕保护程序

屏幕保护程序是指用户在指定时间内没有操作电脑，电脑屏幕上会出现移动的图片或图案。电脑进入屏幕保护程序后，用户要想使用电脑可以移动鼠标或者按下键盘上的任意按键。如果用户设置了密码，则需要输入正确的密码才能进入桌面，因此该程序也可以对电脑内部信息起到一定的保护作用。

我们可以通过两种方式进入开启用户保护程序的界面。第一种是在个性化界面选择“屏幕保护程序”选项（如图 4–37）。

第二种则是在外观和个性化界面选择“更改屏幕保护程序”选项（如图 4–38）。

图 4–37　选择“屏幕保护程序”选项

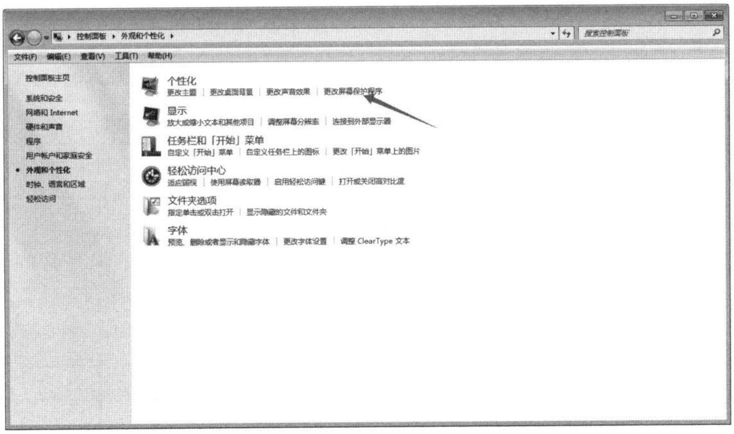

图 4–38　选择“更改屏幕保护程序”选项

图 4–39 选择屏幕保护程序效果及等待时间

进入屏幕保护程序设置界面后，选择屏幕保护程序的效果以及等待时间（如图 4–39）。比如将等待时间设置为 5 分钟，那么用户 5 分钟内没有操作电脑的话，电脑将会自动进入屏幕保护程序。

4.2.6 鼠标指针

鼠标指针所代表的就是鼠标在电脑屏幕上的位置。随着电脑科技的进一步发展，鼠标指针的作用也不仅仅是告诉用户“你的鼠标在这里”。在 Windows 操作系统中，鼠标指针在不同的状态下也会呈现不同的样子，以此来告诉用户现在系统繁忙或是该文件正在被移动等等。

最常见的鼠标指针是一个由黑色边框、白色底纹组成的略微倾斜的箭头（如图 4–40）。随着用户个性化的呼声越来越高，鼠标指针的外观也变得更加多样化。

图 4–40 鼠标指针

在个性化界面选择“更改鼠标指针”选项（如图 4–41），就可以进入鼠标属性界面设置鼠标指针的外观。

在鼠标属性界面预览并选择指针方案（如图 4–42），选定方案后点击确定，鼠标指针的外观就会变化。

图 4–41 选择“更改鼠标指针”选项

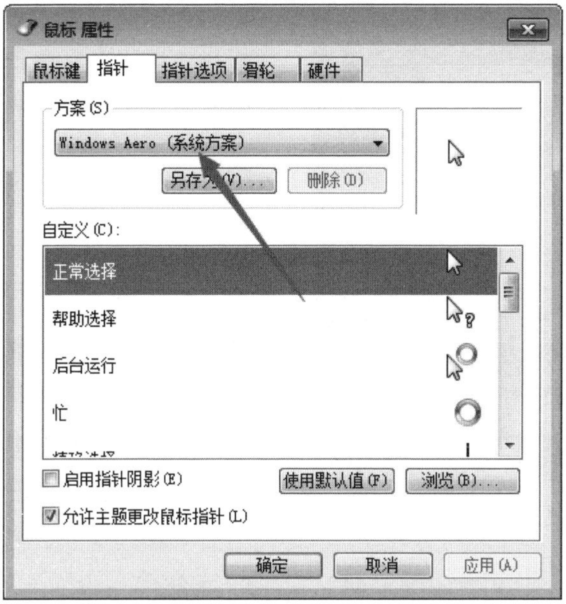

图 4-42　选择鼠标指针方案

4.3 显示设置

显示设置包括屏幕分辨率设置、放大或缩小文本和其他项目两项内容，显示设置能够针对不同受众群体，提供更加适合他们的视觉效果。

4.3.1 屏幕分辨率

屏幕分辨率是指屏幕上显示的像素个数，在屏幕大小相同的情况下，分辨率越高，内容就越清晰，显示效果就越好。在介绍分辨率时，通常以某数值与某数值相乘的形式表达，其中第一个数值表示水平方向的像素个数，第二个数值表示垂直方向像素个数。比如像素为 1920×1080，就是指水平方向像素数 1920 个，垂直方向像素数 1080 个。

可以通过两种方式打开设置屏幕分辨率的界面。第一种是在桌面空白位置点击鼠标右键，在右键菜单中选择“屏幕分辨率”选项（如图 4-43）。

第二种是在控制面板界面选择

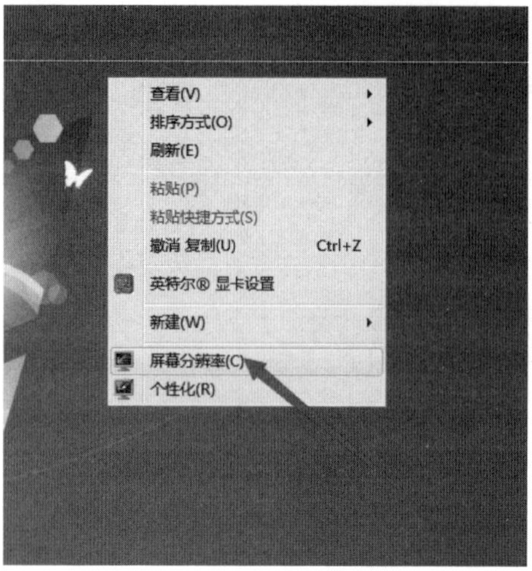

图 4-43　选择“屏幕分辨率”选项

“调整屏幕分辨率”选项（如图 4-44）。

进入屏幕分辨率设置界面（如图 4-45）后，用户可以选择自己的显示器型号（或者进行检测、识别），系统会根据显示器的属性提供推荐方案，以确保设置的分辨率不会影响电脑使用。当然，用户也可以根据自己的要求进行设置，如果显示效果不佳还可以更改设置。

4.3.2　放大或缩小文本和其他项目

放大或缩小文本和其他项目主要针对于患有近视或其他原因导致视力不佳的用户，方便其使用电脑。

可以通过两种方式进入放大或缩小文本和其他项目界面。第一种是在屏幕分辨率设置界面选择“放大或缩小文本和其他项目”选项（如图 4-46）。

第二种是在外观和个性化界面选择“放大或缩小文本和其他项目”选

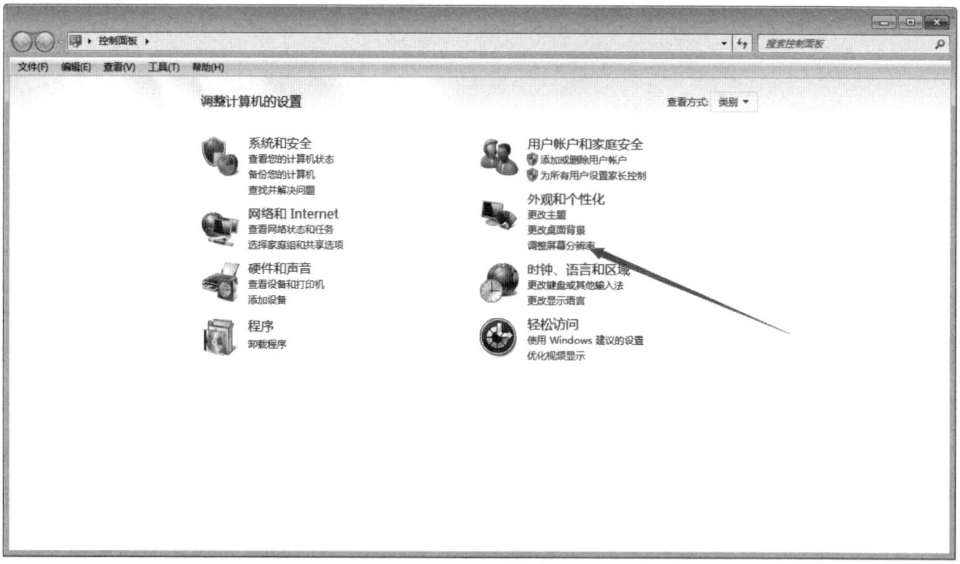

图 4-44　选择“调整屏幕分辨率”选项

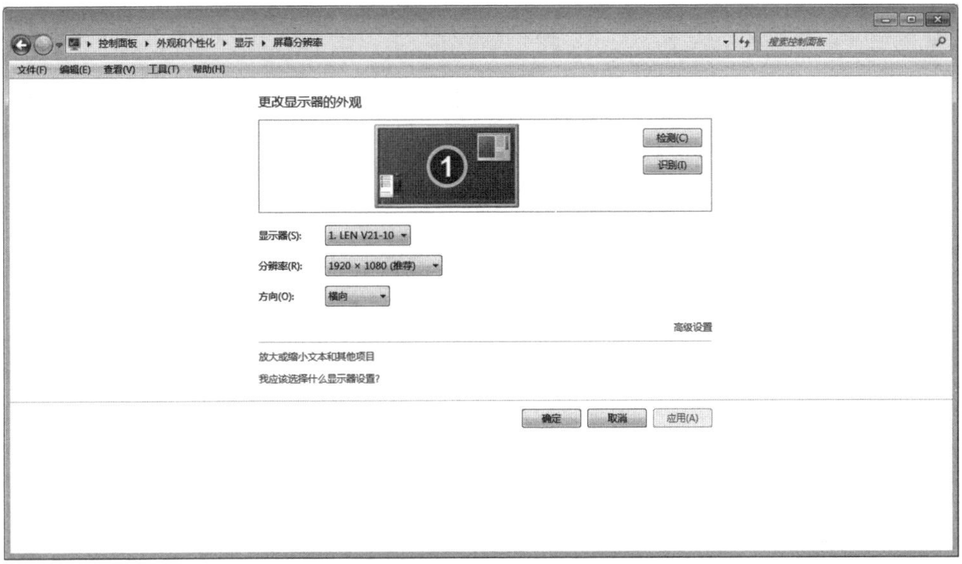

图 4–45　屏幕分辨率设置界面

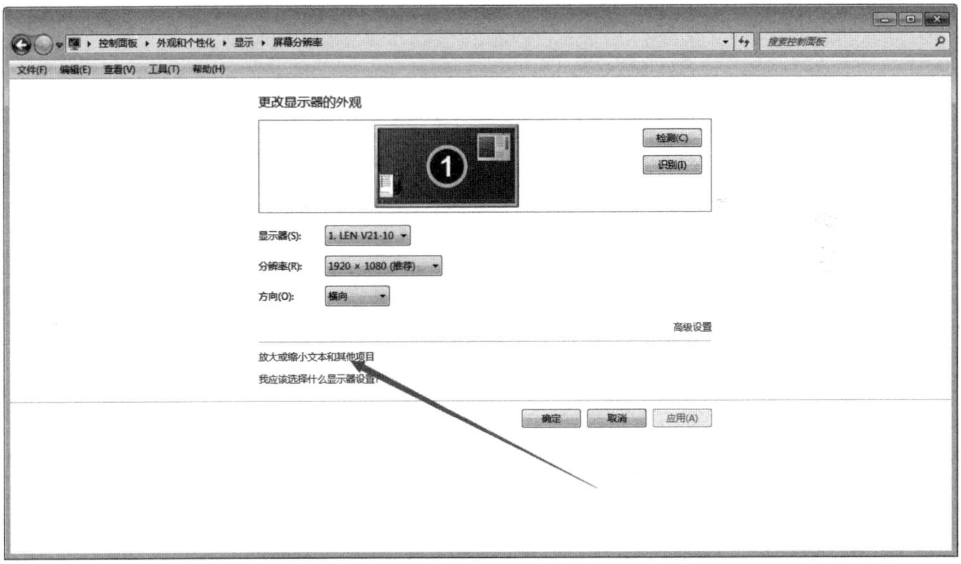

图 4–46　选择“放大或缩小文本和其他项目”选项

项（如图 4–47）。

进入放大或缩小文本和其他项目界面后，用户可以选择将其设置为 100%、125% 或 150%（如图 4–48）。如果只是暂时放大部分内容，可以使用放大镜功能。

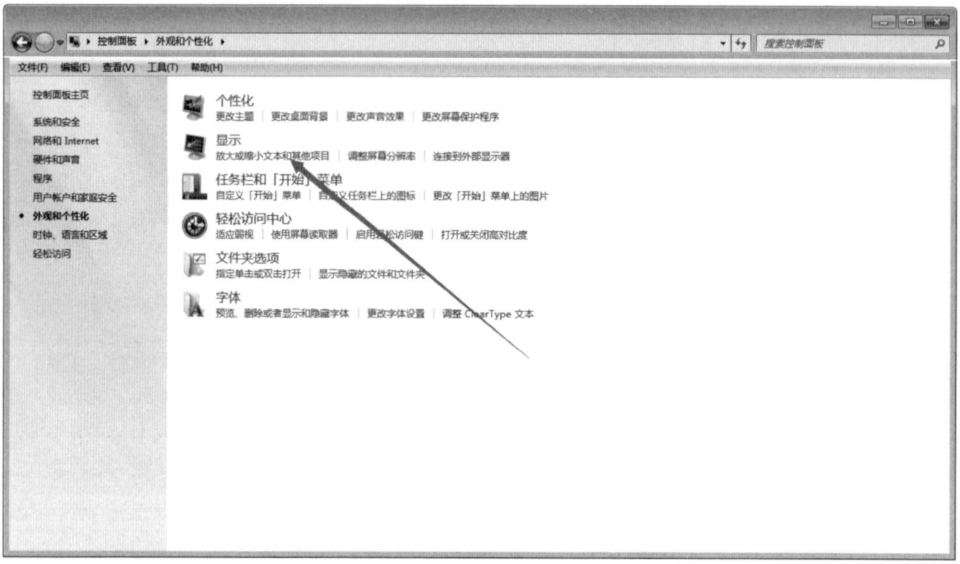

图 4-47　选择“放大或缩小文本和其他项目”选项

图 4-48　放大或缩小文本和其他项目

4.4 任务栏

在没有特殊设置的情况下，任务栏位于屏幕底部，以水平长条的形态存在，是电脑屏幕中非常重要的一部分。在用户打开电脑之后，任务栏和桌面组成了电脑屏幕。但和桌面不同的是，桌面会被其他的窗口覆盖，但是任务栏会一直存在于屏幕下方，且不会被覆盖。

用户在使用电脑时，任务栏的使用频率是非常高的，对其进行自定义设置可以更好地满足用户的偏好。任务栏具有三个主要部分："开始"按钮、中间部分、通知区域。因此任务栏的自定义设置也围绕这三个部分展开。

4.4.1 "开始"按钮

"开始"按钮位于任务栏最左侧，作用是打开"开始"菜单。"开始"菜单是计算机程序、文件夹和设置的主门户。"开始"的含义是通过它用户可以快速打开需要使用的程序或者内容；"菜单"则是由于其提供的选项列表与餐馆中使用的菜单类型一致。

自定义"开始"菜单可以通过两种方式进行。第一种是将光标移动至"开始"按钮，并点击鼠标右键，选择"属性"选项（如图 4–49）。

图 4–49　选择"属性"选项

第二种是在外观和个性化界面选择"自定义「开始」菜单"选项（如图 4–50）。

进入"开始"菜单属性界面（如图 4–51）后可以对其进行设置。

除此之外，用户还可以设置"开始"菜单中的内容。"开始"菜单有一条"分界线"（如图 4–52），在"分界线"之上的内容是固定存在的，而"分界线"之下的内容是最近使用过的。

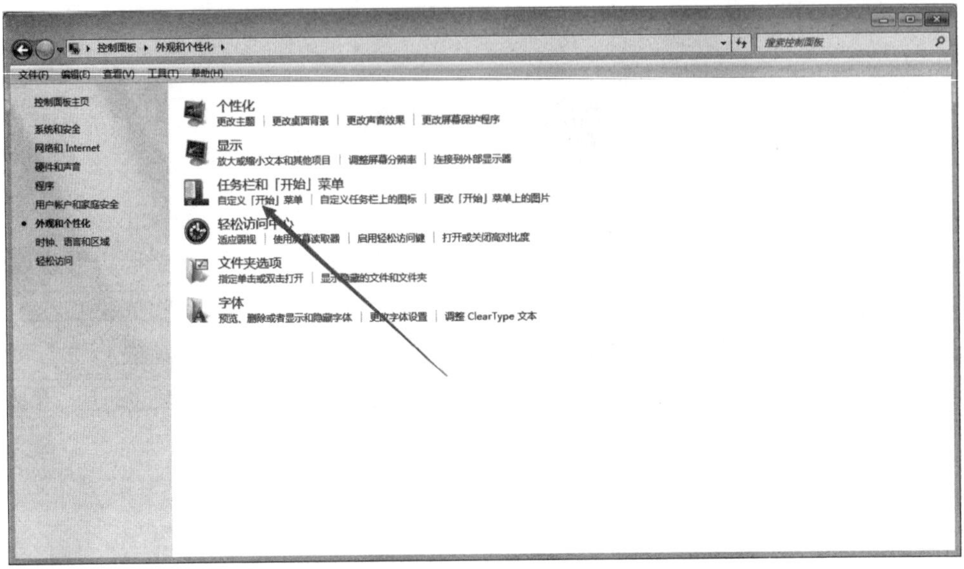

图 4-50　选择“自定义「开始」菜单”选项

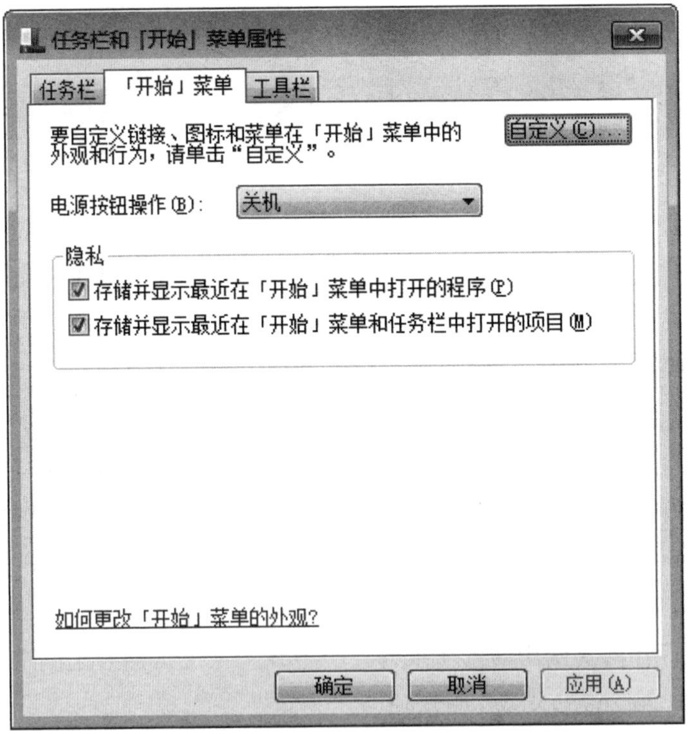

图 4-51　“开始”菜单属性界面

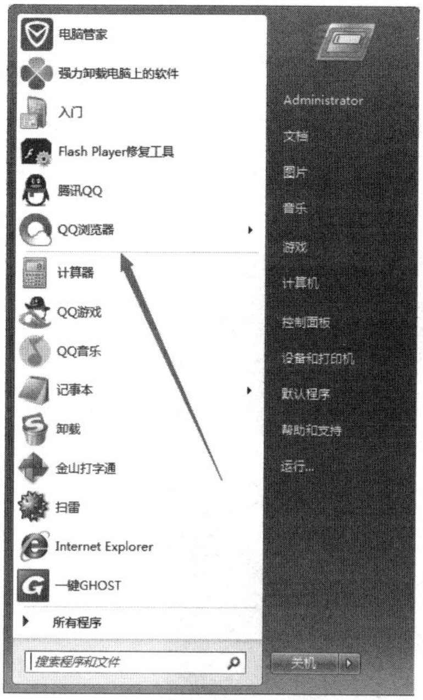

图 4–52　“开始”菜单上的“分界线”

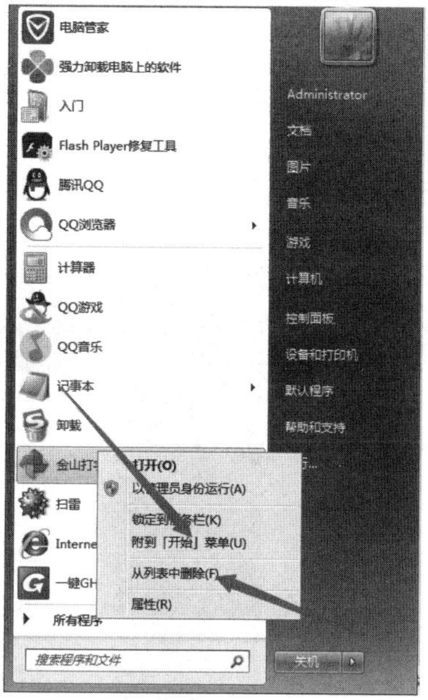

图 4–54　附到“开始”菜单或从列表中删除

图 4–53　从“开始”菜单解锁或从列表中删除

对于“分界线”之上的内容，我们可以使用右键点击，选择将其从“开始”菜单解锁或从列表中删除（如图 4–53）。

对于“分界线”之下的内容，我们也可以使用右键点击，选择将其附到“开始”菜单或从列表中删除（如图 4–54）。

4.4.2　中间部分

中间部分通常被我们称为“任务栏”，因为它是任务栏中占据空间最大的部分，用以显示已经打开的程序和文件，用户可以点击其图标进行切换。

进入任务栏中间部分自定义界面可以使用两种方式。一种是在任务栏中间部分的空白处点击鼠标右键，选择“属性”选项（如图 4–55）。

另一种是在外观和个性化设置界面选择“任务栏和「开始」菜单”选项（如图 4–56）。

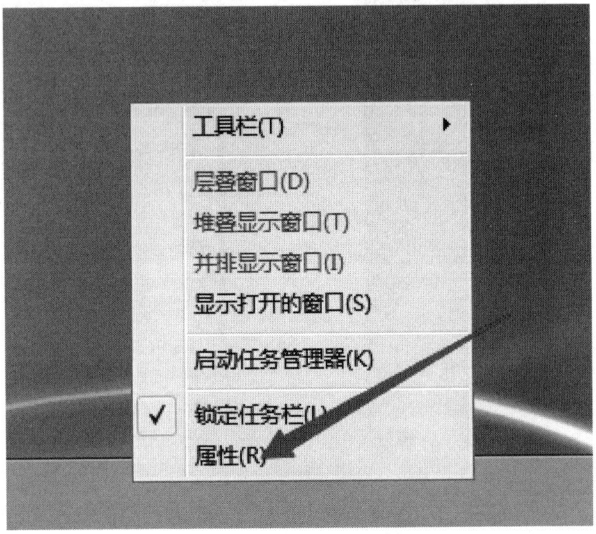

图 4–55　选择“属性”选项

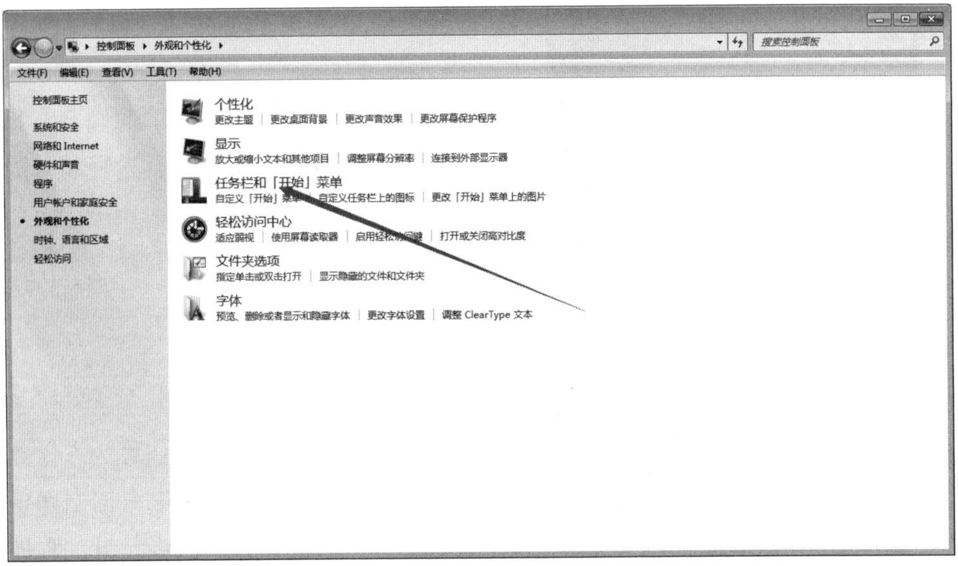

图 4–56　选择“任务栏和「开始」菜单”选项

进入任务栏设置界面（如图 4–57）后，可以对中间部分进行设置。

除上述设置之外，用户还可以将常用的程序锁定到任务栏中间部分，方便下次使用。开启方式是打开未锁定于任务栏的程序或文件，用鼠标右键点击程序的图标，选择“将此程序锁定到任务栏”选项（如图 4–58）。

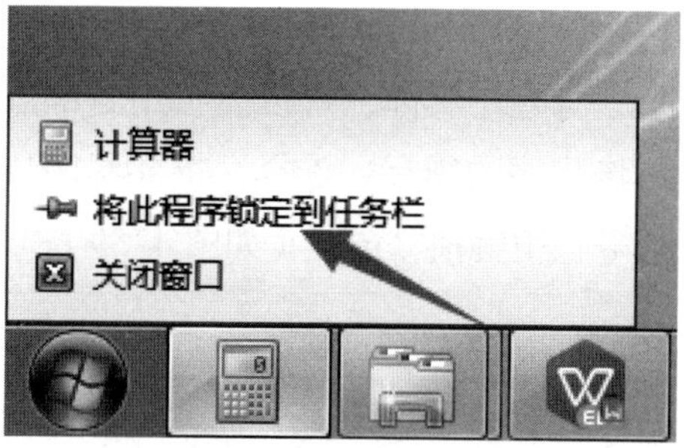

图 4–58　选择“将此程序锁定到任务栏”选项

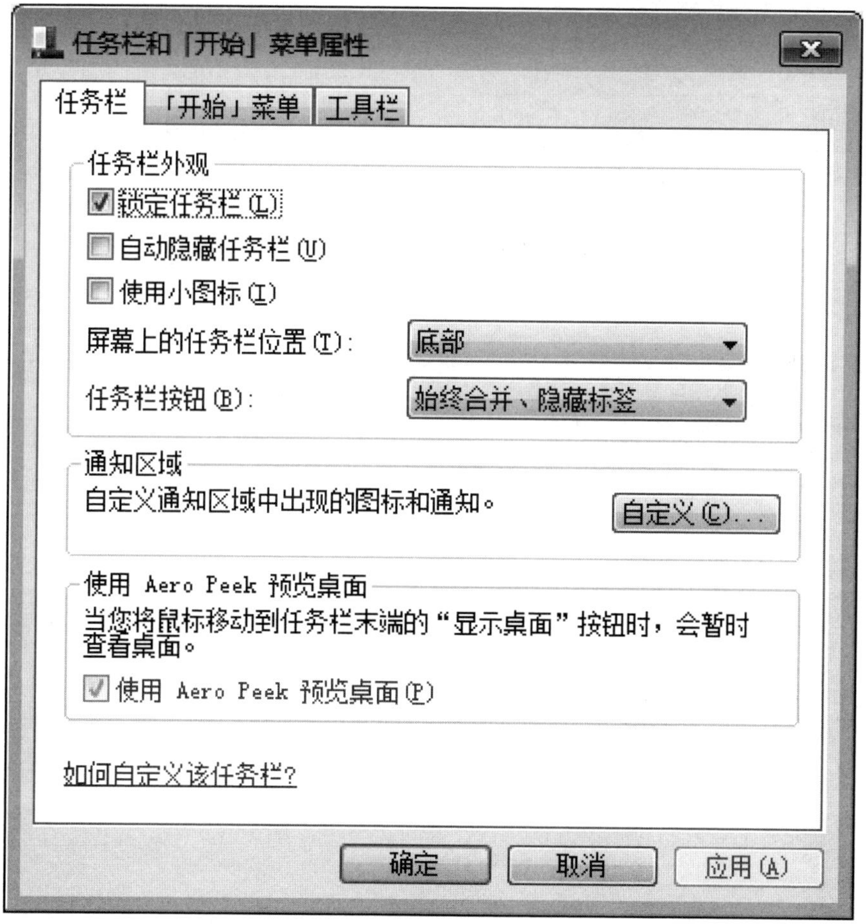

图 4–57　任务栏设置界面

如果是不经常使用的程序，想要从任务栏中移除，可以直接用右键点击该程序的图标，选择“将此程序从任务栏中解锁”选项（如图 4–59）。

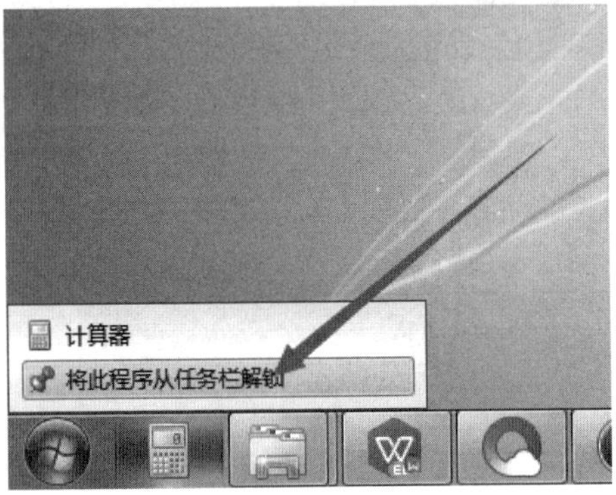

图 4–59　选择“将此程序从任务栏中解锁”选项

4.4.3　通知区域

通知区域位于任务栏的最右侧，主要用以显示时钟、音量、网络等程序的状态及通知。通知区域的自定义设置主要包括两点，一是通知设置，二是时钟设置。

通知设置的方式为：在外观和个性化界面选择“自定义任务栏上的图标”选项（如图 4–60），进入通知区域图标设置界面。

在通知区域图标设置界面找到需要设定的程序，并在右侧的三个选项“显示图标和通知”“隐藏图标和通知”“仅显示通知”中选择其一（如

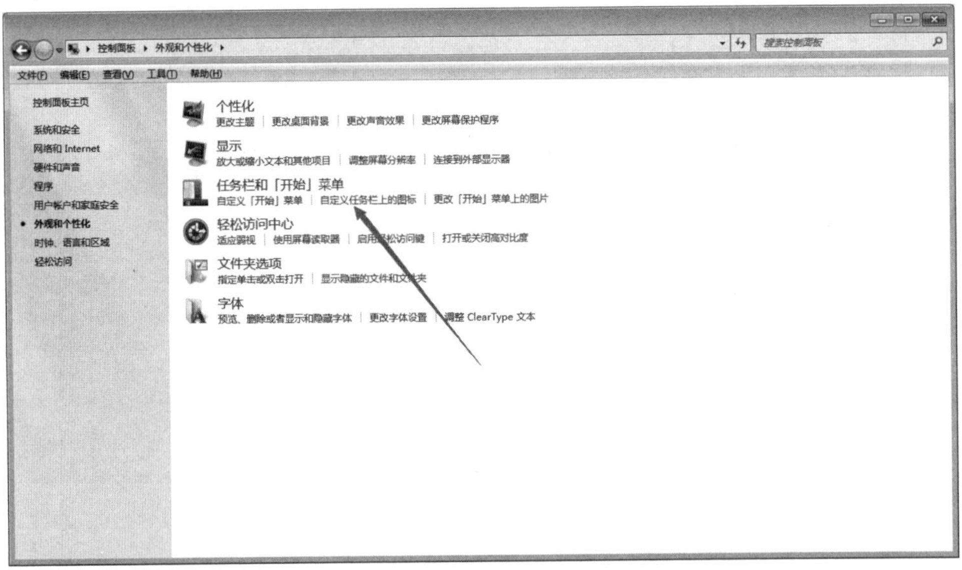

图 4–60　选择“自定义任务栏上的图标”选项

图 4-61）。

时钟设置的方式为：在控制面板选择“时钟、语言和区域”选项（如图 4-62）。

在时钟、语言和区域界面选择日期和时间或区域和语言（如图 4-63）。

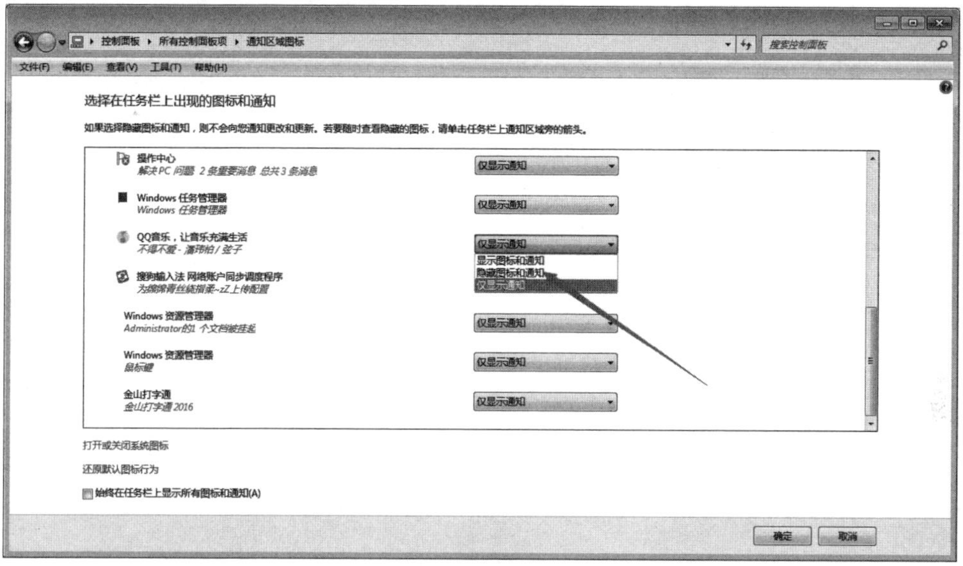

图 4-61　设置通知区域图标显示状态

图 4-62　选择“时钟、语言和区域”选项

日期和时间用于设置当前时间、时区、时间对应到网络等（如图 4–64）。

区域和语言则用于设置日期及时间的格式以及地理位置等（如图 4–65）。

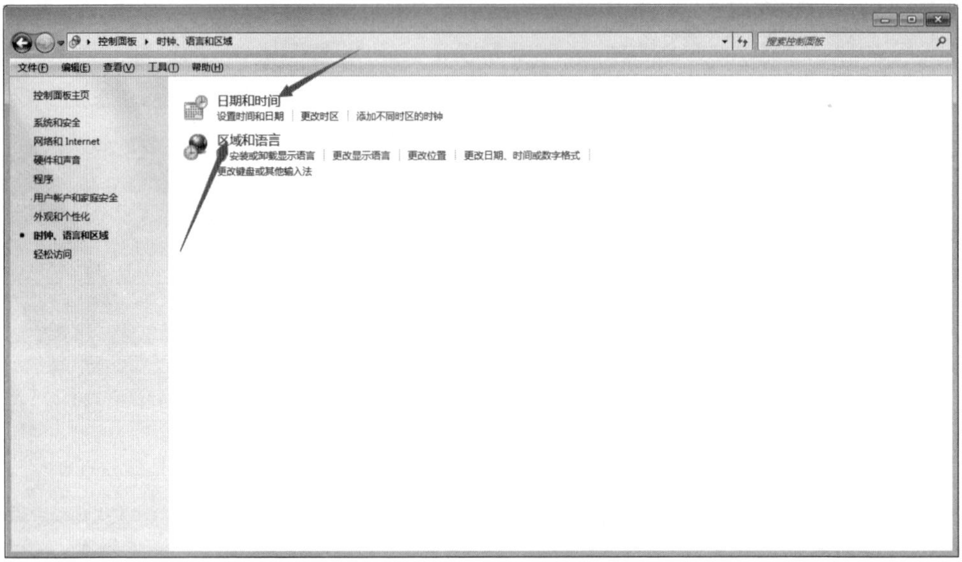

图 4–63　时钟、语言和区域界面

图 4–64　日期和时间

图 4–65　区域和语言

➢ 场景实操

- ✓ 创建一个新账户。
- ✓ 启用来宾账户。
- ✓ 设置家长控制。
- ✓ 改变系统主题。
- ✓ 改变桌面背景。
- ✓ 改变窗口颜色。
- ✓ 改变声音效果。
- ✓ 设置屏幕保护程序。
- ✓ 更改鼠标指针。
- ✓ 调整屏幕分辨率。
- ✓ 调整字体及其他项目的大小。
- ✓ 添加或删除“开始”菜单里的内容。
- ✓ 将程序锁定或解锁于任务栏。
- ✓ 设置日期和时间格式。

第5章 电脑中文件及应用软件的管理

电脑文件又被称为计算机文件，从本质上来说，电脑文件是一段数据流，它存在于长期储存设备（磁盘、光盘、磁带等）或临时存储设备（计算机内存）中，并且需要接受电脑文件系统的管理。有一点需要说明，那就是长期存储设备中的文件大部分都是用于长期存储的，但也有一些文件可能是某程序或系统运行过程中产生的临时数据，在程序或系统结束运行后会自行清除。

5.1 文件与文件夹概述

文件及文件夹是电脑中最常见的数据单元，文件夹通常用于文件整理，且可以包括多个子文件夹。本节内容重点介绍文件及文件夹的概述。

5.1.1 文件概述

所谓“文件”，就是电脑系统中，具有实现某功能、存储某类信息等作用的单位。

电脑中可以存储许多文件，这些文件的种类和运行方式也有所不同。通常情况下，我们通过文件的图标或者扩展名来识别文件的类型。这里需要说明的是，每一种类型的文件都有自己特定的图标，但是只有在安装了相应程序、并且将其设定为默认打开程序的情况下，该文件才能够显示正确的图标；而扩展名又被称为后缀名，起到标注文件类型的作用，用“.”与主名隔开。

研发人员之所以将电脑中的文件

表 5-1　常见的文件扩展名及其打开方式

文件扩展名	说明	打开 / 编辑软件
.doc 或 .docx	Word 文档	微软公司的 Word、 金山公司的 WPS 文字等软件
.txt	文本文档（纯文本文件）	记事本、网页浏览器等大多数软件
.wps	WPS 文字编辑系统文档	金山公司的 WPS 软件
.xls 或 .xlsx	Excel 电子表格	微软公司的 Excel、 金山公司的 WPS 表格等软件
.ppt 或 .pptx	Powerpoint 演示文稿	微软公司的 Powerpoint、 金山公司的 WPS 演示等软件
.rar	WinRAR 压缩文件	WinRAR 等软件
.pdf	可移植文档	PDF 阅读器、金山公司的 WPS 文字 （不可编辑）等软件
.dwg	CAD 图形文件	AutoCAD 等软件
.exe	可执行文件、可执行应用程序	Windows 视窗操作系统等软件
.jpg	普通图形文件	各种图形浏览软件、图形编辑器软件
.png	便携式网络图形	各种图形浏览软件、图形编辑器软件
.mp3	音频文件	各种音频播放器软件
.mp4	视频文件	各种视频播放器软件
.htm 或 .html	网络页面文件	各种网页浏览器、网页编辑器软件
.bmp	位图文件	图形浏览软件、图形编辑器软件
.xmind	思维导图	XMind 8 Update 9 等软件
.lnk	快捷方式	源文件对应软件

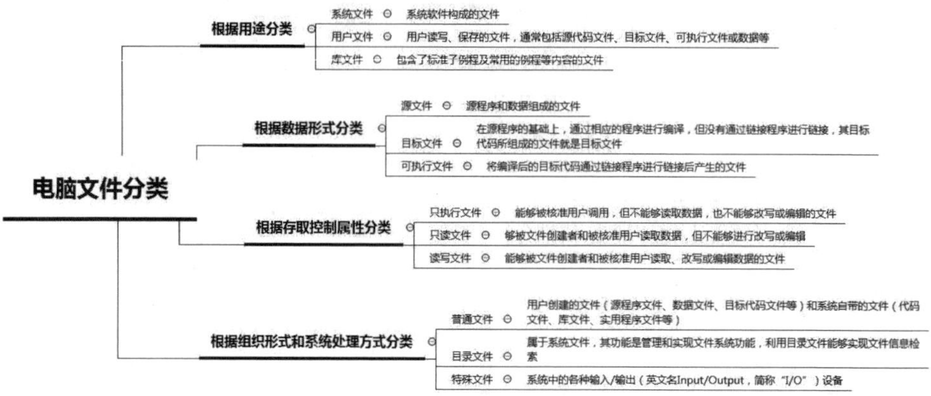

图 5-1　电脑文件分类

分为数个不同的类型，主要是为了方便人们的使用和管理。而电脑的系统不同，对文件的管理方式也会有所不同，因此文件类型也有多种分类形式。

1 根据用途分类，可以分为系统文件、用户文件、库文件。

系统文件即系统软件构成的文件。通常系统文件只能被用户调用，而不能被用户打开，更不能进行修改；还有一些系统文件是隐藏文件，用户无法对其进行访问。

用户文件即用户读写、保存的文件，通常包括源代码文件、目标文件、可执行文件或数据等。用户文件被系统保管，拥有权限的用户可以随时访问并对其进行修改或编辑。

库文件是一种包含了标准子例程及常用的例程等内容的文件。用户可以调用该类文件，但是没有修改、编辑的权利。

2 根据数据形式分类，可以分为源文件、目标文件、可执行文件。

源文件即源程序和数据组成的文件。一般来说，终端或输入设备输入的源程序和数据形成的文件就是我们所说的源文件，组成单位是 ASCII 码或汉字。

目标文件是在源程序的基础上，通过相应的程序进行编译，但没有通过链接程序进行链接，其目标代码所组成的文件就是目标文件。目标文件是二进制文件，扩展名通常是“.obj”。

可执行文件是将编译后的目标代码通过链接程序进行链接后产生的文件。

3 根据存取控制属性分类，可以分为只执行文件、只读文件、读写文件。

只执行文件是指能够被核准用户调用，但不能够读取数据，也不能够改写或编辑的文件。

只读文件是指能够被文件创建者和被核准用户读取数据，但不能够进行改写或编辑。

读写文件是指能够被文件创建者和被核准用户读取、改写或编辑数据的文件。

4 根据组织形式和系统处理方式分类，可以分为普通文件、目录文件、特殊文件。

普通文件分为用户创建的文件（源程序文件、数据文件、目标代码文件等）和系统自带的文件（代码文件、库文件、实用程序文件等）。普通文件的组成单位是 ASCII 码或二进制码，一般被存储于外存储设备内。

目录文件属于系统文件，其功能是管理和实现文件系统功能，利用目录文件能够实现文件信息检索。目录文件的组成单位也是字符序列，因此可以对普通文件进行的操作也可以应用在目录文件上。

特殊文件是指系统中的各种输入/输出（英文名 Input/Output，简称“I/O”）设备。为了方便管理，系统将输入/输出设备视为一种文件，以文件方式为用户所用，最常见的包括目录检索、权限验证等，它们看起来都

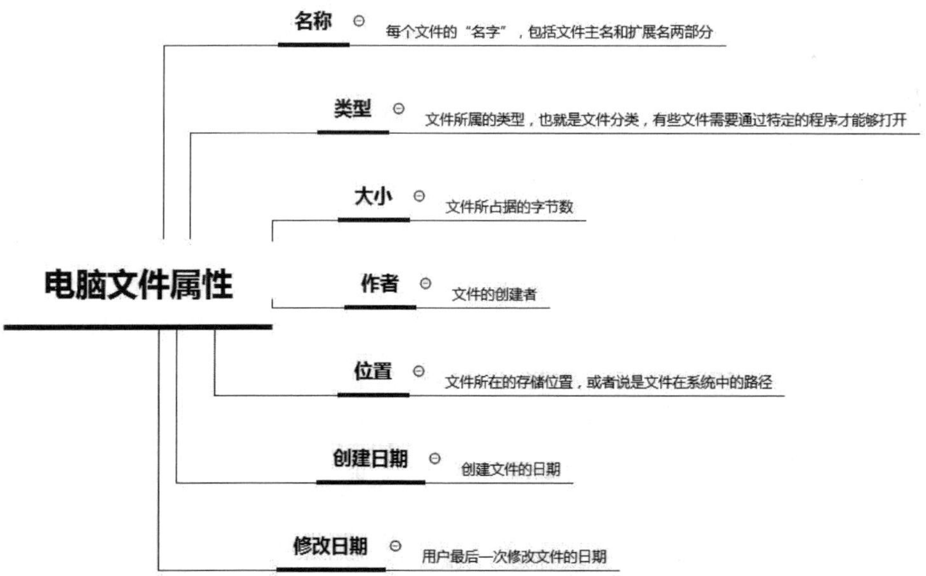

图 5-2　电脑文件属性

和普通文件没有太大差别，但事实上其操作与设备驱动程序有着十分紧密的联系，用户对文件的操作被系统转化为对具体设备的操作。根据设备数据交换单位划分，可分为块设备文件（用于磁盘、光盘或磁带等）和字符设备文件（用于终端、打印机等）。

除了不同的分类外，每个文件也都有专属于自己的属性，主要包括名称、类型、大小、作者、位置、创建日期、修改日期。

文件名称即每个文件的“名字”，包括文件主名和扩展名两部分。为了便于用户区分电脑中的不同文件，每个文件都有其名称，用户可以对大部分文件的名称进行更改，但部分系统文件是无法更改名称的。需要注意的是，在同一文件夹内不可以有相同名称的相同格式文件，如果在同一文件夹内出现相同名称的相同格式文件，系统会将名称分配给最早被命名的文件，并根据命名顺序在其他文件主名后加上数字“1”“2”“3”……，以此区分文件。

文件类型即文件所属的类型，也就是前面我们说到的文件分类，有些文件需要通过特定的程序才能够打开。

文件大小即文件所占据的字节数。

文件作者即文件的创建者。

文件位置即文件所在的存储位置，或者说是文件在系统中的路径。

文件创建日期即创建文件的日期。

文件修改日期即用户最后一次修改文件的日期。

5.1.2 文件夹概述

简单来说，文件夹可以被理解为是电脑中用以存储文件的容器。在记录数据和信息主要通过纸张的时代，桌子很容易被记载了各种类型信息的纸张堆满，而人们很难在这一堆纸张中找出某个或者某一些特定的文件。为了解决这个问题，人们将纸质的文件放进具有各种标记的文件夹或文件柜中，直到今天依然如此操作。计算机诞生后，这一点也被应用到了计算机领域。

文件夹不仅可以用于存储文件，也可以存储文件夹，这些存在于文件夹内的文件夹被称为“子文件夹”。只要电脑的存储空间允许，子文件夹不受数量限制，且其内部还可以存放任意数量的文件和其他子文件夹。

文件夹的类型包括文档、图片、相册、音乐、音乐集等等。文件夹起到协助用户管理计算机文件的作用，每个文件夹都对应了一块独立空间，并提供指向对应空间的地址，因此它与文件不同的一点就是没有扩展名，也不用通过扩展名来识别其类型。

5.2 基本操作

文件及文件夹的基本操作即能够实现其基本功能的操作，主要包括新建；选择；移动；复制、剪切与粘贴；删除；搜索六项。

5.2.1 新建

新建文件或文件夹需要在桌面或指定文件夹中点击鼠标右键，在右键菜单中将光标移动至“新建”选项，在右方的菜单中选择新建文件夹或文件（如图 5–3）。

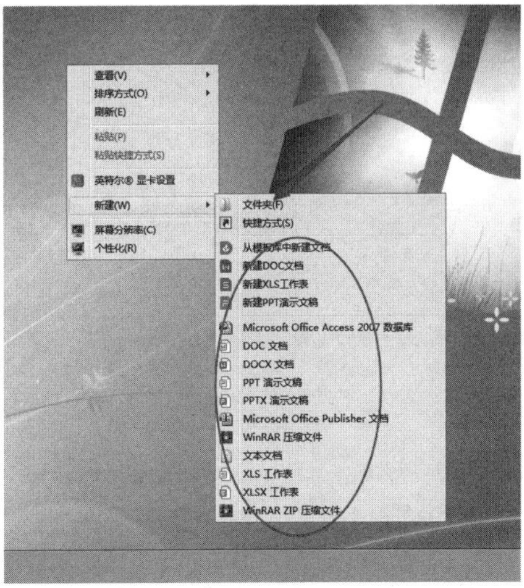

图 5–3 新建文件或文件夹

5.2.2 选择

通过点击鼠标左键可以选定某个指定文件或文件夹。除左键选中这一常规操作之外，还有一些快捷操作：如果想要快速选中部分内容或在内容较少的情况下进行全选，可以在空白部分按住鼠标左键，并拖动光标将文件或文件夹覆盖实现选中，光标移动痕迹如图 5–4 箭头所示；如果当前页面文件或文件夹的数量较多且需要全选，可以按下 Ctrl+a 进行全选；如果需要跳跃性地选择多个文件或文件夹，可以在选择时按住 Ctrl 键，再用鼠标左键单击实现选中，选中效果如图 5–5 所示。

5.2.3 移动

目前移动文件或文件夹主要通过拖拽移动（如图 5–6）。具体操作方法是选中一个或数个待移动的目标文件或文件夹，选中以后在目标文件或文件夹处按住鼠标左键不放，接着将光标移动至目标文件夹上方，此时会出现选中

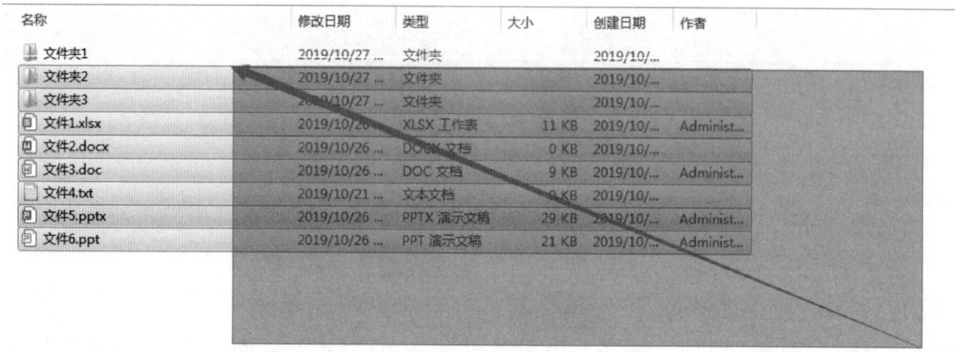

图 5–4　拖动鼠标快速选中文件

图 5–5　按住 Ctrl 键进行跳跃性选中

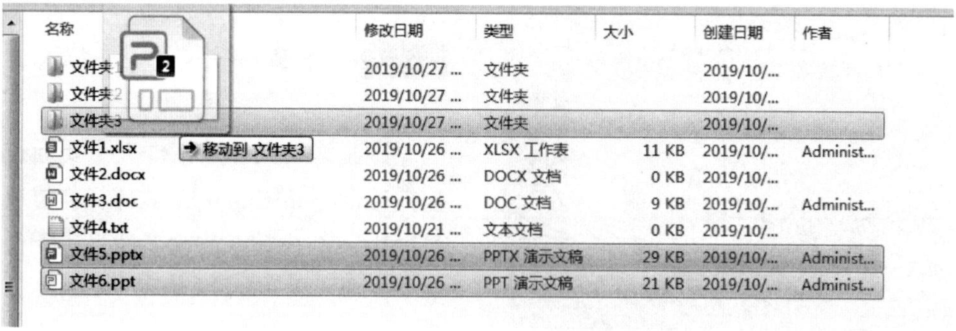

图 5–6　拖拽移动

时的条形框，松开鼠标左键，文件或文件夹就会被移动至相应文件夹中。

5.2.4　复制、剪切及粘贴

文件或文件夹的复制、剪切及粘贴是经常使用的操作，可以对单个文件或文件夹操作，也可以批量进行。

操作过程为：在文件或文件夹的名称处点击鼠标右键，在右键菜单中找到复制、剪切或粘贴选项（如图 5-7），并按下相应的选项即可。除此之外还可以使用快捷键，Ctrl+C 进行复制，Ctrl+X 进行剪切，Ctrl+V 进行粘贴。需要说明的是，只有在进行了复制或剪切操作后，右键菜单中才会出现“粘贴”选项，快捷键 Ctrl+V 才能够使用。

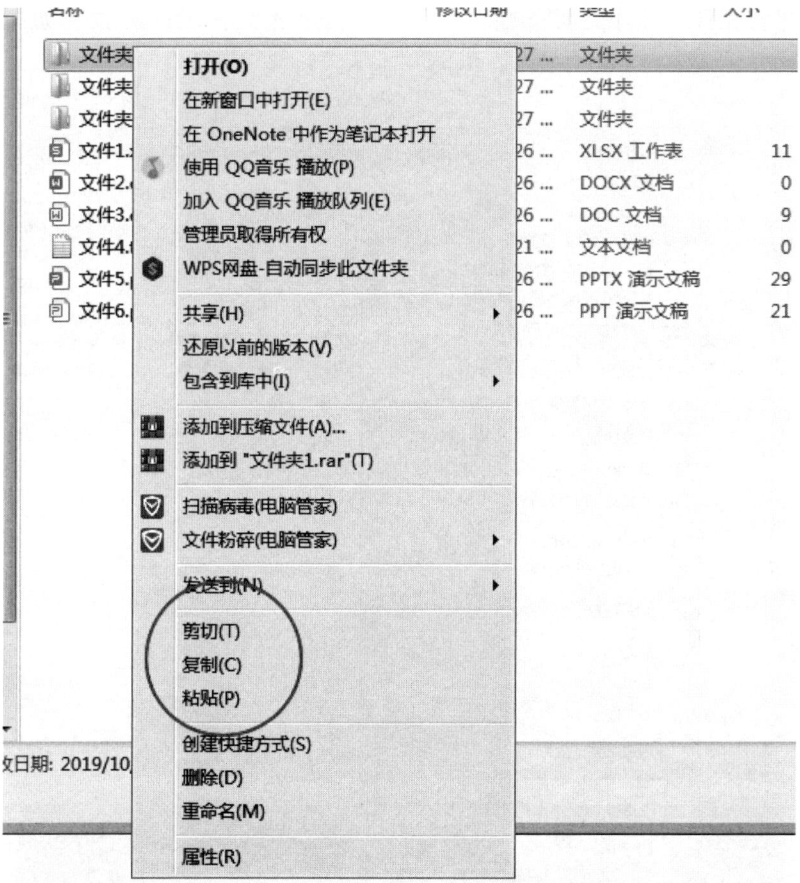

图 5-7　复制、剪切或粘贴选项

5.2.5 删除

删除文件或文件夹可以分为放入回收站和直接删除。区别在于，放入回收站的文件并不是彻底从电脑中消失了，而是暂时被收起来，如果用户想要继续使用还可以被还原，而直接删除就是让文件或文件夹彻底从电脑中消失，主要应用于顽固文件和大文件。对于顽固文件，通常需要通过一些软件进行文件粉碎才能彻底删除。

操作过程为：选中目标后在右键菜单中选择“删除”选项（如图 5-8）或按下 Delete 键删除文件，此时出现删除文件或文件夹对话框（如图 5-9），选择“是”或按下回车键进行确认，文件或文件夹就会被放进回收站。

至于文件粉碎，需要借助软件来进行，这里以 QQ 电脑管家为例。打开电脑管家的工具箱，选择文件粉碎工具（如图 5-10）。

进入文件粉碎界面（如图 5-11）

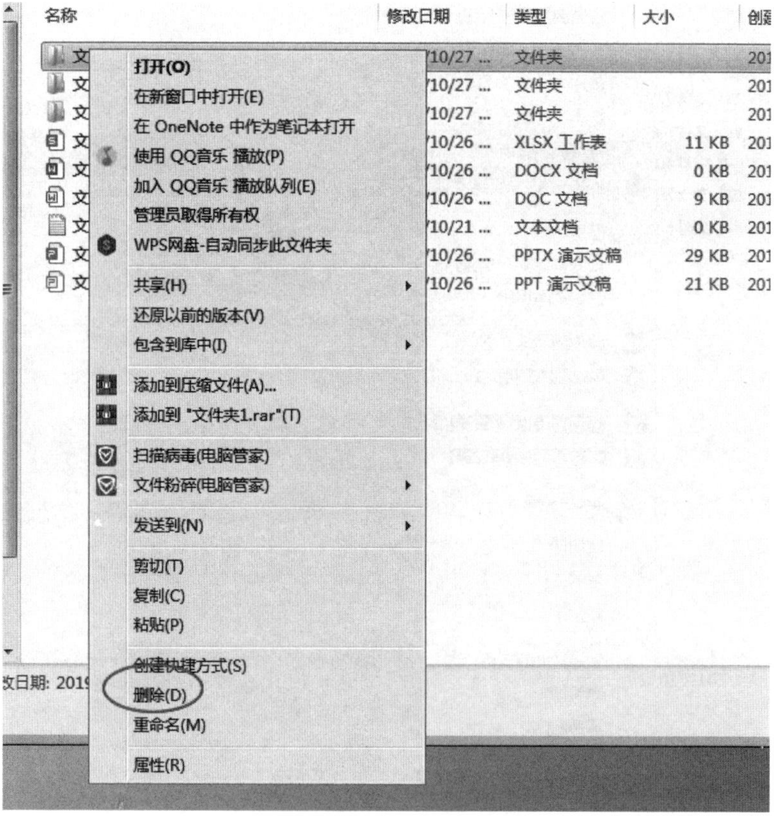

图 5-8 选择“删除”选项

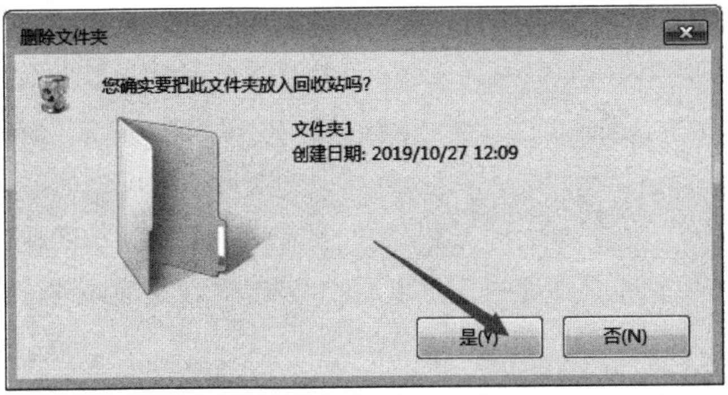

图 5-9　删除文件夹对话框

图 5-10　选择文件粉碎工具

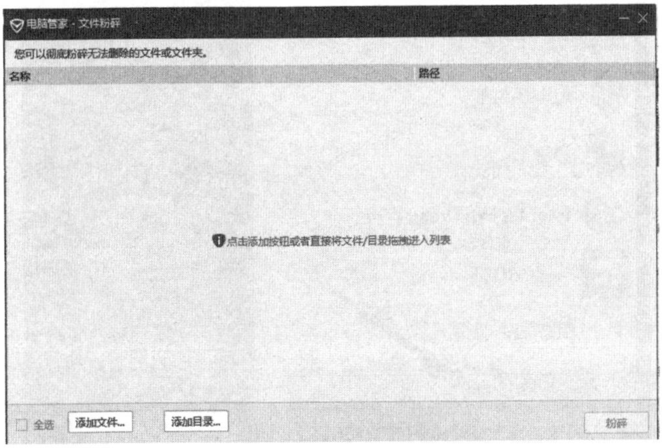

图 5-11　文件粉碎界面

后，根据提示将目标文件添加到列表中，选择粉碎即可。

5.2.6 搜索

电脑中通常存储了大量的信息，在其中逐一翻阅查找文件无异于大海捞针，此时就需要借助搜索功能查找文件。

文件搜索可以通过两种方式，一是在“开始”菜单的搜索框中（如图5-12）输入关键词进行搜索，该方法

图 5-12 “开始”菜单的搜索框

可以搜索电脑中的所有文件。

二是在文件夹右上角的搜索框（如图 5-13）输入关键词进行搜索。在指定文件夹使用搜索功能，只会针对该文件夹的内容进行搜索。

为了加快搜索进度，用户还可以设置修改日期或文件大小（如图 5-14），缩小搜索及结果范围。

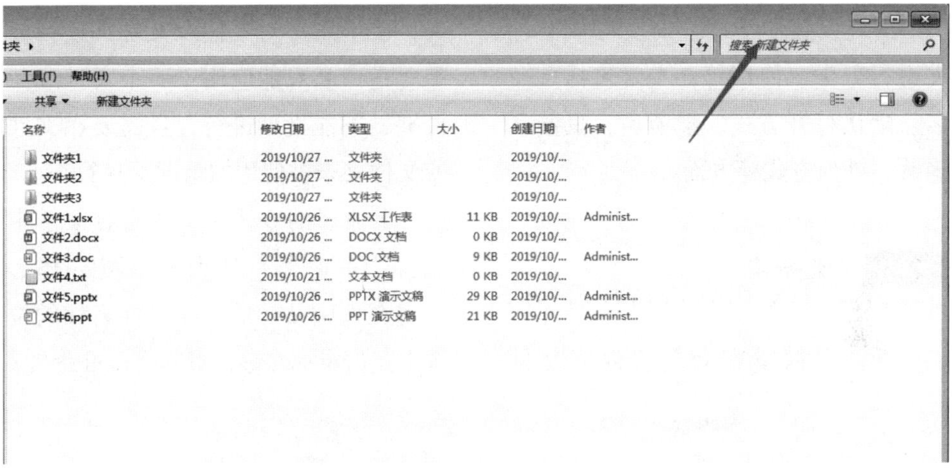

图 5-13　文件夹的搜索框

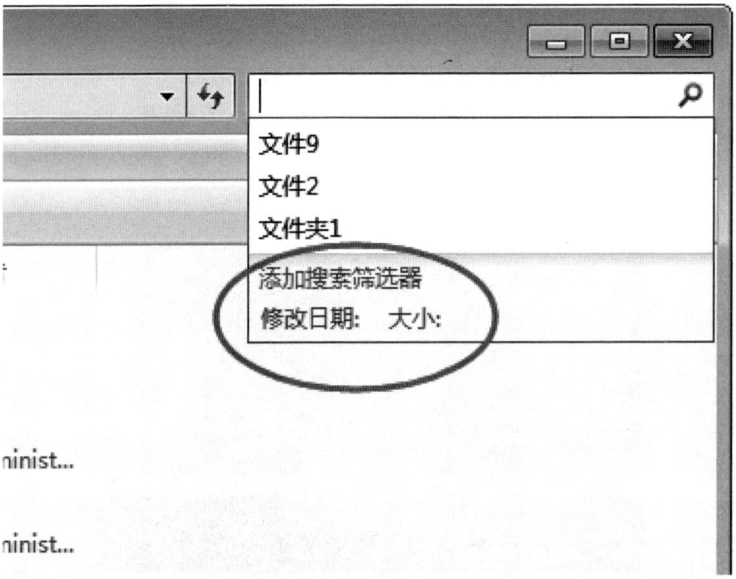

图 5-14　设置修改日期或文件大小

5.3 常规设置

常规设置便于用户对文件或文件夹进行分类、使用等，主要包括重命名、默认打开方式、扩展名、只读和隐藏、排列方式等方面。

5.3.1 重命名

重命名即重新命名文件或文件夹，便于用户对文件及文件夹进行分类。重命名只能应用于一个文件或文件夹，不能批量进行，且需要在文件或文件夹未被使用的情况下进行。

重命名的方式为：在右键菜单中选择“重命名”选项（如图 5–15），或者在选中目标后，在目标名称的位置上点击鼠标左键，对其进行重命名。

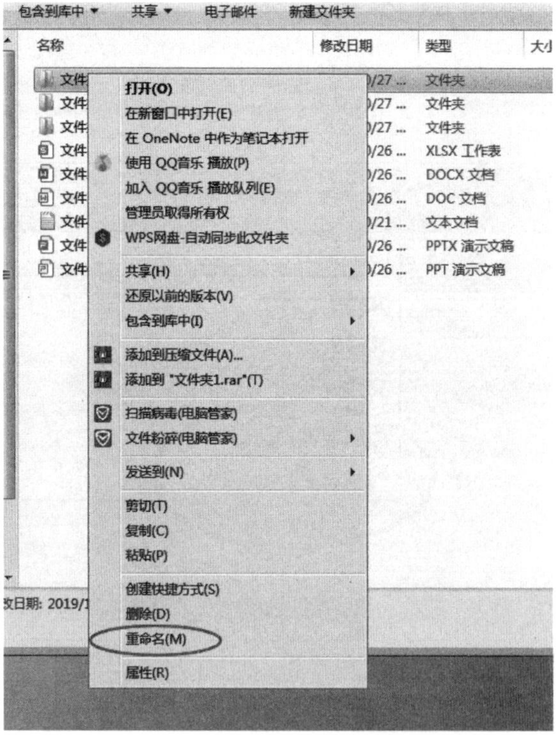

图 5–15　选择“重命名”选项

5.3.2 默认打开方式

打开方式即使用某种程序或软件打开文件，文件夹的打开方式系统特定且不可以更改的。部分类型的文件可以使用多个程序或软件打开，也有部分类型文件需要指定的程序或软件才能打开，因此用户可以选择适合自己的程序或软件打开文件。

更换默认打开方式的步骤为：调出右键菜单，将光标移动至“打开方式”处，在右侧菜单中选择默认打开方式。如果右侧菜单没有合适的打开方式，则选择“选择默认程序”选项（如图 5–16）。

进入打开方式设置窗口后，系统会根据文件类型推荐一些电脑中安装了的程序。如果推荐的程序中没有想要的，可以点击“其他程序”右侧的箭头，打

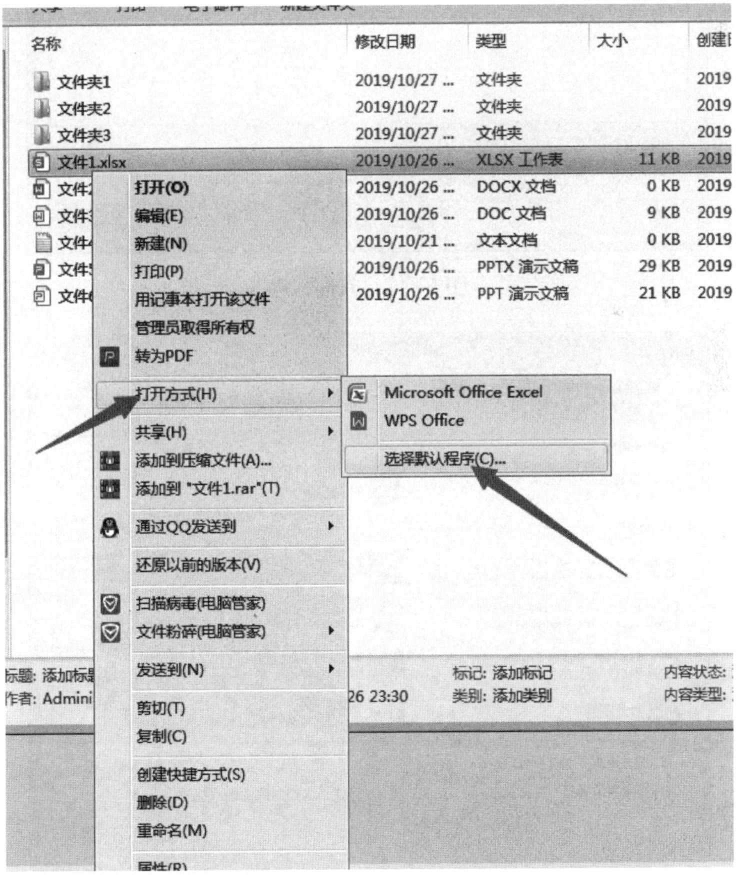

图 5–16　选择“选择默认程序”选项

开更多的备选项（如图 5–17）。

如果想要的程序还是没有出现，可以选择右下方的“浏览”查找电脑中安装的其他程序（如图 5–18）。

5.3.3 扩展名

扩展名通常是不能进行更改的，

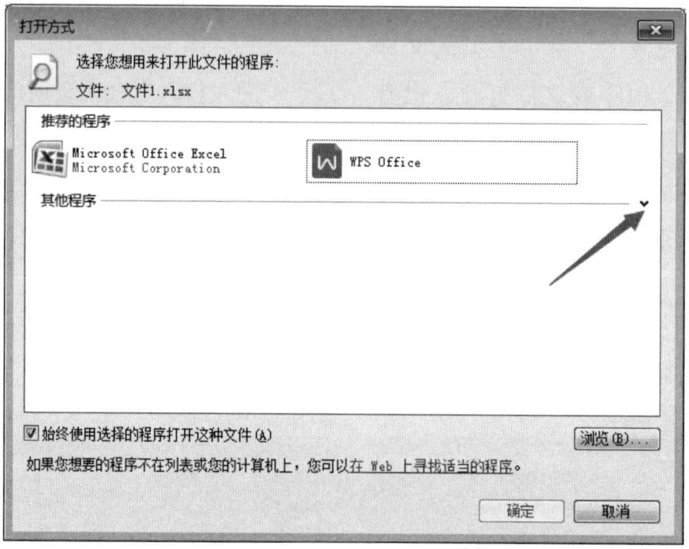

图 5–17　其他程序

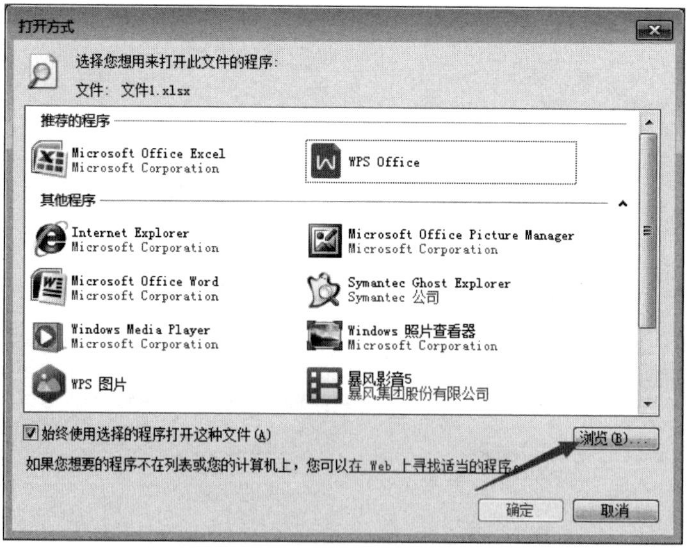

图 5–18　浏览电脑中其他程序

否则会导致文件无法识别和使用。如果在特殊情况下需要更改扩展名，可以在文件重命名时进行修改。关于扩展名是否显示的问题，可以在文件夹选项中更改设置。打开文件夹选项的方法为，在文件夹界面选择“工具”，在下拉菜单中选择文件夹选项（如图 5–19）。

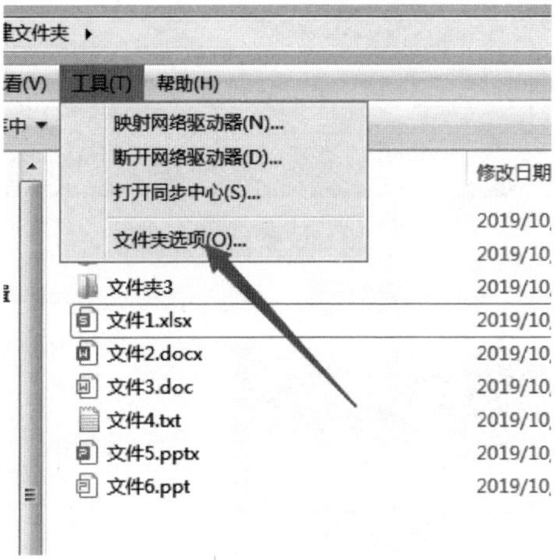

图 5–19　打开文件夹选项

在文件夹选项界面选择“查看”，在列表中找到“隐藏已知文件类型的扩展名”（如图 5–20），勾选或取消即可。

5.3.4　只读和隐藏

对于一些重要文件或文件夹，我们可以选择只读或隐藏来防止他人改写或访问。需要说明的是，如果文件

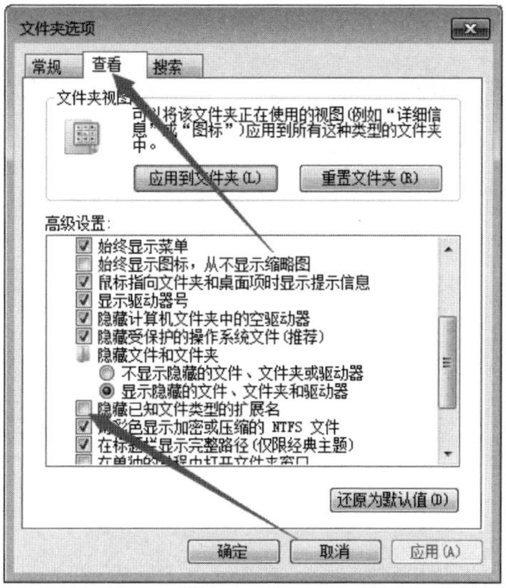

图 5–20　“隐藏已知文件类型的扩展名”选项

夹被设置了只读或隐藏，将会应用于其包含的所有文件及文件夹。

设置方式为：选中文件或文件夹，在右键菜单中找到“属性”选项（如图 5–21）。

在属性界面勾选 / 取消只读或隐藏（如图 5–22）。

文件或文件夹被隐藏后，仍然处于电脑的同一位置，并没有被删除或者移动。想要查看隐藏文件或文件夹，可以在文件夹选项查看界面的列表中找到“显示隐藏的文件、文件夹和驱动器”（如图 5–23）。查看完后可以选择“不显示隐藏的文件、文件夹和驱动器”，使被隐藏的文件或文件夹不会显示出来。

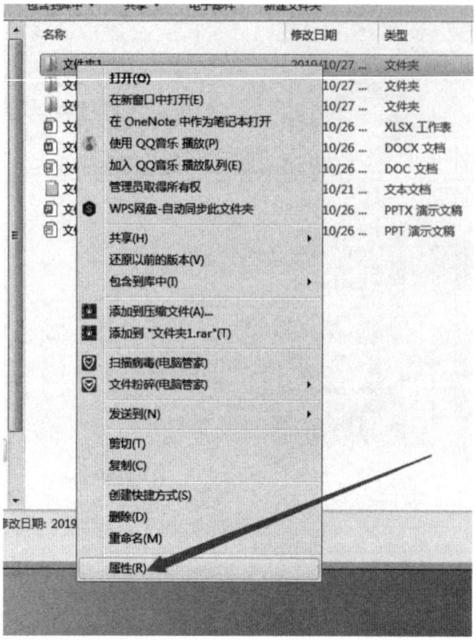

图 5-21 “属性”选项

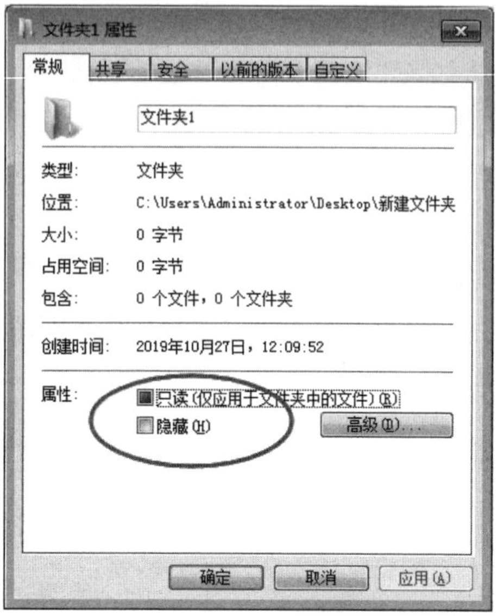

图 5-22 设置只读或隐藏

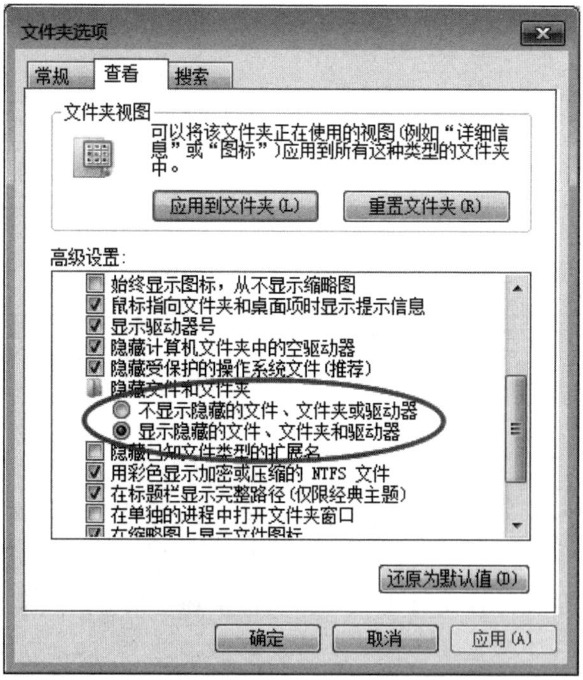

图 5-23 显示隐藏的文件、文件夹和驱动器

5.3.5 排列方式

为了便于查看、整理文件或文件夹，用户可以设置排列方式。

设置步骤为：在文件夹空白位置点击鼠标右键，在右键菜单中选择相应的排列方式（如图 5-24）。

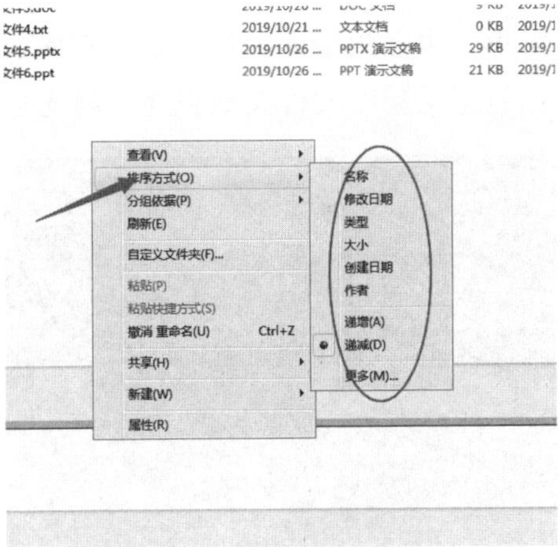

图 5-24　选择排列方式

5.3.6 创建快捷方式

使用电脑的用户可以看到，桌面上通常存在各式各样的图标，在这些图标中有一些是比较特别的。这里所说的特别并不是指图标的样式或颜色，而是指部分图标的左下方会有一个箭头的标志（如图 5-25）。或许很少会有人注意到这一点，其实这种带有箭头标志的图标就是我们在这里要为大家介绍的快捷方式。

快捷方式是 Windows 系统为了满足用户快捷操作需求而开发的一项功能，能够迅速启动程序、打开文件或文件夹。换句话说，快捷方式就是“一键直达”某文件、某文件夹或某程序的快捷通道。

可能很多用户都发现了一件事情，每次安装一种应用程序，电脑桌面上都会多出一个乃至多个快捷方式。这些快捷方式不仅包括了用户主动安装的软件，还有许多是“被动安装”，甚至是在用户不知情的情况下就已经完成安装，还需要用户在后期自行删除。

尽管有些快捷方式的出现让人感到意外，还有一些快捷方式根本就是不必要的，但是我们无法否认快捷方式所提供的便捷性。那么，用户怎样才能添加属于自已的快捷方式呢？

添加快捷方式的方式可以分为三种。下面为大家一一讲述。

图 5-25　快捷方式

第一种添加快捷方式的方法比较复杂。首先，我们需要在添加快捷方式的目标文件夹（或桌面）的空白处点击鼠标右键，在右键菜单中找到“新建”选项。将光标移动至“新建”，在右侧菜单中选择“快捷方式”（如图 5–26）。

进入新建文件夹的界面后，在对话框中输入键入对象的位置，或者打开对话框右侧的浏览选择键入对象（如图 5–27）。

选择好键入对象后点击下一步，根据页面提示在对话框中输入快捷方式的名称（如图 5–28）。在系统默认的情况下，快捷方式的名称与源文件是相同的，因此为了不混淆文件，可以不输入快捷方式名称。无论是否输入快捷方式名称，点击完成就创建好快捷方式了。

第二种创建快捷方式的方法较为简单，也是很多人经常用的。首先找到目标文件、文件夹或程序，将光标

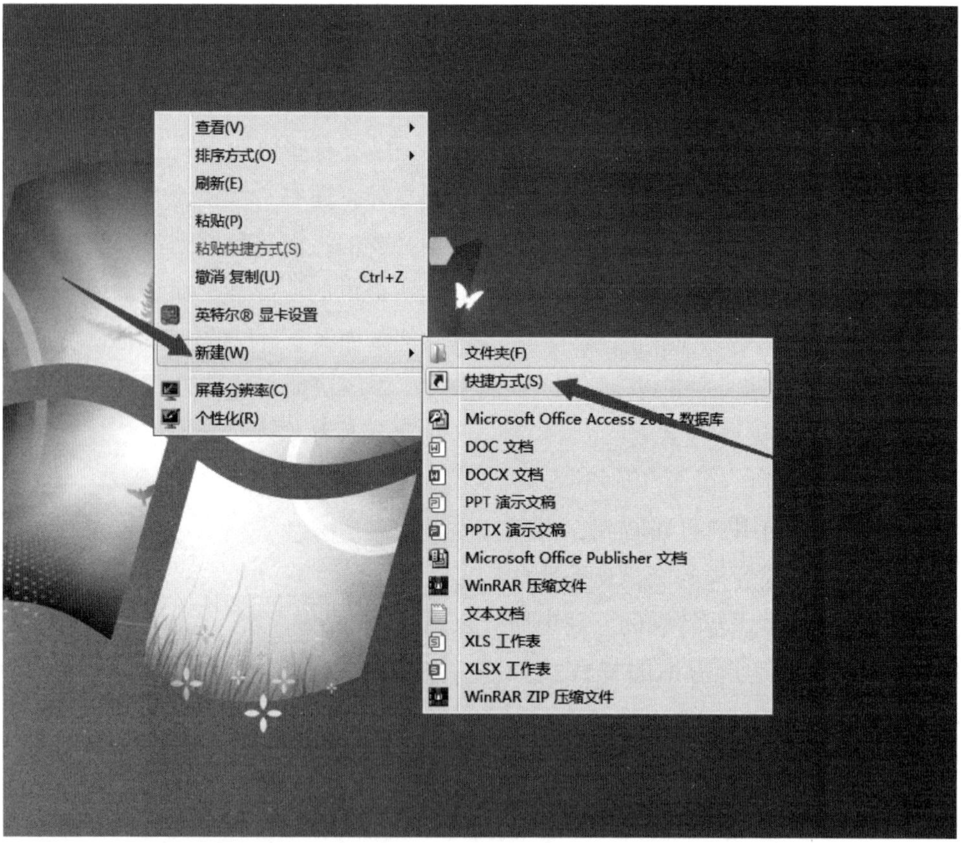

图 5–26　新建快捷方式

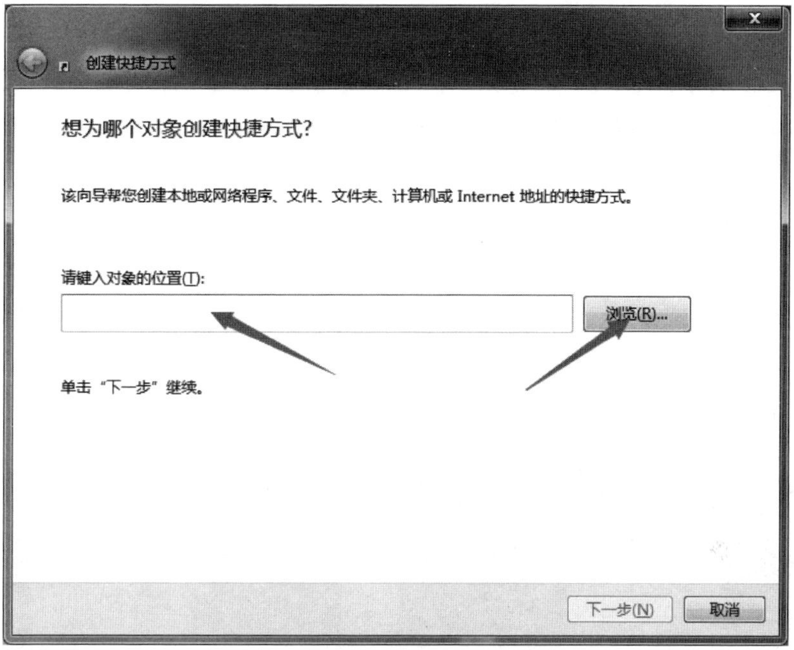

图 5-27　选择键入对象

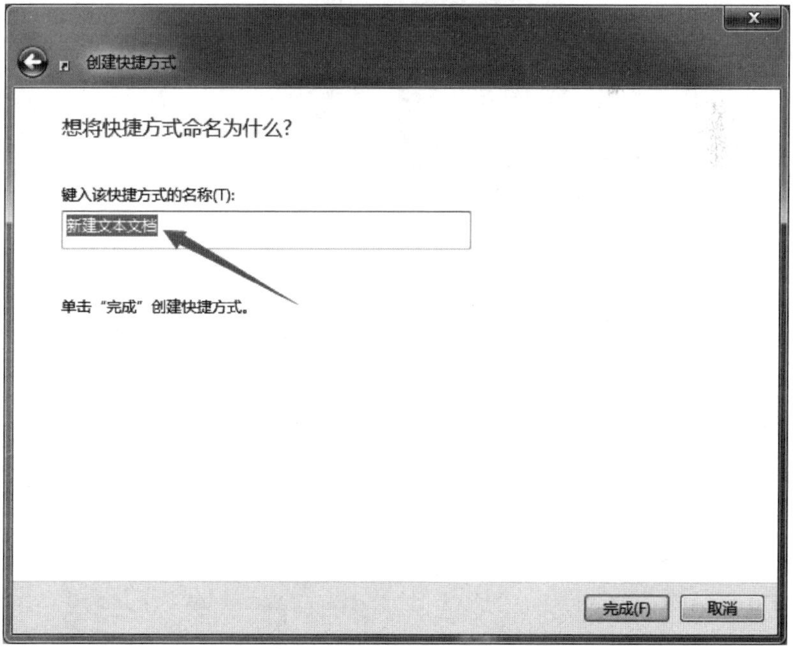

图 5-28　输入快捷方式的名称

移动至目标文件、文件夹或程序的图标上点击鼠标右键，在右键菜单中找到“发送到”。将光标移动至“发送到”，选择“桌面快捷方式”（如图5–29）。选择完成后就可以看到桌面上具有目标文件的快捷方式了。

第三种创建快捷方式的方法就是在目标文件、文件夹或程序的图标上点击鼠标右键，在右键菜单中找到“创建快捷方式”选项（如图5–30）。此时可以看到目标文件所处的文件夹内出现其快捷方式，将快捷方式移动至相应的位置即可。

关于创建快捷方式，有一点需要说明的是，如果源文件的文件名或者文件路径更改了，快捷方式将会失去效果，不能打开指定文件、文件夹或程序（如图5–31）。因此，用户在更

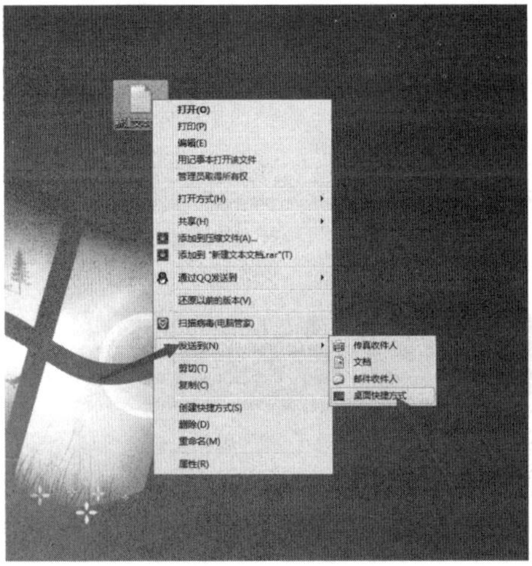

图5–29　发送到桌面快捷方式

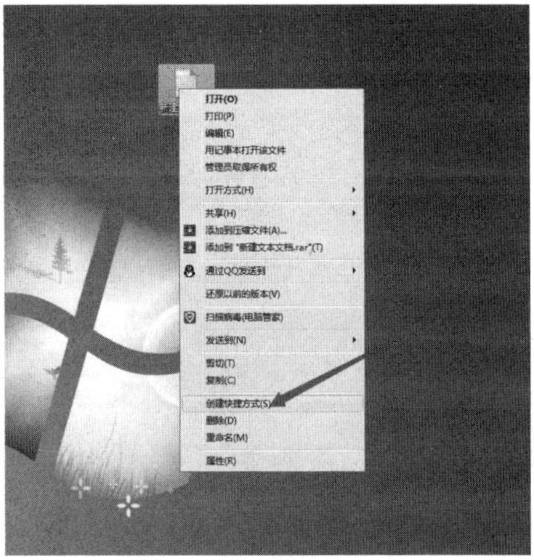

图5–30　创建快捷方式

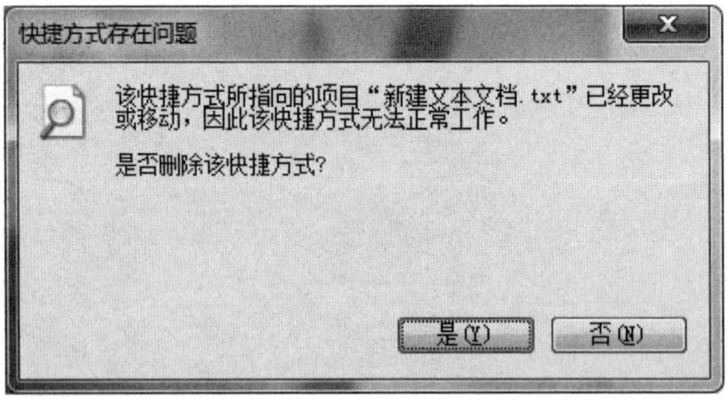

图5–31　快捷方式存在问题

改了源文件文件名或者文件路径后，要及时清理或更改快捷方式，以免在需要用到快捷方式的时候无法使用。

5.3.7 更改文件夹图标

通常情况下，文件的类型决定了它的图标，而文件夹的图标却不受类型的限制，可以根据用户的喜好更改为不同的样式。另一方面，对于绝大多数用户来说，区分文件夹的方式都是通过其名称来判断，事实上我们还可以通过不同样式的图标来区分不同的文件夹。

更改文件夹的图标需要打开文件夹属性。打开方式为，将光标移动至文件夹图标上，点击鼠标右键，在右键菜单的最下方就是文件夹属性（如图 5–32）。

进入文件夹属性界面后，选择右上方的“自定义”选项（如图 5–33）。

在自定义设置界面，选择位于左下方的“更改图标”选项（如图 5–34）。

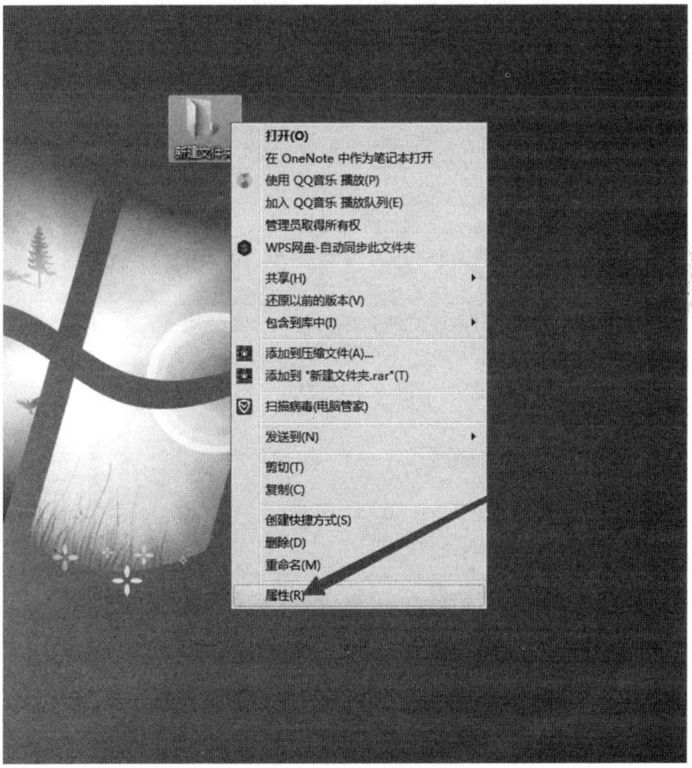

图 5–32　打开文件夹属性

图 5-33　选择自定义

图 5-34　选择更改图标选项

进入更改图标窗口，会看到许多的待选图标，可以拉动底部的滚轮（如图 5–35），挑选合适的图标，选中该图标并点击确定，此时文件夹的图标就会更改。

如果不喜欢自定义的图标了，想让图标变成系统默认的样式，可以在更改图标窗口选择左下角的“还原为默认值”（如图 5–36），点击确认后图标就会恢复成系统默认的样式。

图 5–35　查找图标

图 5–36　还原为默认值

5.4　压缩与解压

压缩与解压是不同用户之间进行文件传输时经常用到的功能，可以方便用户之间的数据互通。文件或文件夹的压缩与解压需要借助相应的压缩软件才能进行，下面以 Winrar（解压缩软件）为例进行介绍。

5.4.1　压缩

压缩就是通过特定的计算方式使文件或文件夹变得更小，占据更少的空间，同时方便传输。

压缩的方式为选中目标文件或文

件夹，点击鼠标右键，在右键菜单中找到“添加到压缩文件”选项（如图5-37）。

根据用户需求，在弹出界面（如图5-38）中设置压缩文件的名称及参数，设置好以后选择确定即可。

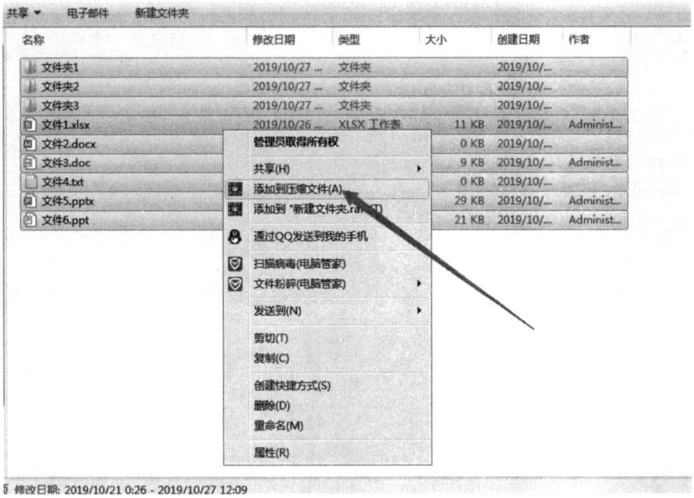

图 5-37 “添加到压缩文件”选项

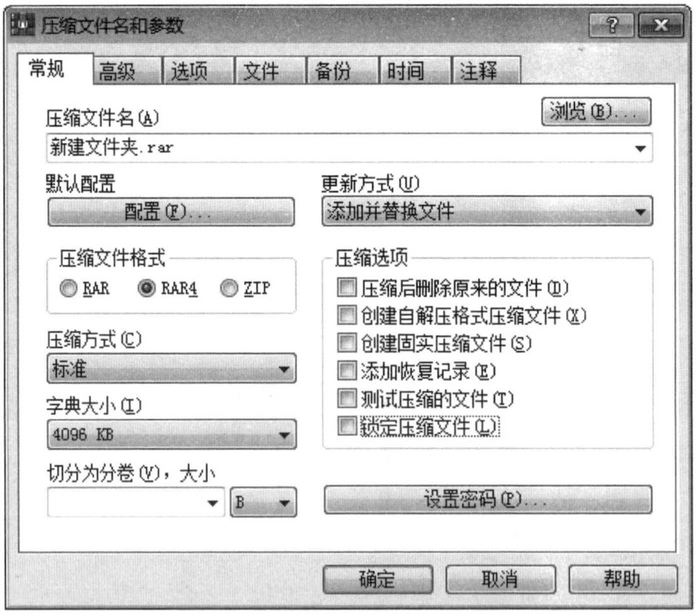

图 5-38 压缩文件名和参数界面

5.4.2　解压

解压即解除压缩，将文件恢复的过程。解压方式为，双击打开压缩包，选择“解压到”（如图 5-39）

在弹出界面（如图 5-40）中选择文件路径（即存放位置）及其它选项，设置完以后点击确定即可。

图 5-40　设置解压路径和选项

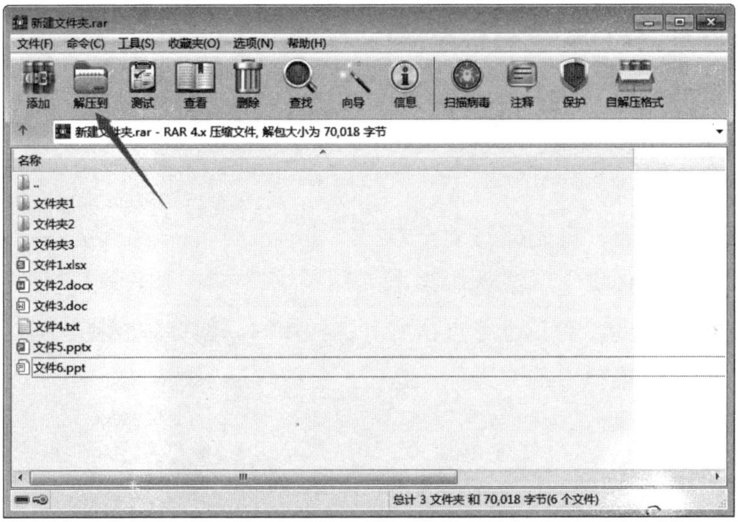

图 5-39　选择“解压到”

5.5　回收站文件处理

回收站通常是桌面上一个类似于垃圾桶的图标（如图 5-41），用来存储用户临时删除的文件或文件夹。在回收站中，用户可以进行还原、彻底

图 5-41　回收站图标

删除和清空回收站等操作。

5.5.1 还原

还原即将文件放回原来的位置，可以应用于某个或某几个项目，也可以应用于所有项目。

还原的方式为，将光标移动至单个目标文件或文件夹上，或选中多个目标文件或文件夹，在其位置点击右键，并选择右键菜单中的“还原”选项（如图 5-42）。

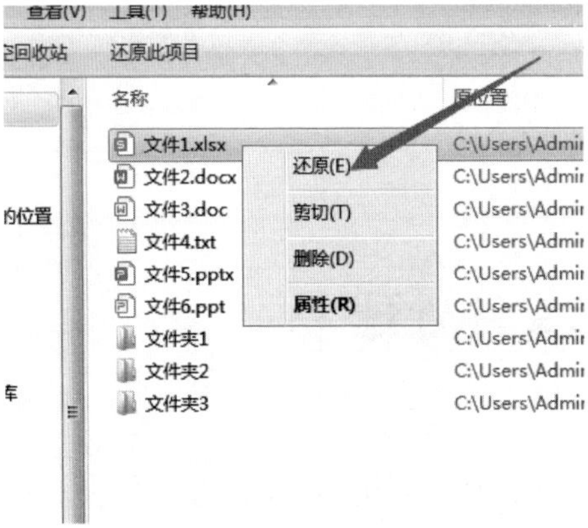

图 5-42　还原项目

或者直接选中一个或多个目标文件或文件夹，接着点击还原此项目（如图 5-43a）或还原选定的项目（如图 5-43b）。

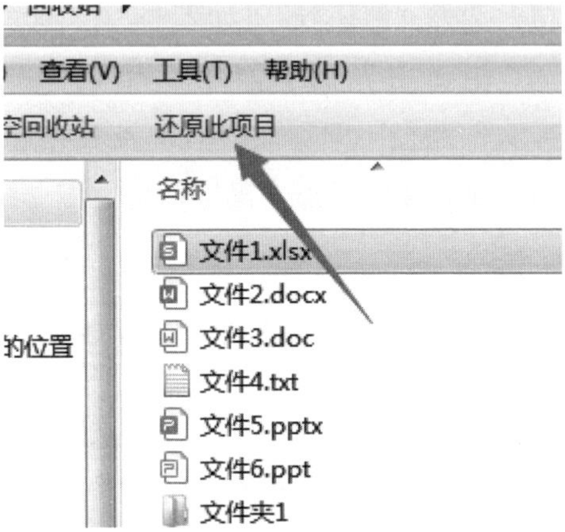

图 5-43a　还原此项目

图 5-43b　还原选定的项目

如果想要还原所有项目，可以在回收站界面直接点击“还原所有项目”（如图 5-44）。

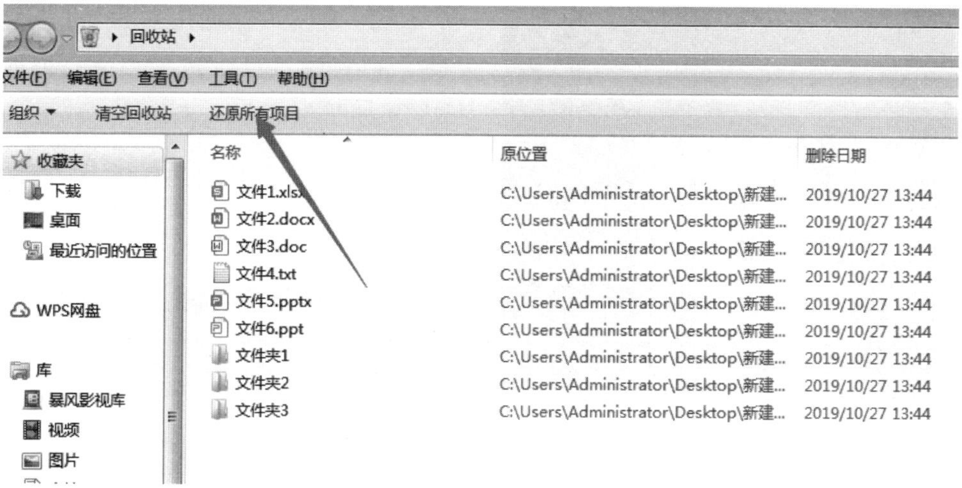

图 5–44　还原所有项目

5.5.2 彻底删除

如果回收站的项目已经不需要使用，可以将其彻底删除，也就是从电脑上清除。

彻底删除和还原的方式一致，在右键菜单选择“删除”即可（如图 5–45）。

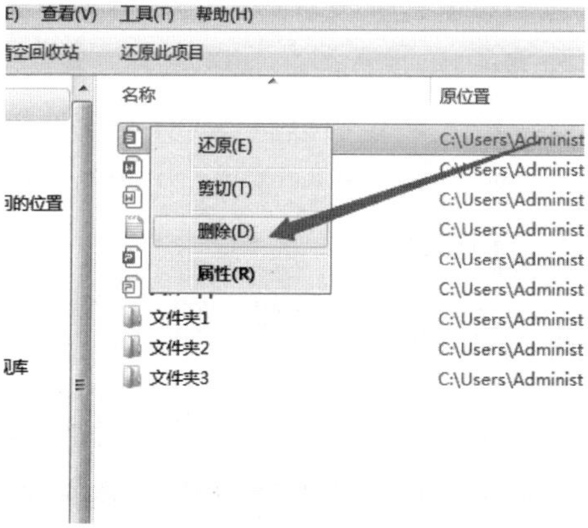

图 5–45　彻底删除

5.5.3 清空回收站

清空回收站即将所有项目都从电脑上清除，可以释放电脑的内存压力，提升运行速度。

清空回收站的方式有两种，一种是在回收站界面选择“清空回收站”（如图 5–46）。

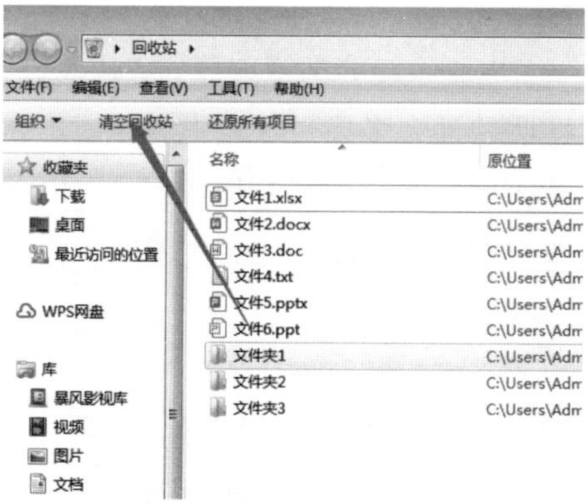

图 5–46　在回收站中清空回收站

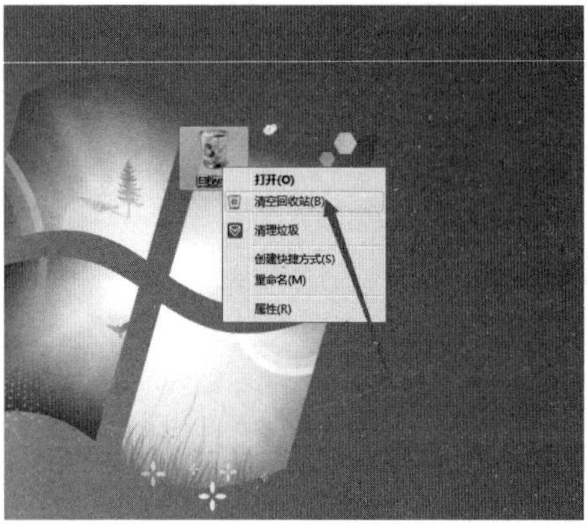

图 5–47　在桌面清空回收站

另一种是在桌面用右键点击回收站，在右键菜单中选择“清空回收站”（如图 5–47）。

选择清空回收站后会弹出“删除多个项目”对话框（如图 5–48），选择“是”即可。

图 5–48　“删除多个项目”对话框

5.6　应用软件的安装与卸载

前文说到应用软件是为满足不同用户的各种需求而研发的程序。这里来讲述应用软件的安装及卸载。

5.6.1　安装应用软件

电脑系统会携带一部分应用软件，这些软件大多是一些较为常见、经常被人使用的软件，但是并不足以满足所有用户的要求，此时就需要用户自行安装软件。

安装软件的方法通常有两种。一种是通过浏览器搜索软件安装包，另一种是通过应用商店或软件管理搜索应用软件。相对而言，在浏览器搜索安装包比较危险，因为有些网站上的安装包下载时会携带病毒或者其他因素导致无法使用。而通过应用商店下载的安装包虽然比较安全，但是应用商店会限制一些软件，用户搜索到软件的数量可能没有通过浏览器搜集到的多。

接下来我们以腾讯 QQ 为例，逐一讲解如何通过浏览器和应用商店安装应用软件。

首先我们打开浏览器，在搜索栏输入“腾讯 QQ”，然后点击搜索（或按下回车键），此时可以看到浏览器中出现了许多与腾讯 QQ 有关的网页，为了安全起见，我们打开腾讯的官方网站（如图 5-49）。

在腾讯官方网站的首页就是下载 QQPC 版，选择立即下载（如图 5-50）。

选在立即下载后系统会弹出新建下载任务窗口，在该窗口选择安装包保存位置（如图 5-51）后，点击下载

图 5-49　打开腾讯官方网站

图 5-50　立即下载

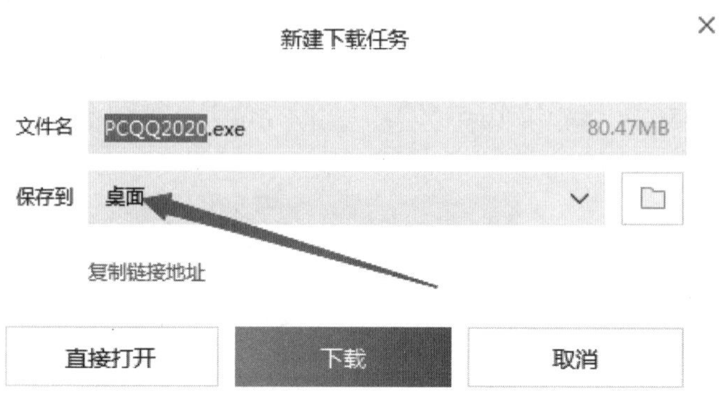

图 5-51　选择安装包保存位置

即可。

下载完成后，系统会弹出下载管理器，在该界面点击“打开”即可打开安装包（如图 5-52）。

打开安装包后进入安装进程，如果没有其他要求，可以点击立即安

图 5-52　打开安装包

装。如果需要设置安装路径等，可以点击右下角的“自定义选项”(如图 5-53)。

点击自定义选项后，可以选择文件的安装路径、生成快捷方式、添加到快速启动栏、个人文件夹保存位置、软件更新方式等(如图 5-54)。

设置完成后点击立即安装，安装

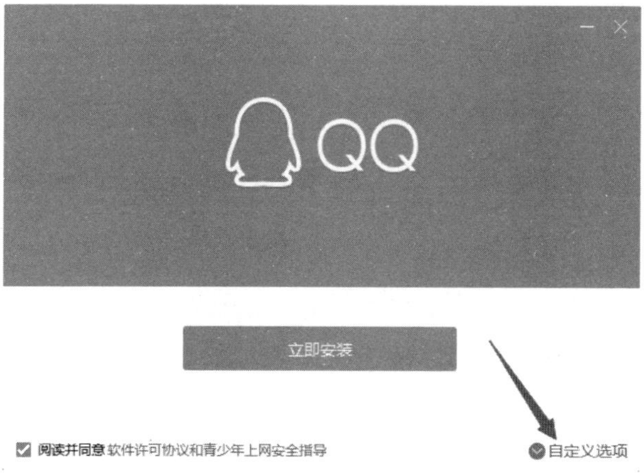

图 5-53　自定义选项

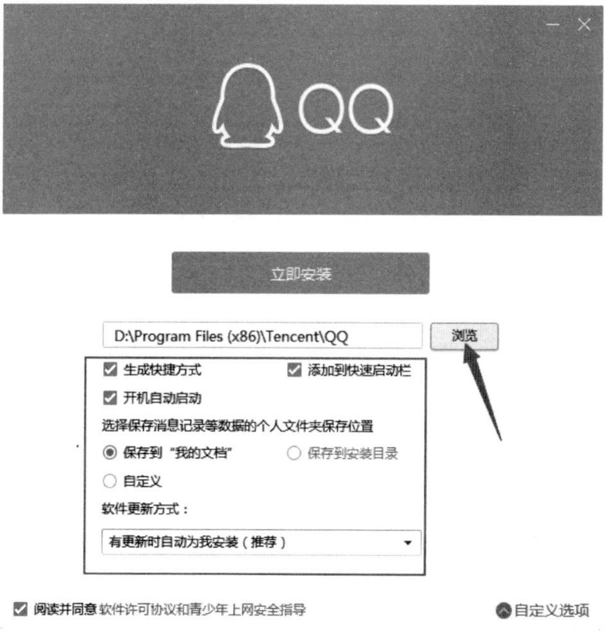

图 5-54　安装自定义设置

程序就会开始运行。通常情况下，除了占据内存较大的游戏外，其他软件会在几分钟的时间内安装好。安装好以后可以选择是否安装其他相关软件，然后点击完成安装即可（如图5-55）。

使用应用商店或软件管理安装应用软件需要打开相应程序。以QQ电脑管家为例，打开电脑管家，选择左下方的“软件管理”（如图5-56）。

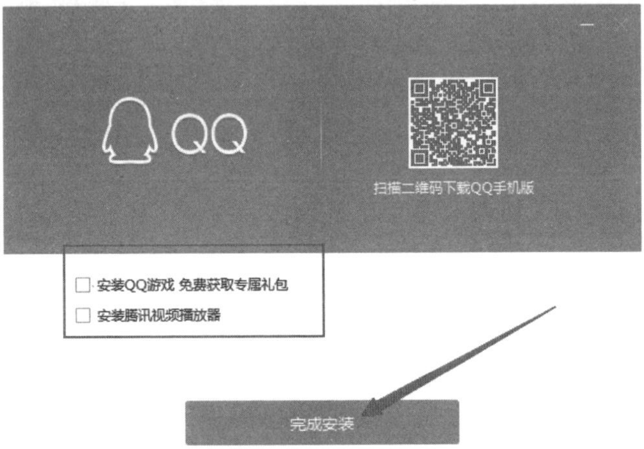

图5-55　完成安装

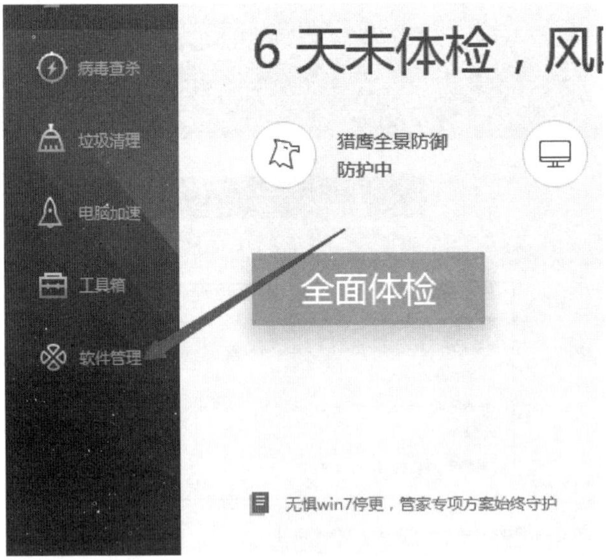

图5-56　打开软件管理

图 5–57　使用软件管家搜索腾讯 QQ

在软件管理界面上方的对话框中输入“腾讯 QQ”，点击右侧的放大镜按钮进行搜索（如图 5–57）。

找到对应软件后选择“安装”（如图 5–58），软件管理就会开始下载安装包，下载完成后进行安装即可。

图 5–58　下载安装包

5.6.2 卸载应用软件

一些应用软件使用了一段时间后就不想用了，或者没有必要用了，这个时候将其卸载是最好的选择，可以减少内存浪费。

卸载应用软件可以分为四种方式，下面一一介绍。

第一种方式：通过控制面板卸载。

通过控制面板卸载软件需要打开控制面板的卸载程序选项（如图5–59）。

在卸载程序界面找到需要卸载的软件，点击鼠标右键，出现卸载/更改选项，点击该选项即可（如图5–60）。

第二种卸载方式是通过软件自带的卸载程序进行卸载。

具体操作方式为，打开“开始”菜单，选择“所有程序”（如图5–61）。

在所有程序中找到准备删除的应用软件。例如腾讯QQ，需要先选择腾讯软件，再选择QQ，最后选择“卸载腾讯QQ”（如图5–62）。

图5–59　卸载程序

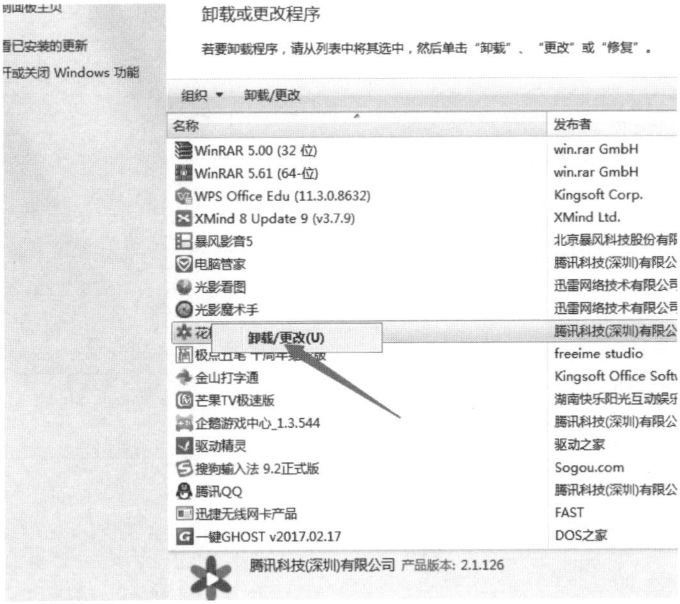

图 5-60　卸载应用软件

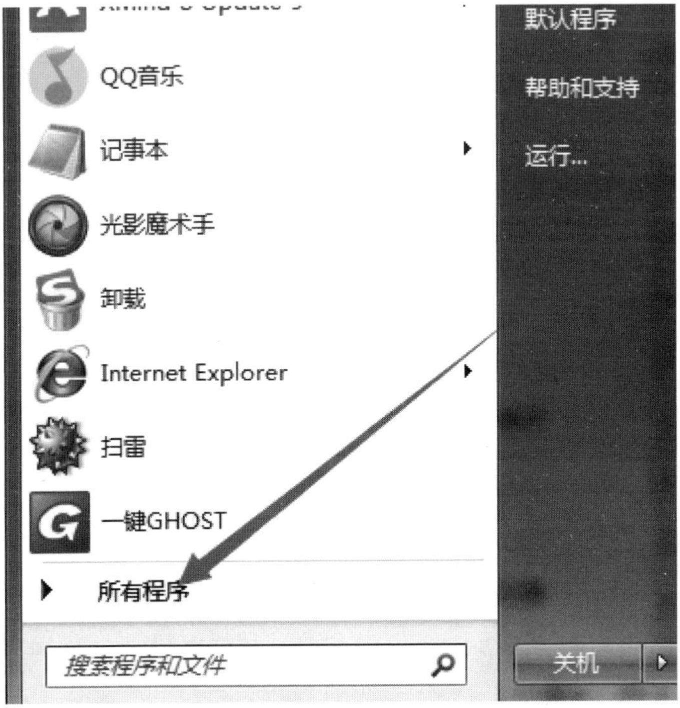

图 5-61　打开所有程序

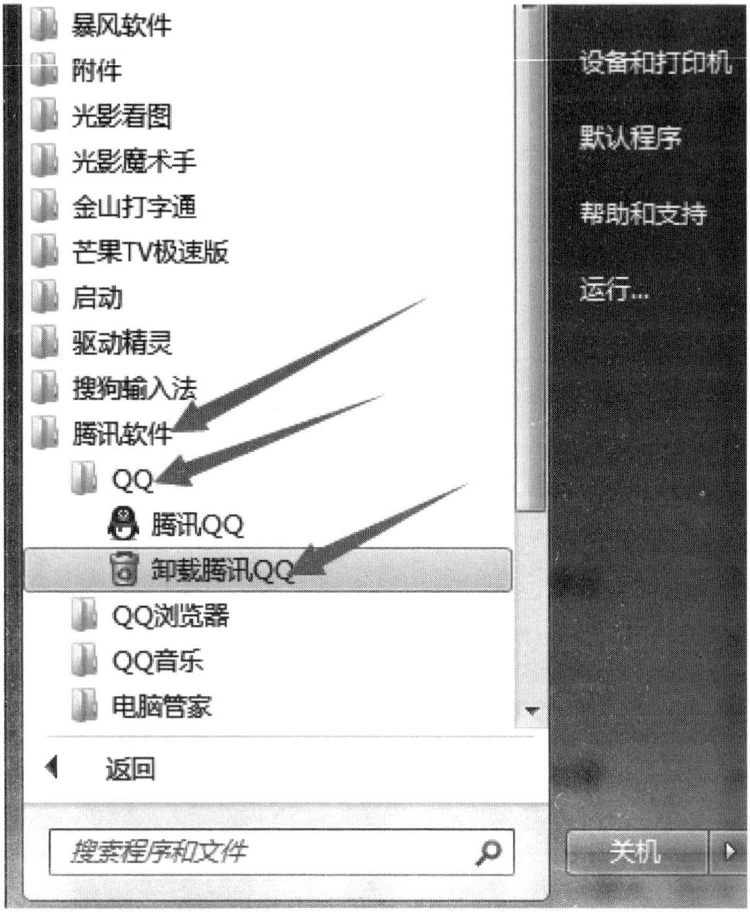

图 5-62　选择卸载腾讯 QQ

选择卸载后会弹出“您确定要卸载此产品吗？”对话框（如图 5-63），

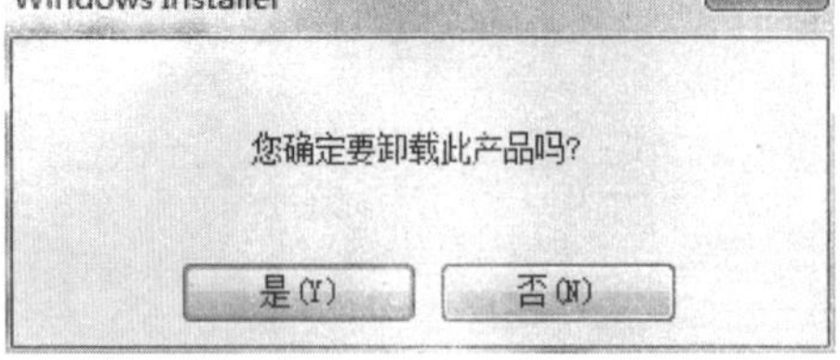

图 5-63　“您确定要卸载此产品吗？”对话框

选择是即可。

第三种方式是通过第三方软件卸载。

以 QQ 电脑管家为例，打开软件管理后选择“卸载”（如图 5-64）。

在卸载界面找到需要卸载的应用软件，选择“卸载”（如图 5-65），软件管理会自行卸载该软件，卸载完成后点击确认即可。

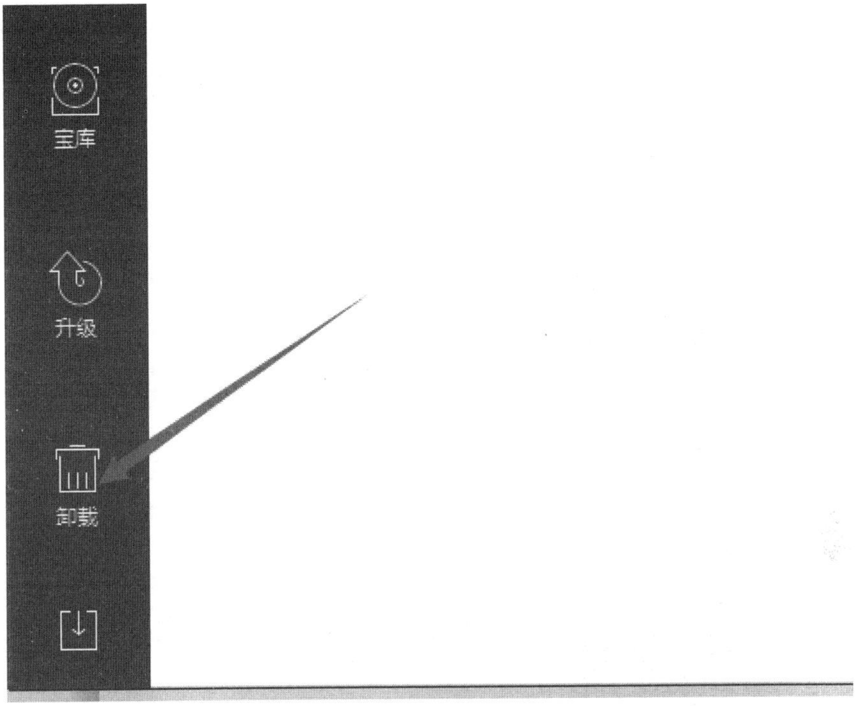

图 5-64 选择卸载

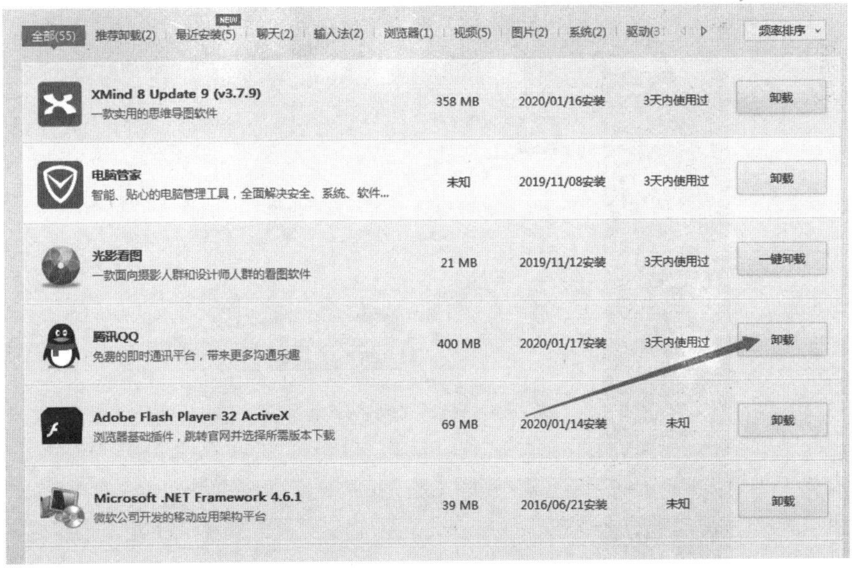

图 5-65 卸载应用软件

第四种方法是通过第三方软件强制卸载。

打开 QQ 电脑管家，选择工具箱（如图 5-66）。

在工具箱中找到“软件卸载”功能（如图 5-67），选择它，而后根据提示卸载软件即可。

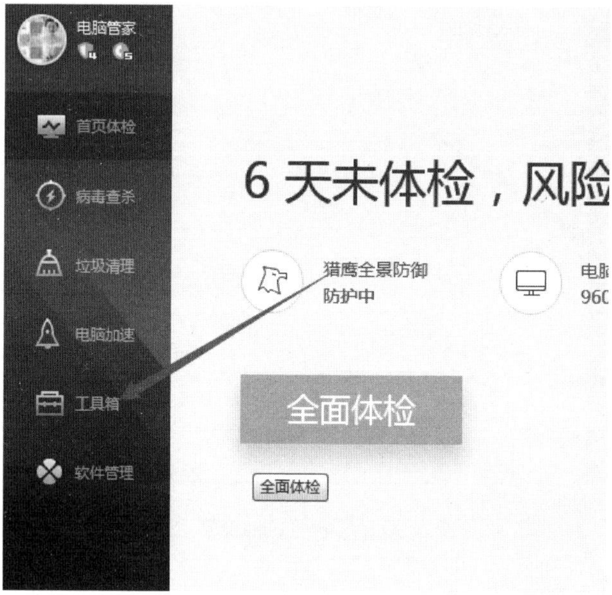

图 5-66　选择工具箱

图 5-67　软件卸载工具

➢ 场景实操

- ✓ 新建一个文件或文件夹。
- ✓ 选择及移动文件或文件夹。
- ✓ 对文件夹进行复制、剪切及粘贴。
- ✓ 删除一个无用的文件或文件夹。
- ✓ 使用一次搜索功能。
- ✓ 为一个文件或文件夹重命名。
- ✓ 设置文件的默认打开方式。
- ✓ 设置文件或文件夹的扩展名。
- ✓ 将文件或文件夹设置为只读或隐藏。
- ✓ 设置文件及文件夹的排列方式。
- ✓ 压缩及解压文件或文件夹。
- ✓ 还原回收站内的文件或文件夹。
- ✓ 删除回收站内的文件或文件夹。
- ✓ 清空回收站。

第6章 文字的输入

即便是当今这个信息化时代，也少不了需要依靠文字去传播信息，面对电脑也不例外。在使用电脑时，需要通过键盘输入指令、进行文字输入等等，可以说文字输入是电脑操作的基本功，甚至可以说是必不可少的内容。

虽然文字输入十分重要，但是想要练好这项基本功也不是那么简单的事情。首先我们需要掌握一定的拼音基础，其次我们需要认识键盘上的按键并了解其功能，同时我们还要掌握正确的使用方式。前者是九年义务教育过程中打下的基础，后者则在前文已经详细阐述过，此处均不再赘述。本章主要讲述常见输入法的介绍、安装及使用，以及五笔输入法的使用。

6.1 文字输入概述

许多人明明熟悉拼音，也知道键盘的正确用法，但是在进行文字输入时还是会遇到这样或那样的问题。比如，明明输入的是拼音，显示的却是一串“英文字符”，再比如标点符号的样式总是与上下文不一致。下面将对这些问题逐一解答。

6.1.1 了解语言栏

俗话说，知己知彼，百战不殆。想要让文字输入更加流畅，必须了解文字输入的根——语言栏。顾名思义，语言栏就是电脑在进行文本任务时出现在桌面上的工具栏，通过它能够用最短的时间、最简单的方式实现更改输入语言或键盘布局等内容。通常情况下，语言栏一直隐藏在整个电脑屏幕的右下角（状态栏的右边），只有使用到时才会显现出来，当然，我们也可以根据自己的喜好将它拖动到屏幕的任意位置。

语言栏上显示的图标并非一成不变的，而是会随着用户的更改发生变化，当下处于活动状态的输入软件会显现在语言栏。比如，用户为 word 设置的输入法是搜狗拼音输入法，那么用户打开 word 后语言栏就会显示搜狗拼音输入法的图标；用户为记事本设置的输入法是微软输入法，那么用户打开记事本后语言栏就会显示微软输入法的图标。另外，如果电脑下载了两个及以上的输入软件，也会显示在语言栏的待选项中。

6.1.2　语言栏常规设置

语言栏常规设置包括显示语言栏、“最小化”语言栏、“垂直”语言栏、语言栏设置、高级键设置等。除上述设置外，这里还介绍了语言栏帮助选项，便于用户更好使用语言栏。

1 显示语言栏。

如果电脑屏幕的右下角没有出现语言栏，可以用右键单击屏幕下方的“任务栏”，将光标移动至“工具栏”选项，接着单击“语言栏”（如图 6–1）。语言栏出现在屏幕上以后，可以通过右键单击它来设置想要的选项，比如它的摆放位置和方向等。

如果“工具栏”中不具备语言栏选项，那就意味着电脑中并不存在多

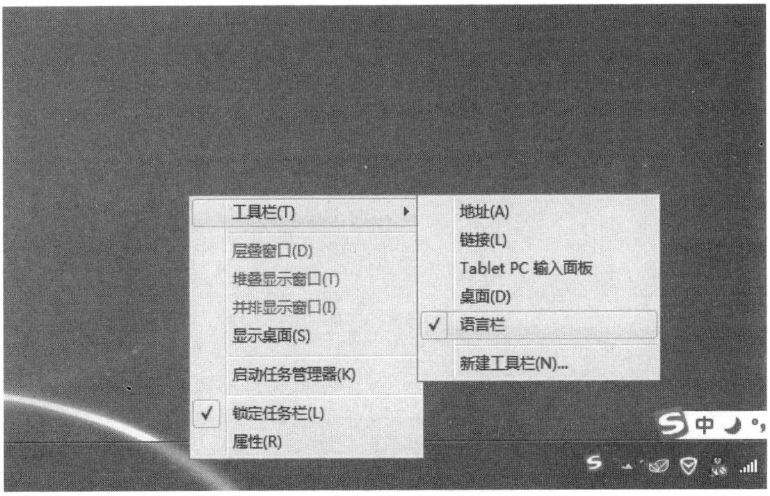

图 6–1　显示语言栏

余的输入语言。此时用户需要单击“开始”菜单，打开“控制面板”，选择“区域和语言”选项将其他的语言添加至电脑中（如图 6-2 到 6-4）。

2 “最小化”语言栏。

“最小化”语言栏可以通过两种方式，一是使用右键单击语言栏，选择“最小化”选项，完成语言栏“最小

图 6-2　控制面板

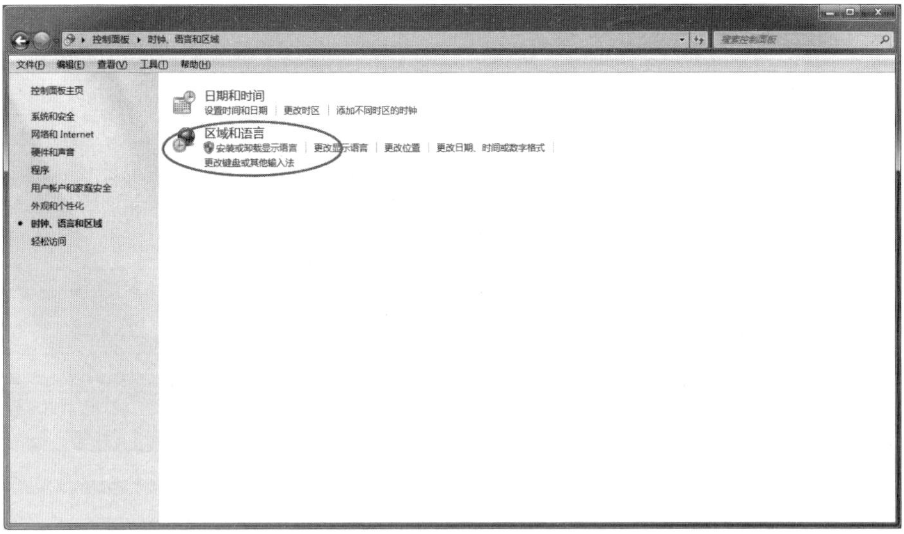

图 6-3　时钟、语言和区域

图 6-4　键盘和语言

化”设置（如图 6-5）。

另一种是直接单击语言栏上的“最小化”按钮，完成语言栏“最小化”设置（如图 6-6）。

3 “垂直”语言栏。

用右键单击语言栏可以调出“垂直”选项，单击即可完成设置（如图 6-7）。若要语言栏恢复横向，只需再次单击“垂直”选项即可。

4 语言栏设置。

单击“文本服务和输入语言”对话框中的“语言栏”选项，可以对语言栏的界面等内容进行设置（如图 6-8）。

图 6-5　“最小化”语言栏的方式一

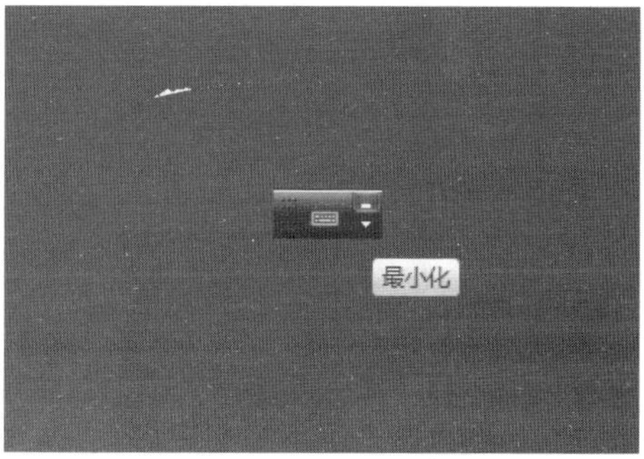

图 6-6　“最小化”语言栏的方式二

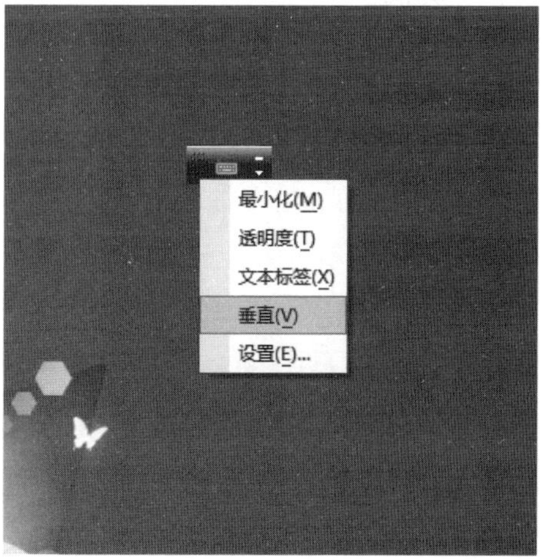

图 6-7　“垂直”语言栏

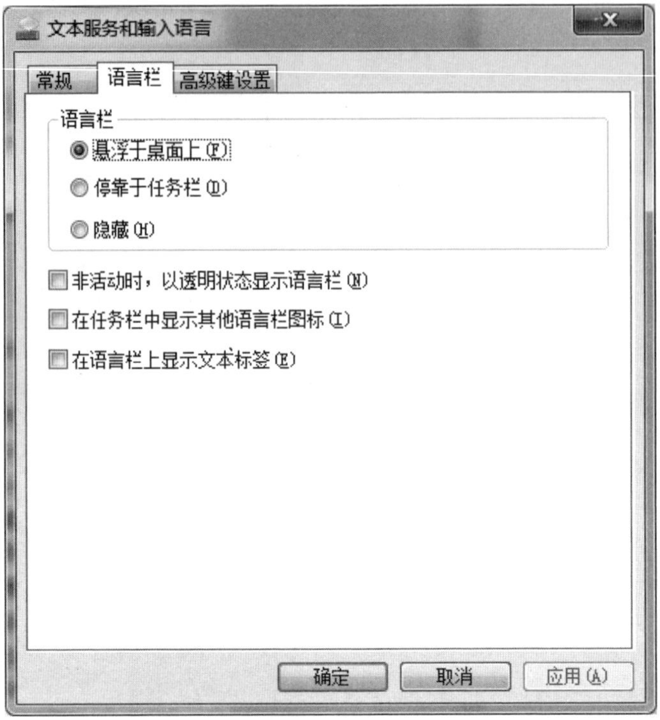

图 6–8　语言栏设置

5 高级键设置。

单击“文本服务和输入语言”对话框中的“高级键设置”选项，可以设置关闭 Caps Lock 及输入语言的热键（如图 6–9）。需要注明的是，用户很少会进行这项设置。

6 帮助选项。

点击语言栏上的“问号”图标，即帮助按钮，可以打开语言栏帮助选项（如图 6–10）。若语言栏并没有帮助按钮，可以点击“最小化”下的三角形图标，选择“帮助按钮”选项，

图 6–9　高级键设置

图 6–10　语言栏帮助

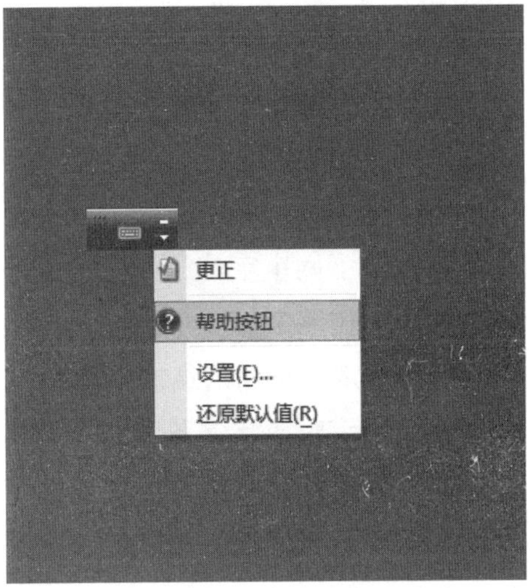

图 6–11　调出帮助按钮

成功调出帮助按钮（如图 6–11）。通过 windows 帮助与支持可以搜索并得到部分语言栏相关问题的解决方案（如图 6–12）。

6.1.3　常见的输入方式

近年来，为了适应人们的使用环境，电脑一直在更新换代，添加了许

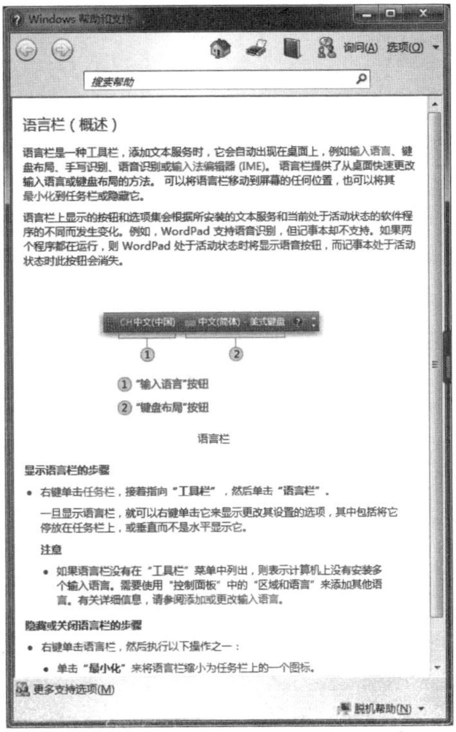

图 6–12　windows 帮助与支持对话框

多新功能，其操作也是越来越便捷化，这一点在文字输入方面也有所体现。传统的输入设备就是键盘，而现在很多输入法添加了不同的输入方式，比如搜狗拼音输入法就具有手写输入（如图 6–13）、语音输入（如图 6–14）等功能，不仅能够满足不同适用人群的要求，也在一定程度上提升了效率。

当然，虽然涌现了许多不同的输入方式，但无论是基于电脑识字功能而研发的手写输入，还是利用话筒和语音识别系统进行的语音输入，都在

图 6–13　搜狗拼音输入法的手写输入功能

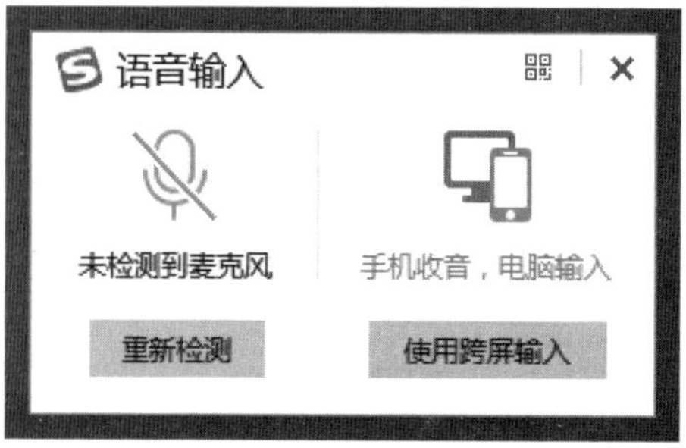

图 6–14　搜狗拼音输入法的语音识别功能（电脑未插入麦克风状态）

一定程度上受到技术和设备的限制。尤其是语音输入，只能接受特定语种的输入，对于普通话不够准确的用户来说十分不便。基于以上种种因素，当前最为普遍的输入方式仍旧是键盘输入。

除此之外，由于不同的国家和地区使用的语言并不一样，所以各个国家和地区都会使用能够满足当地使用习惯的输入法。例如中国的汉字有上万个，这就需要相对特殊的输入系统。而朝鲜语经常出现许多谚文，其独特的字母组使其需要借助于转换系统，朝鲜语中还会出现一些汉字借词，也需要借助汉字进行输入。日语系统中包括平假名和片假名，时常还夹杂着一些中文，虽然大部分输入法都能够支持这种方式的文字输入，但是通常在输入日文时都是通过日语罗马字来进行拼写。

6.1.4　全角和半角

很多人不知道全角和半角有什么区别，如果用肉眼来看，全角字符是比半角字符要大一些。事实上，全角就是指占据了两个字节，而半角就是指占据了一个字节。全角字符包括汉字字符、规定了全角的英文字符、《信息交换用汉字编码字符集》（国标 GB 2312）注明的符号及字符。而半角字符则是在非特殊情况下出现的英文字母、数字、符号等，其所显示的内码只有一个字节。

在系统中，英文字母、数字、符号等往往属于“基本代码”，用户在输入命令、修改参数等场景中，使用的都是半角字符，而在文字处理场景中才会使用到全角字符。当在全角模式下输入英文字符、数字及部分符号，可以发现字符中间的距离是不一样的（如图 6–15）。

在网站或软件上注册账户和设置

ＡＢＣＤＥＦＧ

ABCDEFG

图 6–15　全角英文字符（上）和半角英文字符（下）的不同

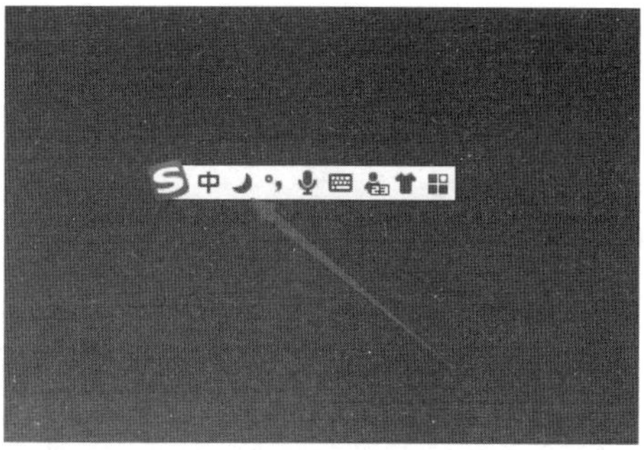

图 6–16　搜狗拼音输入法状态栏上的“弯月”图标

图 6–17　搜狗拼音输入法状态栏上的“满月”图标

密码时，由于部分网站或软件不支持中文账户，密码则更是只能由数字或字母组成（部分网站或软件的密码中可以添加一些标点符号），因此在进行这类输入时只能使用半角，全角输入会无效或产生其他错误。需要注意的是，编写程序源代码的时候，是不可以出现全角字符的，字符串内部的数据除外。

如果用户没有刻意设置输入系统的模式，那么在文字输入时通常采用的都是半角输入。这是因为汉字无论是在半角模式下，还是在全角模式下，都会占据两个字节，完全不受其影响。而且在半角模式下用户可以输入任何标点符号，且空格不会出现特殊限制。

当用户需要切换全角或半角时，最简单的方式就是直接点击输入法状态栏上的“弯月”（如图 6–16）或“满月”（如图 6–17）图标。其中“弯月”对应的是半角，“满月”对应的是全角。

用户还可以通过快捷键的方式切换全角或半角。以搜狗拼音输入法为例，用户可以一同按下 Shift 键和 Space 键（空格键），就可以实现全角和半角的切换。如果按下后并没有实现切换，可能是快捷键被禁止使用，可以打开输入法的属性设置界面，将快捷键勾选上。还是以搜狗拼音输入法为例（如图 6–18）。

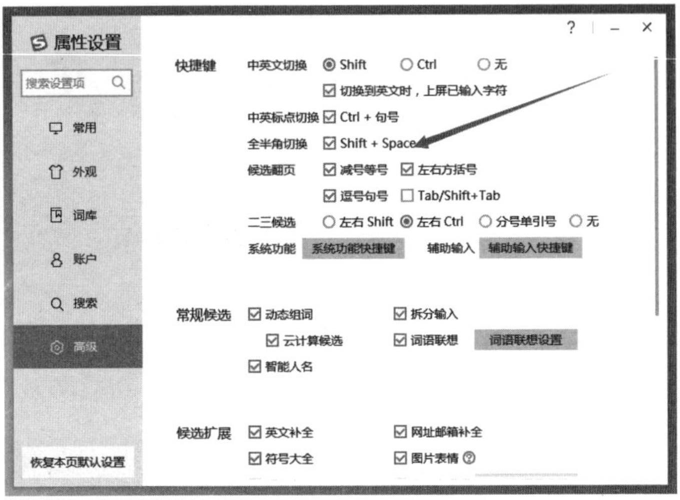

图 6-18　设置全半角切换快捷键

6.1.5　中英文标点的切换

在进行文字输入时，除了需要进行全角和半角之间的切换外，有时候也需要进行中英文标点的切换。

一般情况下，当用户将输入法切换成中文输入或英文输入时，其标点符号的格式也会随之改变。切换中英文输入可以点击输入法状态栏上“中”或“英”字样的标志，以搜狗拼音输入法为例（如图 6–19）。用户也可以使用快捷键“Shift”进行切换，更加方便快捷。

除了更改中英文输入的方法外，用户还可以点击输入法状态栏上“。，”或“.,”的标志，直接实现中英文标点的切换。以搜狗拼音输入法为例（如图 6–20）。

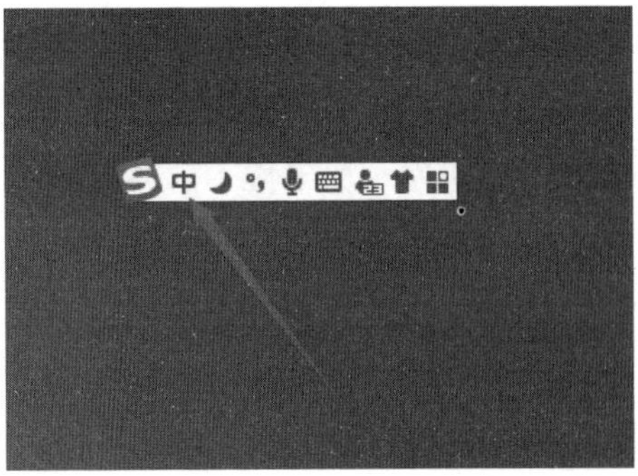

图 6–19　搜狗拼音输入法中英文切换

图 6–20　搜狗拼音输入法中英文标点切换

6.2 输入法设置

输入法，顾名思义，就是将信息输入到电脑、手机等电子设备中使用的编码方法。现在我国用户使用的输入法主要有搜狗拼音输入法、搜狗五笔输入法、百度输入法、QQ 拼音输入法、QQ 五笔输入法、2345 王牌输入法、百度输入法、讯飞输入法等等。

尽管应用商店里的输入法很多，但是总结起来，输入法可以分为两种：一种是依靠字音进行输入，当前市面上销售的键盘上均存在拼音字母，因此使用这类输入法并没有太大的难度，也不需要进行额外的学习就可以满足日常使用，但在输入时经常会遇到一些无法确定读音的生僻字、异形字等，影响输入效率。另一种是基于字形义研发的输入系统，经过专门的学习后可以拥有很高的输入效率，且不会因为生僻字、异形字而影响输入。下面就来讲讲输入法的安装及卸载，以及其他设置。

6.2.1 安装与卸载

安装输入法需要登录其官方网站下载安装包，下载好以后打开安装包根据指示操作即可。如果电脑上安装了软件管理的程序，也可以通过软件管理进行安装。卸载可以打开“开始”菜单，选择“所有程序”，找到准备卸载的输入法并单击，会出现“卸载”选项，根据提示进行操作即可。下面以搜狗拼音输入法为例，示范输入法安装及卸载的过程。

使用 QQ 浏览器搜索“搜狗输入法”（如图 6–21），找到其官方网址后打开。在搜狗输入法官方网址界面点击“立即下载”（如图 6–22）。

下载完成后点击“打开”（如图 6–23），打开安装向导。如果没有出现“下载管理器”界面，可以点击 QQ 浏览器右上方的“倒不字”标志（如图 6–24），打开下载管理器。

打开安装向导后，可以点击“立即安装”（如图 6–25），系统会将软件自动安装到 C 盘内。如果不希望输入法被安装到 C 盘内，用户可以选择界面右下角的“自定义安装”，点击“浏览”更改安装位置（如图 6–26）。接下来只需要根据提示操作即可。

图 6-21　搜索“搜狗输入法”

图 6-22　下载搜狗输入法

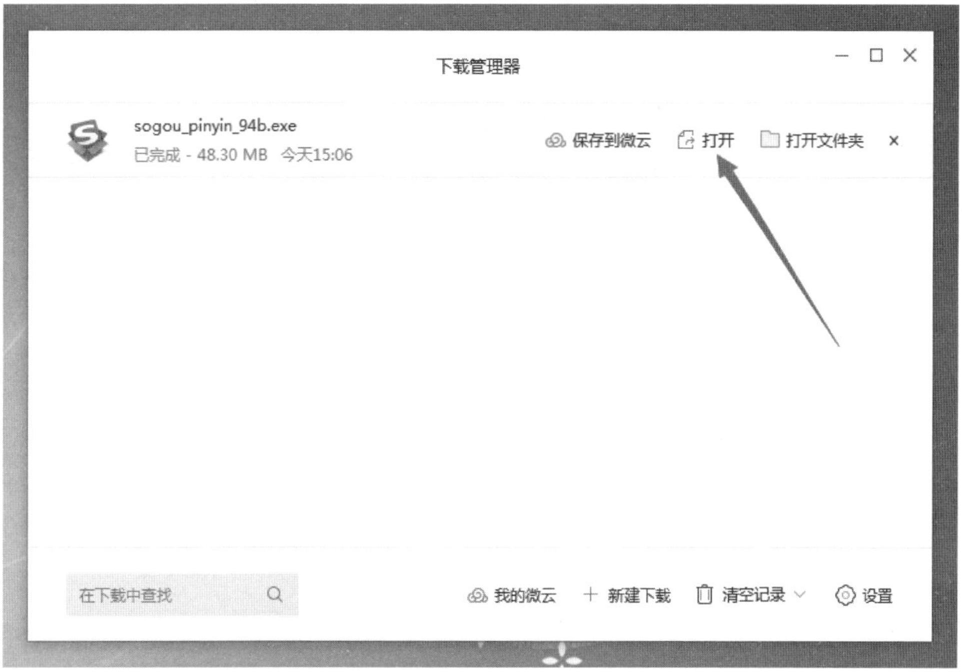

图 6-23　下载完成的界面

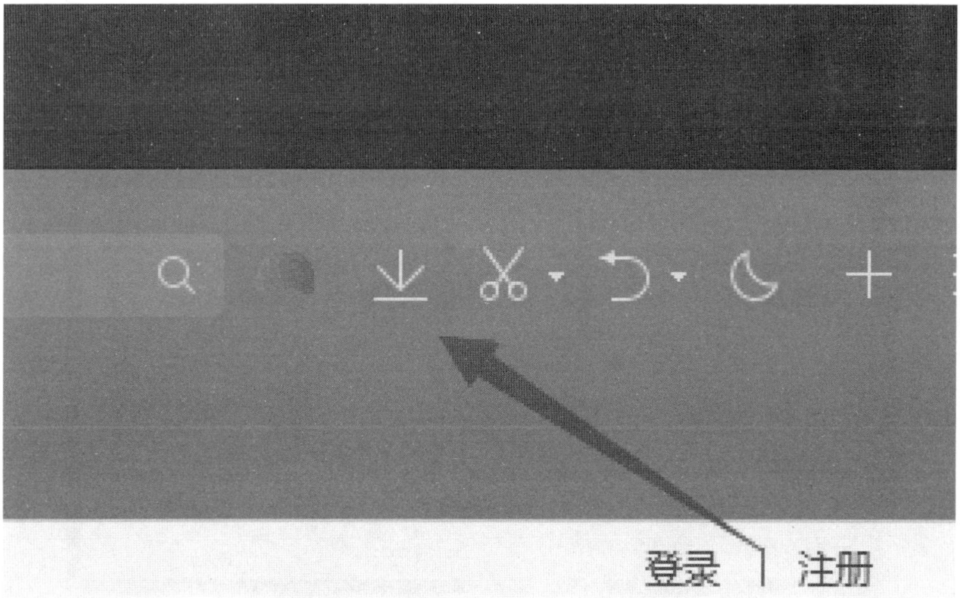

图 6-24　QQ 浏览器右上方的“倒不字”标志

图 6-25　搜狗输入法安装向导

图 6-26　搜狗输入法自定义安装

卸载搜狗拼音输入法可以通过打开“开始”菜单，将光标移动至“所有程序”（如图 6–27）。找到名称为“搜狗输入法”的文件夹并点开它，单击“卸载”选项（如图 6–28）。

点击“卸载”后会出现“卸载向导”，此时出现“修复输入法”“重装输入法”“卸载输入法”三个选项，选择“卸载输入法”（如图 6–29），也可以勾选“删除个人信息，用户词库等信息”选项。最后点击“下一步”，根据提示完成卸载。

图 6–27　“开始”菜单

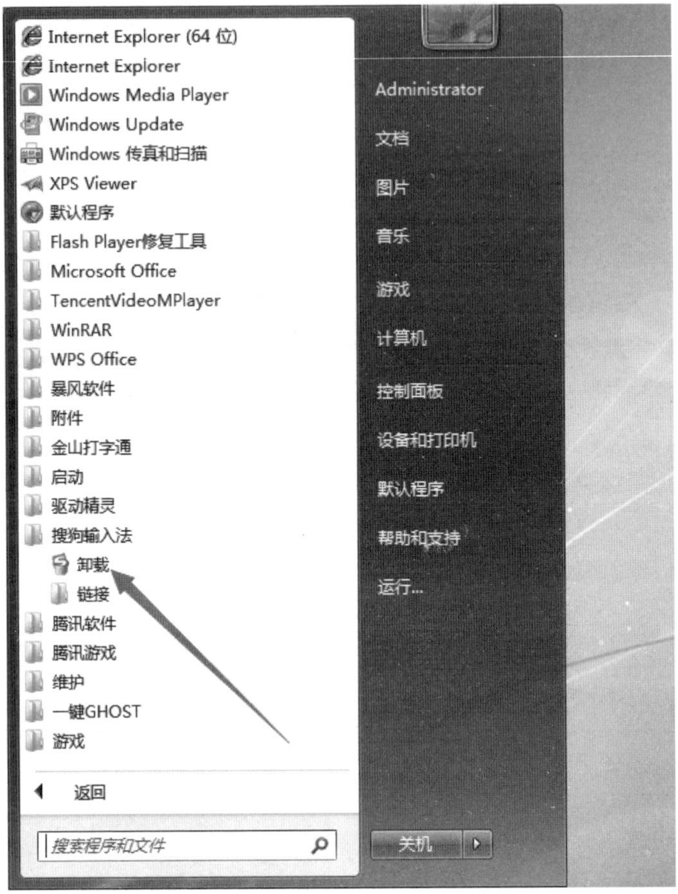

图 6-28　搜狗输入法“卸载”选项

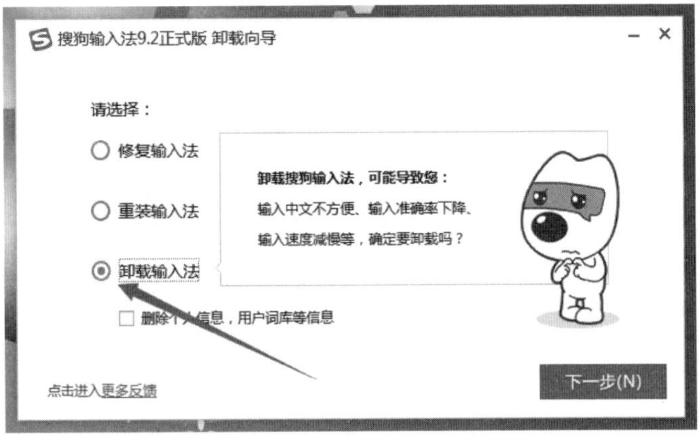

图 6-29　卸载搜狗输入法

6.2.2 切换

通常情况下，电脑开机后的默认输入法是“美式键盘”，这就需要用户自行切换到自己所熟悉的输入法。切换输入法很简单，只需要单击语言栏输入软件的图标，选择相应的输入法即可（如图 6–30）。除此之外，还可以通过快捷键“Shift+Ctrl”更改输入法。

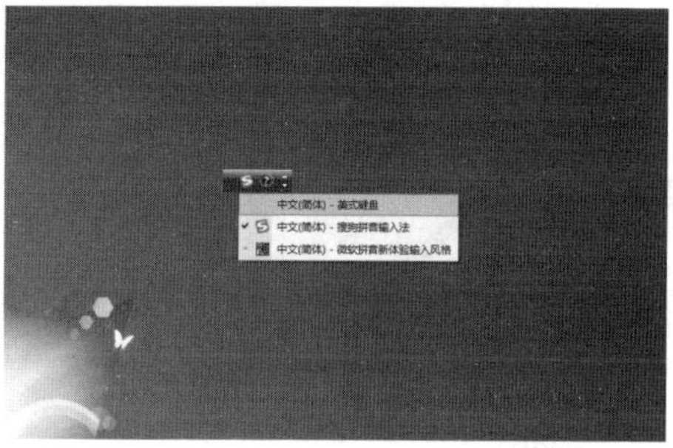

图 6–30　更改输入法

6.2.3 设置默认输入法

如果用户不喜欢每次打开电脑的第一件事就是切换输入法，也可以将默认输入法设置成自己比较熟悉的那款输入法。右键单击语言栏上输入软件的图标，选择“设置”选项（如图 6–31），弹出“文本服务和输入语言”对话框，单击对话框上的选项栏（如图 6–32），单击电脑上已经安装的输入软件，并单击应用（如图 6–33）。

图 6–31　语言栏设置

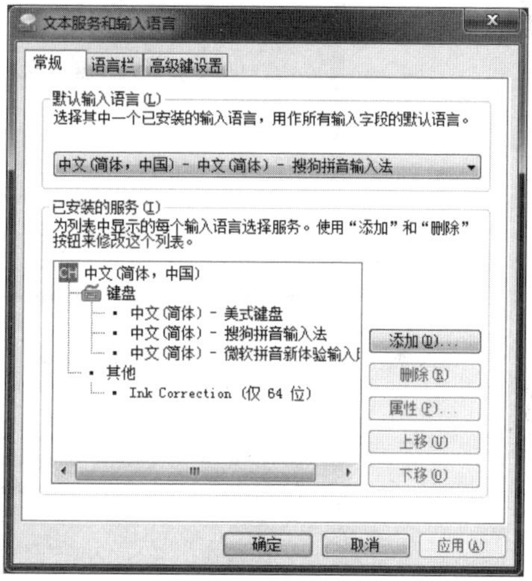

图 6–32　“文本服务和输入语言”对话框

6.2.4 偏好设置

打开输入法的“属性设置”，用户可以对其外观等方面进行自定义设置。以搜狗拼音输入法为例（如图 6–34），可以设置横排或竖排显示，

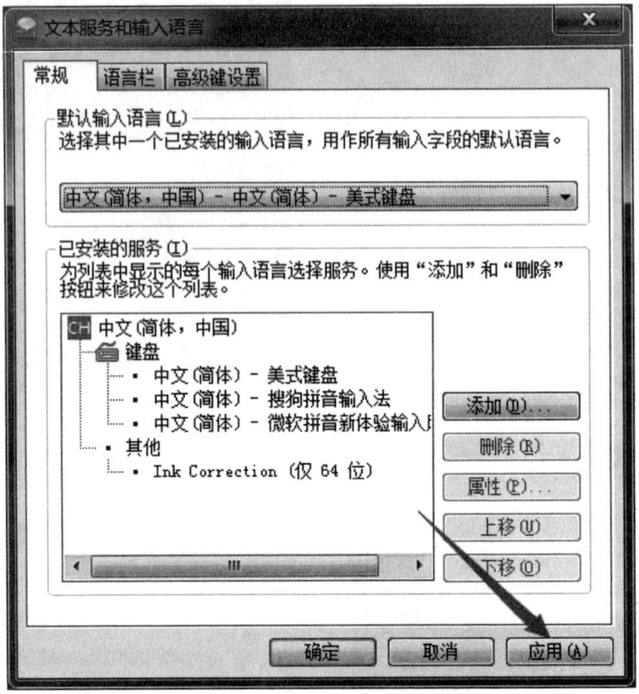

图 6-33　设置默认输入法

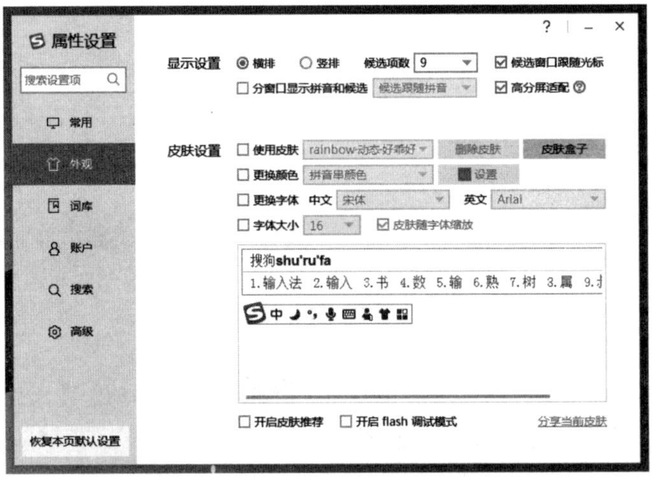

图 6-34　搜狗拼音输入法的属性设置

候选项也有多种选择，最多九个，最少三个，除此之外用户还可以进行其他偏好设置，让输入法使用过程中更加方便。

6.3 输入法的其他操作

除了上述操作外，输入法还可以实现生僻字拼音输入、模糊音输入、特殊符号输入等操作。

6.3.1 生僻字的输入

中国文化博大精深，拥有将近十万的汉字，而我们平时生活中经常使用到的汉字仅仅两三千个，连汉字总量的一成都不到，因此在进行文字输入时经常会遇到一些生僻字。比如奀（en）、稂（lang）等。如果把这些字拆分开来，相信每个不会五笔输入的人都能轻易输入，但偏偏它们是一个不可分割的"组合"，而且它们的读音与被大众所熟知的读音没有一丝关系，这个时候就需要利用输入法的拆分输入功能了。

以搜狗拼音输入法为例，面对不认识的生僻字，可以先输入"u"，然后将生僻字拆分开来进行输入，也就是将其各组成部分的拼音输入进去，就可以找到这个生僻字了（如图 6-35），而且还会显示该字的读音，方便用户再次输入。

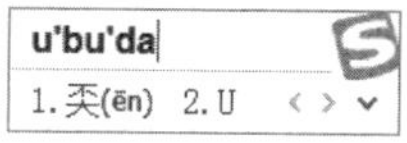

图 6-35　利用"u"输入生僻字

对于淼（miao）、靐（bing）、叕（zhuo）这种多个相同的字叠在一起的生僻字，搜狗拼音输入法也推出了更加省力的方式，直接输入每个部分的拼音，就可以在候选项找到该字（如图 6-36）。

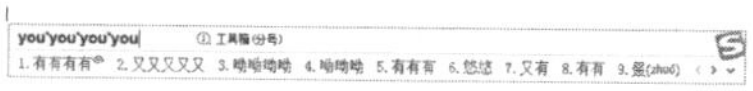

图 6-36　"叠字"生僻字输入

6.3.2 模糊音的输入

很多用户会有这样的苦恼，z 和 zh、c 和 ch……这些读起来差不多的音总是让人分不清楚，以至于文字输入过程中常常出现错别字，这一点可以通过输入法的模糊音设置来解决。模糊音就是在文字输入过程中，将容易混淆的拼音设定为通用状态，这样的设置对于经常混淆拼音的用户来说十分方便。

模糊音的设置非常简单，以搜狗拼音输入法为例，打开输入法的属性设置，选择“常用”选项里的“模糊音设置”（如图 6-37）。在模糊音设置界面（如图 6-38）用户可以根据自己的习惯选择相应的模糊音。

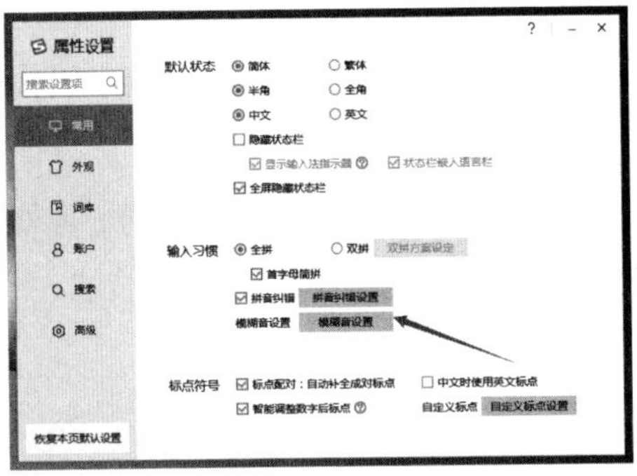

图 6-37　搜狗拼音输入法的模糊音设置

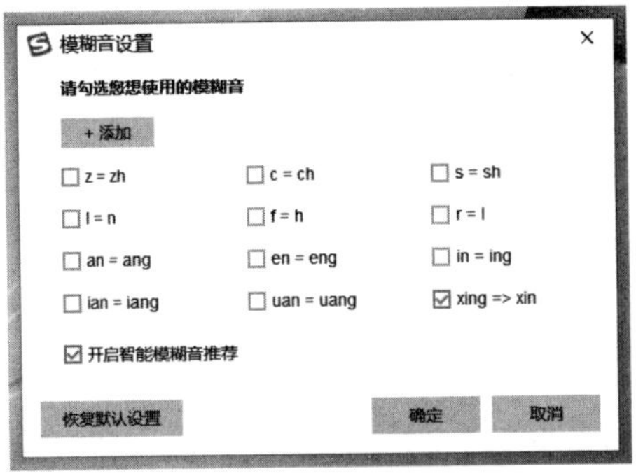

图 6-38　勾选准备使用的模糊音

6.3.3　特殊符号的输入

在文字输入过程中，除了生僻字和模糊音之外，还有特殊符号的输入也是一大难题。常见的符号我们都可以通过键盘输入，但有些符号是键盘上没有，这些也就是我们所说的特殊符号。输入特殊符号，我们可以通过输入法的符号大全来进行。以搜狗拼音输入法为例，右键单击调出相应选项，将光标移动至“表情 & 符号”，出现“图片表情”“颜文字”“符号大全”三个选项，选择“符号大全”（如图 6-39）。在符号大全界面（如图 6-40）用户可以根据分类找到需要的符号。

除了利用符号大全外，我们还可以通过软键盘来实现。以搜狗拼音输

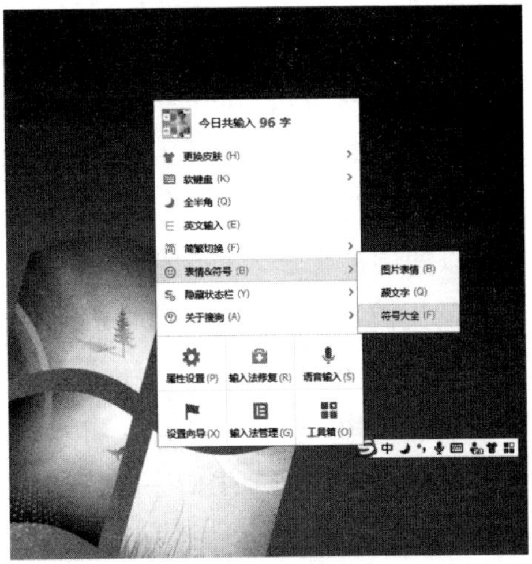

图 6-39　选择“符号大全”

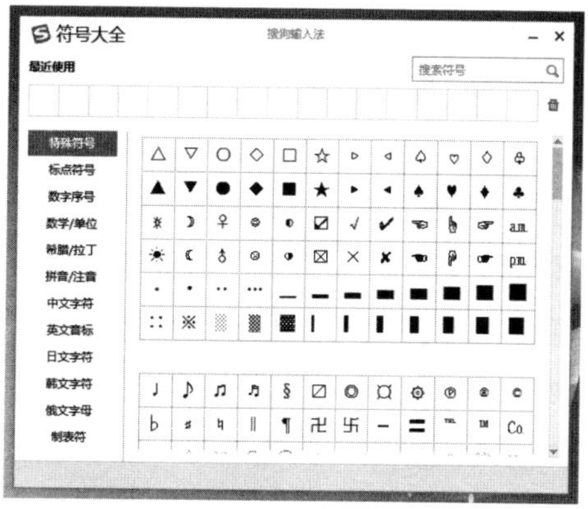

图 6-40　搜狗输入法的符号大全

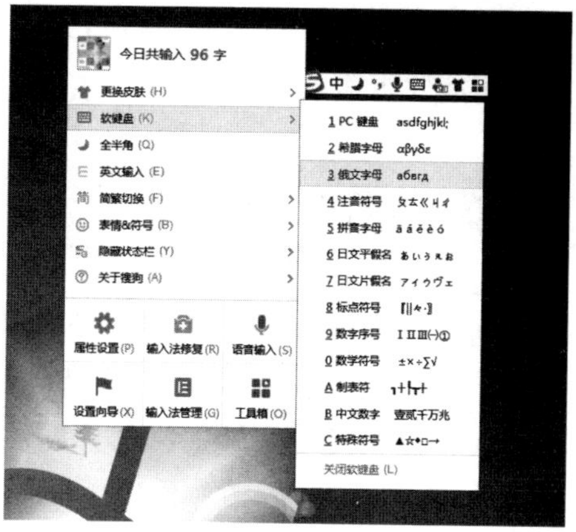

图 6-41　选择“俄文字母”

入法为例，选择“软键盘”，根据不同分类选择相应的软键盘，例如选择“俄文字母”（如图 6-41），选择后会出现相应的软键盘（如图 6-42），敲击键盘即可输入相应的俄文字母。

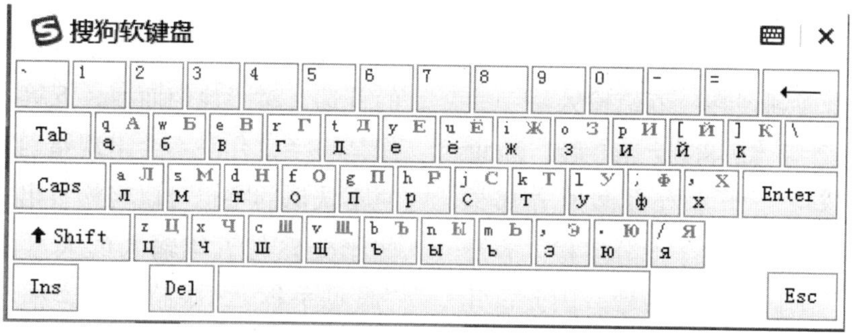

图 6-42　搜狗拼音输入法的“俄文字母”

6.4 五笔输入法的应用

对于初学者而言，在众多的输入方式中，五笔输入法算是较为复杂的，这是因为用户在初次使用五笔输入法时需要将字根背下来。虽然背字根的过程会消耗用户许多时间和精力，但是将字根牢记于心后，其低重码率的特点可以在输入过程中大大降低错误率。对于不会使用拼音输入的用户来说，使用五笔输入法进行文字输入可能要更简单一些。

6.4.1 五笔输入法概述

五笔输入法即五笔字型输入法，诞生于 1983 年 8 月，发明它的人叫做王永民，因为发明人姓王，也有人将其称为“王码五笔”。五笔输入法是建立在汉字的笔画、字形上的一种编码形式，属于一种形码输入法。从五笔输入法问世到现在，它不仅为中国人所用，在新加坡、马来西亚等东南亚国家，五笔输入法也是较为常见的一种汉字输入法。

从出现到现在，五笔输入法一共三个定型版本：86 版、98 版、新世纪版。这三个版本有许多地方都是相似的，区别仅在于部分字根内容及分布上，编码基本上一致。因此这几次版本的改革对用户而言并不算什么大事，用户只需要记住少数变动了的字根，针对少数编码改变的字练上几天，就可以从旧版过渡到新版。对此，王永民教授的观点是，之前没有接触过五笔字型的人，要学习五笔字型可以从第三代（新世纪版）直接入手。这是因为新版本的字根体系更加符合其规律，便于用户记忆和使用，使用起来更加得心应手。

目前市面上常见的五笔型输入法有很多，比如万能五笔输入法、智能五笔输入法、极点五笔输入法、搜狗五笔输入法、QQ 五笔输入法等。上述五笔型输入法均为个人或企业自行开发，但其编码标准仍旧没有完全脱离 86 版，因此无论是编码规则还是文字输入都和王码五笔如出一辙，它们的主要不同点就是其稳定性和拓展功能等方面。

尽管到了 20 世纪末智能拼音的使用率飞快提高，致使使用五笔输入的人越来越少，但是五笔输入的便捷性和速度仍旧是拼音输入无法企及的。也正是因此，五笔输入是专业打字员的首选，对于他们而言，五笔输入就像是写字，几乎不会出现错别字，即便不认识的字也可以轻松打出来。那些十分熟悉五笔输入的人可以做到“眼见手拆”，眼睛盯着文稿，不用等大脑告诉手指如何去拆分，手指就已经把这个字打出来了。到了这种境界，使用五笔输入的速度自然而然十分快。

6.4.2 五笔输入法的字根

五笔输入的字根多半来自新华字典，选自其中的偏傍部首，除此之外还有一些个别添加的。五笔输入法字根排列有三种，分别是标准版（86 版）字根键位图（如图 6–43）、98 版字根键位图（如图 6–44）和新世纪版字根键位图（如图 6–45）。

标准五笔字型简体字根键位图

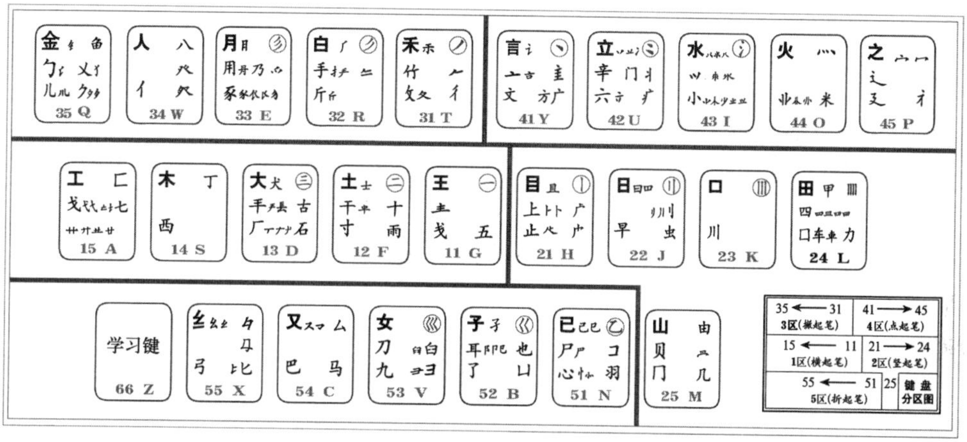

图 6–43　标准版（86 版）五笔字型简体字根键位图[①]

98版五笔字型简体字根键位图

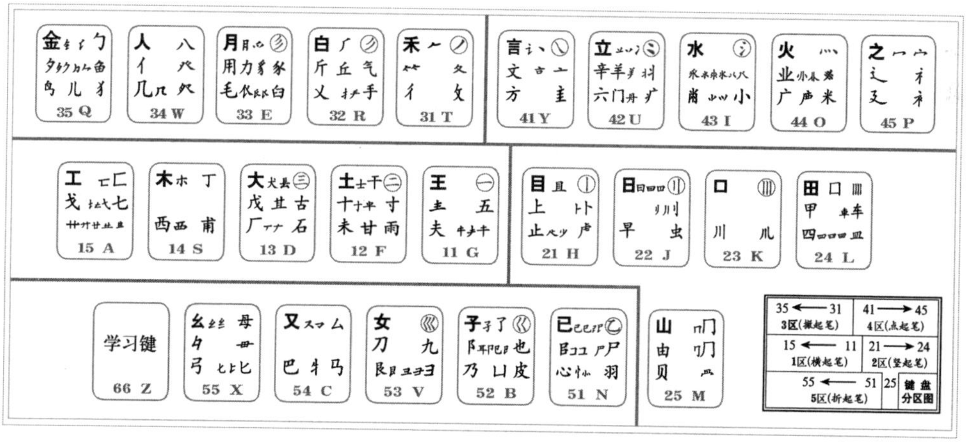

图 6–44　98 版五笔字型简体字根键位图[②]

① 图片来源于王码五笔输入法官方网站。网址：http://www.wangma.net.cn/InfoMationDetail.aspx?sm=5&m=41

② 图片来源于王码五笔输入法官方网站。网址：http://www.wangma.net.cn/InfoMationDetail.aspx?sm=5&m=41

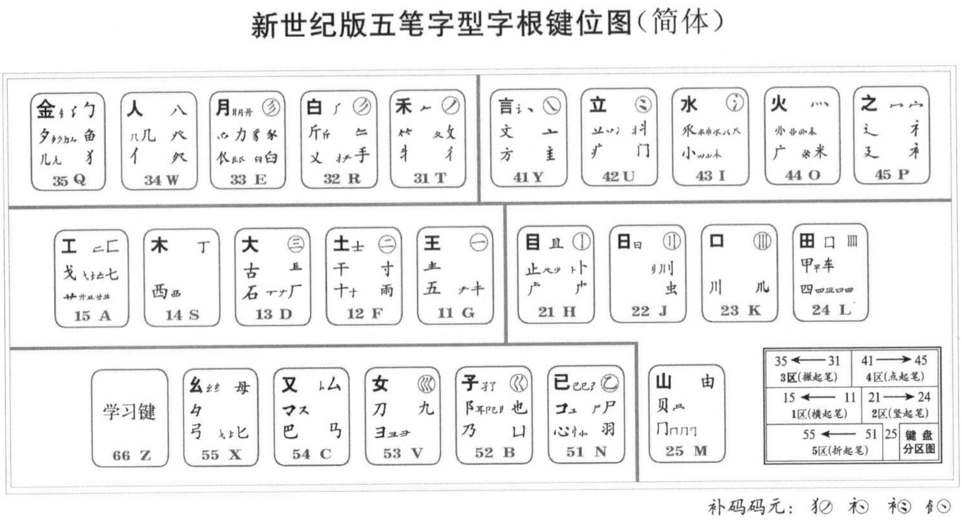

图 6-45　新世纪版五笔字型字根键位图①

6.4.3　字根快速记忆法

五笔输入法的原理就是利用每个字的组成部分进行“拼字”，如同手写一样，一笔一划地完成一个字。如果我们可以将所有的字根分布情况记下来，那么使用五笔输入法就简单得多。

首先我们要搞清楚字根的分区。字根的分布规律是根据每个字根的第一笔进行分类，字根的第一笔划有一、丨、丿、丶、乙五种，因此这项输入法被称为“五笔输入”，并非是五笔可以写成一个字。字根的分区也有五个，第一笔划为一的是一区，包括 G-11、F-12、D-13、S-14、A-15；第一笔划为丨的是二区，包括 H-21、J-22、K-23、L-24、M-25；第一笔划为丿的是三区，包括 T-31、R-32、E3-3、W-34、Q-35；第一笔划为丶的是四区，包括 Y-41、U-42、I-43、O-44、P-45；第一笔划为乙的是五区，包括 N-51、B-52、V-53、C-54、X-55。需要说明的是，“Z”键上并没有字根，是五笔输入中的“万能键”，可以通过它查找记不起的字根。

弄清楚字根的分区后，就需要去

① 图片来源于王码五笔输入法官方网站。网址：http://www.wangma.net.cn/InfoMationDetail.aspx?sm=5&m=41

背字根了。为了便于大家记住字根，王永民教授又发明了字根助记歌（如图 6–46、6–47、6–48），让大家可以更加快速地记住字根。

第三区	31	T	禾竹反文双人立	41	Y	言文方广在四一	第四区
	32	R	白斤气头手边提	42	U	立辛两点病门里	
	33	E	月乃用舟家衣下	43	I	水族三点兴头小	
	34	W	人八登祭把头取	44	O	火里业头四点米	
	35	Q	金夕犭儿包头鱼	45	P	之字宝盖补礻衤	
第一区	11	G	王旁青头戋五一	21	H	目止具头卜虎皮	第二区
	12	F	土士二干十寸雨	22	J	日早两竖与虫依	
	13	D	大犬三羊古石厂	23	K	口中一川三个竖	
	14	S	木丁西在一四里	24	L	田甲方框四车力	
	15	A	工戈草头右框七	25	M	山由骨头贝框几	
第五区	51	N	已类左框心尸羽	注：			
	52	B	子耳了也框上举	11. 戋读兼 13. 羊指⺷			
	53	V	女刀九巛臼山倒	35. 犭读犬 45. 礻读示			
	54	C	又巴劲头私马依	45. 衤读衣 53. 巛读川			
	55	X	绞丝互幺弓和匕	53. 臼读旧 54. 私指厶 55. 幺读腰			

图 6–46　第一代五笔字型（86 版）字根助记歌①

第三区	31	T	禾竹反文双人立	41	Y	言文方点谁人去	第四区
	32	R	白斤气丘叉手提	42	U	立辛六羊病门里	
	33	E	月用力豸毛衣臼	43	I	水族三点鳖头小	
	34	W	人八登头单人几	44	O	火业广鹿四点米	
	35	Q	金夕乂儿包头鱼	45	P	之字宝盖补礻衤	
第一区	11	G	王旁青头五夫一	21	H	目上卜止虎头具	第二区
	12	F	土干十寸未甘雨	22	J	日早两竖与虫依	
	13	D	大犬戊其古石厂	23	K	口中两川三个竖	
	14	S	木丁西甫一四里	24	L	田甲方框四车里	
	15	A	工戈草头右框七	25	M	山由贝骨下框集	
第五区	51	N	已类左框心尸羽	注:			
	52	B	子耳了也乃框皮	13. 龷读其　臼音旧			
	53	V	女刀九艮山西倒	21. 且读具　𧘇为衣			
	54	C	又巴牛厶马失蹄	25. 骨指冎 45. 衤读衣 32. 乂读叉 53. 艮艮音gen			
	55	X	幺母贯头弓和匕	33. 豸音志 54. 厶读私			

图 6–47　第二代五笔字型（98 版）字根助记歌②

① 图片来源于王码五笔输入法官网。网址：http://www.wangma.net.cn/InfoMationDetail.aspx?sm=5&m=94

② 图片来源于王码五笔输入法官方网站。网址：http://www.wangma.net.cn/InfoMationDetail.aspx?sm=5&m=95

区	键位	键	助记词	键位	键	助记词	区
第三区	31	T	禾竹牛旁卧人立	41	Y	言文方点在四一	第四区
	32	R	白斤气头叉手提	42	U	立带两点病门里	
	33	E	月舟衣力豕豸臼	43	I	水边一族三点小	
	34	W	人八登祭风头几	44	O	火变三态广二米	
	35	Q	金夕犭儿包头鱼	45	P	之字宝盖补示衣	
第一区	11	G	王旁青头五一提	21	H	目止具头卜虎皮	第二区
	12	F	土士二干十寸雨	22	J	日曰两竖与虫依	
	13	D	大三肆头古石厂	23	K	口中两川三个竖	
	14	S	木丁西边要无女	24	L	田框四车甲单底	
	15	A	工戈草头右框七	25	M	山由贝骨下框里	
第五区	51	N	已类左框心尸羽				
	52	B	子耳了也乃齿底				
	53	V	女刀九巡录无水				
	54	C	又巴甬矣马失蹄				
	55	X	幺母绞丝弓三匕				

图 6-48　第三代五笔字型（新世纪版）字根助记歌①

6.4.4 使用五笔输入法的注意事项

在联系五笔输入法时，不可以心有旁骛，最好放弃拼音打字的习惯。因为这两种输入方式在细微处有很大的差别，如果一会用拼音输入法，一会用五笔输入法，很难真的学会使用五笔输入。当然，如果对五笔输入法特别熟悉，可以两者同时使用的话就要另当别论。

另外，拆字时不要只局限于一笔一划，要从字的整体出发，一撇一捺去输入一个字虽然不容易出现错误，但是效率会大打折扣。因此在拆字时可以看看这个字是不是由几个较为复杂的字根组成，这样可以提升输入速度。

6.5 提升打字速度的技巧

没有谁是生来什么都会的，那些打字飞快的人也都是依靠日积月累积攒下来的经验。想要提升打字速度，可以从以下几点着手。

① 图片来源于王码五笔输入法官方网站。网址：http://www.wangma.net.cn/InfoMationDetail.aspx?sm=5&m=43

6.5.1　通过打字软件进行练习

想要提升打字速度，告别“一指禅”，只能依靠两个字——练习。因此许多公司推出了打字软件，帮助刚刚接触电脑的用户更快适应打字环境，并且养成良好的打字习惯。以金山打字通为例，它是专门针对新入门的用户而设计的打字软件，可以说是手把手地教每一位用户进行高质量打字。

在浏览器或应用商店搜索“金山打字通”下载并安装该软件，完成安装后打开应用，点击右下角的“打字游戏”（如图 6–49）。选择一款打字游戏，例如经典游戏生死时速，点击它开始下载安装包（如图 6–50）。下载完成后弹出安装对话框，点击下一步（如图 6–51），根据提示完成安装，安装完毕即可使用，让用户在游戏中锻炼打字速度。

图 6–49　金山打字通界面

图 6–50　下载生死时速

图 6–51　金山打字通生死时速安装对话框

6.5.2　添加自定义短语

自定义短语就是用特定字符来指代定义好的文本，添加自定义短语可以大大缩短打字时间。以搜狗拼音输入法为例，具体添加方式如下：首先打开属性设置，选择“高级”选项，下拉菜单，选择“自定义短语设置”（如图 6–52）。其次选择对话框中的“添加新定义”（如图 6–53）。最后在“缩写（大小写英文字符）”下方的方框中填入字符“a”，在“支持

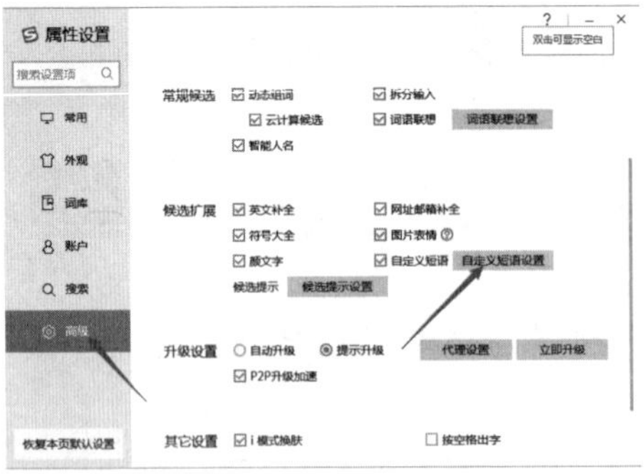

图 6–52　自定义短语

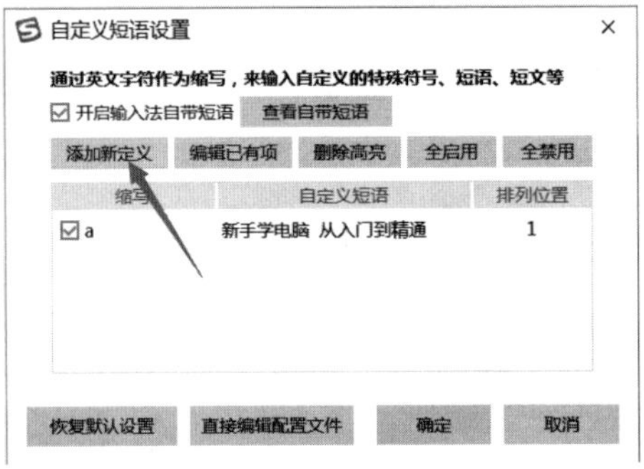

图 6–53　添加新定义

多行文本，最长 3 万个汉字或英文字符”下方的方框中填入“新手学电脑从入门到精通”，并点击确定（如图 6–54）。

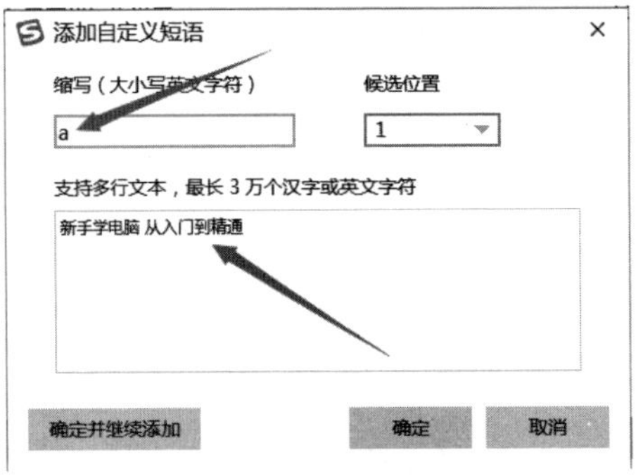

图 6–54　添加自定义短语

设置好以后，我们打开记事本，输入“a”，可以看到第二个候选项就是我们设置的自定义短语（如图 6–55），可以有效提升打字效率。

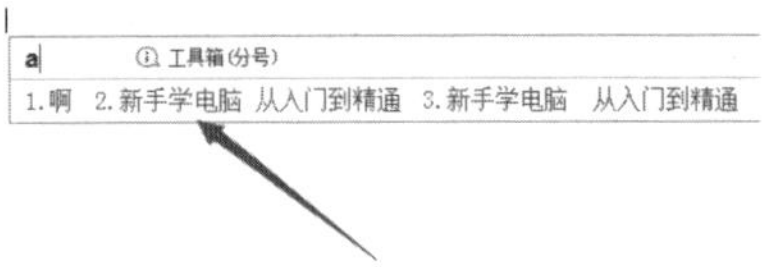

图 6–55　自定义短语的应用

如果自定义短语不需要了可以直接删除（如图 6–56），或者对其重新编辑（如图 6–57）

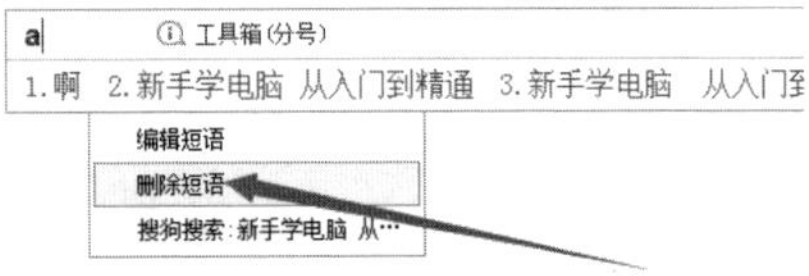

图 6–56　删除自定义短语

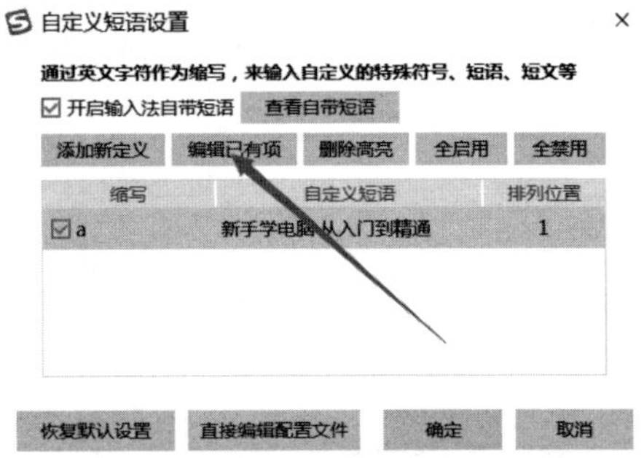

图 6–57　编辑自定义短语

6.5.3 记住键盘上字母的大致位置

键盘上每个按键的位置都是一成不变的，将这些位置记住，可以减少寻找按键的时间，加快打字速度。为了记住按键的位置，可以尝试盲打，以锻炼手指记住每一个按键的大致位置，让打字更加流畅。

➤ 场景实操

✓ 调出语言栏，并将其“最小化”处理。
✓ 将语言栏设置成“垂直”状态。
✓ 使用一次“帮助”功能。
✓ 安装或删除一个输入法。
✓ 使用快捷键更改一次输入法。
✓ 将默认输入法设置成常用输入法。
✓ 更换输入法的皮肤。
✓ 输入十个生僻字。
✓ 利用模糊音输入一段话。
✓ 在一段话中穿插数学符号。
✓ 使用五笔打字法输入一段文字。
✓ 赢得一局金山打字通里的打字游戏。
✓ 添加一个自定义短语。
✓ 进行一次盲打。

第 7 章

WPS 文字的使用

WPS 文字是金山公司设计研发的文字处理程序，属于 WPS（Word Processing System，译为文字处理系统）的一部分。从诞生开始，WPS 文字都是深受大众喜欢、受众群体广泛的文字处理程序。它不仅为用户提供了在电脑上进行文档编写的工具，其简洁的界面、以及诸多功能大大节省了用户的时间。

7.1 WPS 文字概述

WPS 文字将编辑、打印两种功能合二为一，能够为用户提供许多的编辑功能，同时还可以满足用户不同的输出要求及打印功能，使打印出的文稿美观又规范，能够满足大部分文字工作者对于文档编辑程序的要求。

7.1.1 主要功能

WPS 文字广泛应用于社会各界人士，其主要功能有：

1 稿纸编辑。

WPS 文字具有稿纸设置功能，在“页面设置”的“稿纸设置”中指定行、列及字符数，可以使页面变成 10×20 到 20×25 不等的稿纸。

2 输出为 PDF 文件及图片。

PDF 文件（Portable Document Format 的简称，意为“便携式文档格式”）是一种是世界通用的文件格式，WPS 文字“文件”的下拉菜单中具有“输出为 PDF”和“输出为图片”两个选项，可以将 Word 文件输出为 PDF

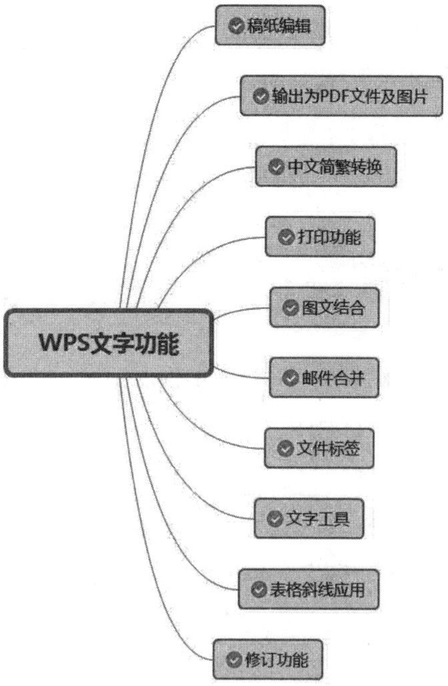

图 7-1　WPS 文字功能

文件或图片，并且具有打印、修改等权限。

3 中文简繁转换。

WPS 具有简体中文（国标码 GB2312）和繁体中文（大五码 BIG5）转换功能，不仅可以实现文字转换，还可以进行简繁术语的转换。

4 打印功能。

与传统的文档编辑程序相比，WPS 文字添加了手动双面打印、书籍折页打印、并打顺序调整等功能。手动双面打印：以奇数页升序、偶数页降序的方式进行打印，进行双面打印的过程中不再需要调整纸张顺序；书籍折页打印：部分书籍需要进行折页打印，该项功能可以自动调整页码以位置，使折页打印更加方便；并打顺序的调整：并打功能不仅能够选择一页中打印的版数，各版之间的顺序也可以进行重新排列，还可以增加打印分隔线。

5 图文结合。

WPS 文字新增了许多类型的图片、表格、流程等内容，让文字编辑更加生动形象。

6 邮件合并。

"邮件合并"功能能够对提醒邮件、制作信封等特殊文档进行快速处理，进一步提升工作效率。除此之外，该功能还可以进行批量制作标签、工资条、成绩单等工作。

7 文件标签。

现在许多人喜欢在网上冲浪，逐渐适应于浏览器的阅读习惯，在进行文件切换也会偏向于更加直观的文档标签方式。为了便于这类人群阅读，WPS 文字中提供了两种切换方式，一种是传统的窗口切换方式，另一种则是文件标签方式，用户可以根据自己的喜好来设置并使用。

8 文字工具。

在早前的 WPS Office 软件中，有一组叫做文字工具的功能很受欢迎，这组功能可以删除空格、增加空格、删除段首空格、增加段首空格、段落重排、删除空段……大家都知道，从网络上摘抄的文章经常有大量的空格、空行、空段，整理起来非常麻烦，但有了文字工具，用户就不需要自己一个字、一段话地编辑。对于一部分经常需要通过互联网摘抄文字的用户而言，这组功能的便捷性不言而喻。

9 表格斜线应用。

在文档编辑过程中，表格也是很常见的表述形式。但使用 Word 画过表格的很多人都有这样的体会：在表头添加斜线比登天还难。原因是国外主流 Office 的斜线表头在改变表头大小时斜线不会自动进行缩放，导致排版混乱，需要重新在表头添加斜线。而在 WPS 文字中，表格无论变大还是变小，斜线表头都会自动与其保持一致性，不仅减少了排版混乱的现象，也大大节省了用户的时间。

10 修订功能。

在办公中，修订模式也是经常会用到的功能，这种功能可以让我们更加直观地看到他人对自己文章进行的修改和批注。但问题是，工作中可能会出现多个人在同一篇文章上进行批注和修改，如果是电子版还可以通过颜色区分对方是谁，但如果将文档打印出来，就无法区分每一条批注和修订是出自谁之手，有不明白的地方也不知道该找谁沟通，会给修改工作造成很大困扰。针对这种情况，WPS 文字添加了记录作者身份的功能，能够使用户区分修订者的身份。

7.1.2 界面布局

WPS 文字主要包括十个分区，分别为：标题栏、菜单栏、工具栏、目录、标尺、文档编辑区、滚动条、任务窗格、状态栏、视图切换区。

标题栏（如图 7-3）：位于窗口

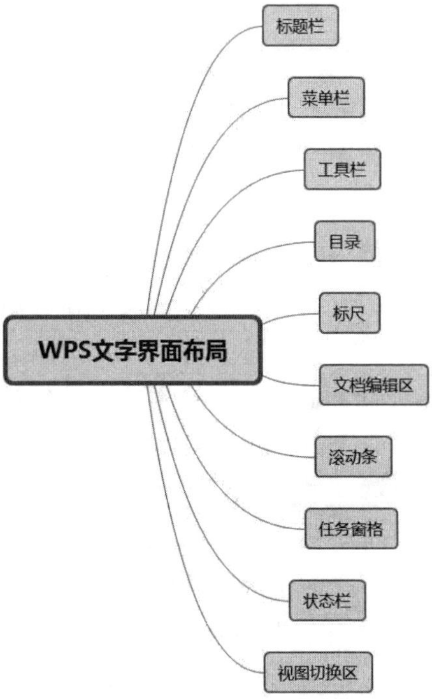

图 7-2 WPS 文字界面布局

图 7–3　标题栏

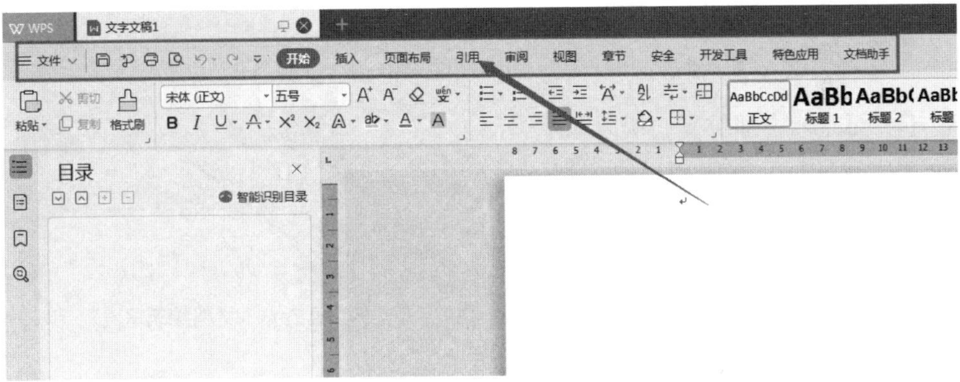

图 7–4　菜单栏

顶部，显示当前的文件名。右侧有皮肤、登陆用户名（或登录状态）、最小化、全屏、关闭等选项。

菜单栏（如图 7–4）：位于标题栏下方，由“文件”“快速访问工具栏”“开始”“插入”“页面布局”“引用”“审阅”“视图”“章节”“安全”“开发工具”“特色应用”“文档助手”等内容组成。

图 7–5　工具栏

工具栏（如图 7–5）：位于菜单栏之下，点击菜单后会出现相应工具，用以辅助用户进行文字编辑。

目录（如图 7–6）：指导航窗格，

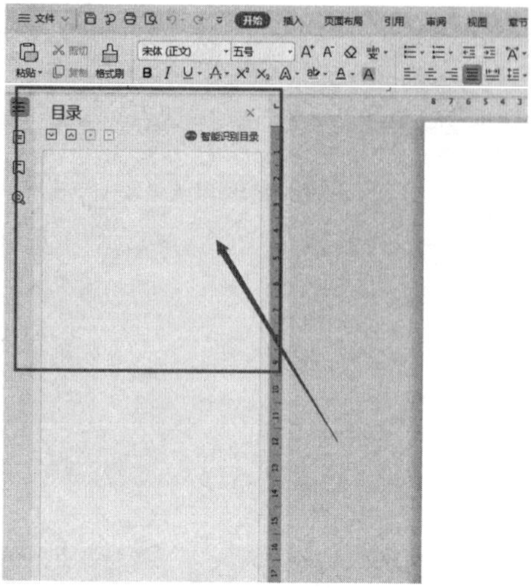

图 7–6　目录

位于页面左侧中部位置，用以显示当前文档的目录，方便用户快速翻阅、查找内容。

标尺（如图 7–7）：界面中通常具有纵向和横向两条标尺，纵向标尺位于导航窗格与文档编辑区之间，横向标尺位于工具栏与文档编辑区之间，用以调整页面边距以及表格高度 / 宽度等。

文档编辑区（如图 7–8）：位于界面中间，占据比例最大的区域，用以进行文档编辑。

滚动条（如图 7–9）：位于文档编辑区右侧，用以调整界面位置。

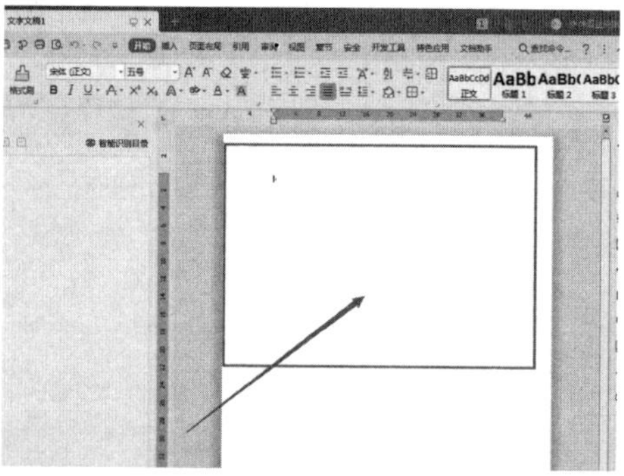

图 7–8　文档编辑区

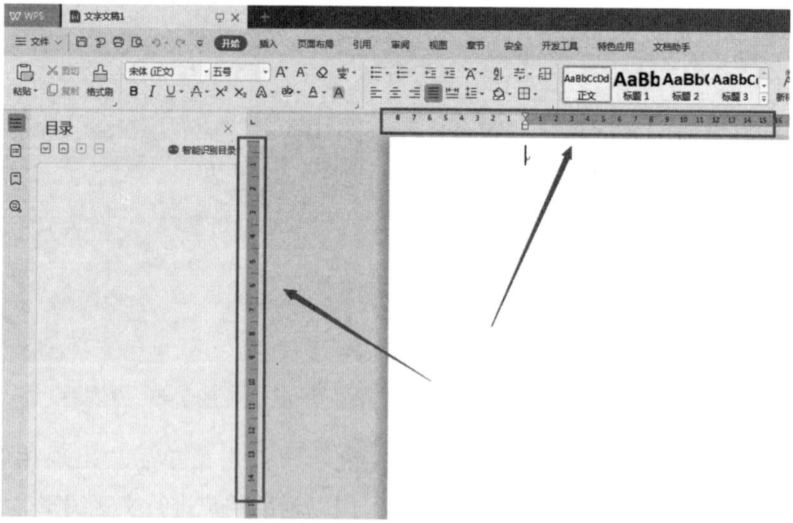

图 7–7　标尺

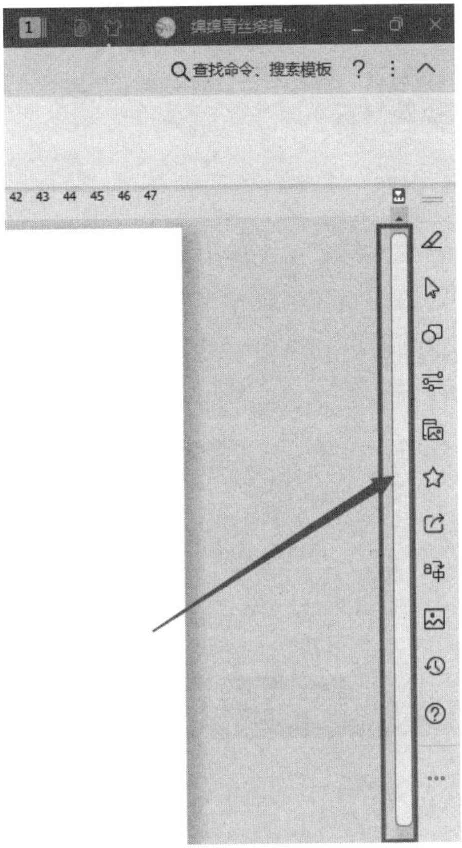

图 7-9　滚动条

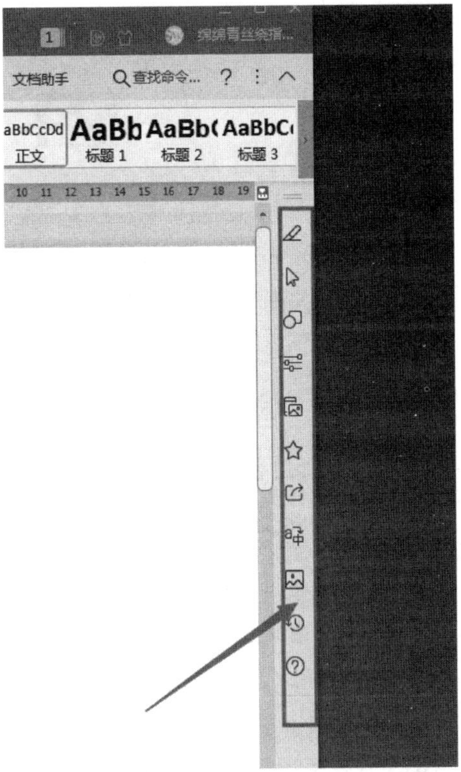

图 7-10　任务窗格

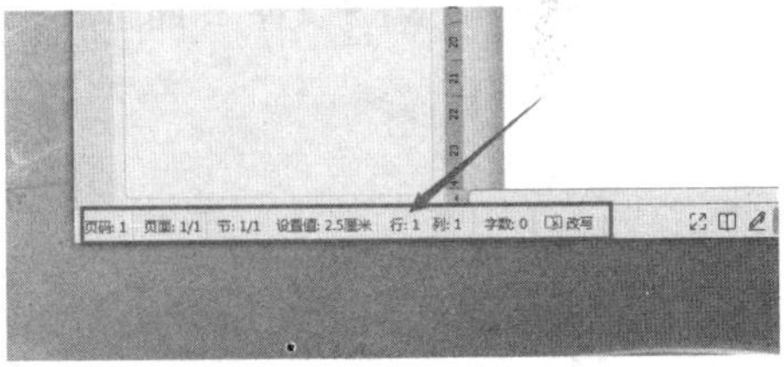

图 7-11　状态栏

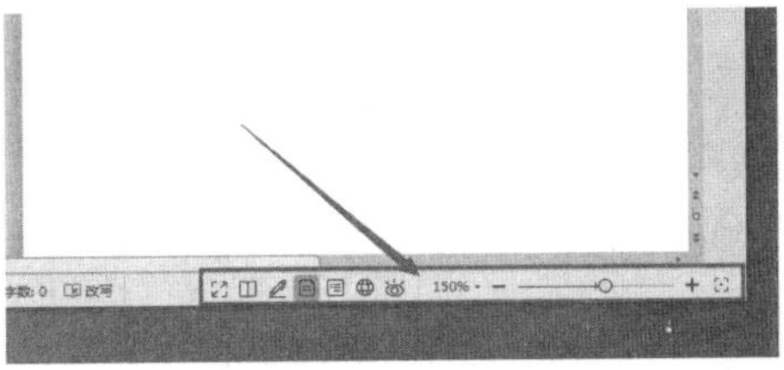

图 7-12　视图切换区

任务窗格（如图 7-10）：位于界面最右侧，具有样式与格式、选择窗格、自选图形、翻译、实用工具、帮助与问答等功能。

状态栏（如图 7-11）：位于界面左下方，显示光标所在的当前页码、当前页面 / 总页面、节、行、列以及文档总字数等内容。

视图切换区（如图 7-12）：位于界面右下方，用于切换视图、调整页面缩放等。

7.2 常规操作

WPS 文字常规操作包括新建、打开、保存、关闭，是运行 WPS 的必须操作。

7.2.1 新建

新建即建立一个新的 WPS 文字文件。可以通过两种办法进行，一种是在文件夹或桌面的空白位置点击右键，在右键菜单中找到“新建”，将光标移动至此，在左侧菜单中选择“DOC 文档”或“DOCX 文档”（如图 7–13），即可完成新建任务。

另一种是在 WPS 文字界面选择标题栏上的“+”（如图 7–14），接着在弹出的新建界面中选择“文字”，并根据需求选择相应类型的文档（如图 7–15）。

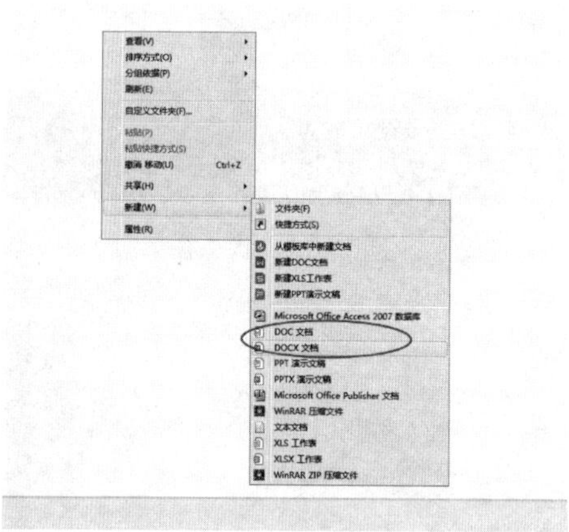

图 7–13　选择“DOC 文档”或“DOCX 文档”

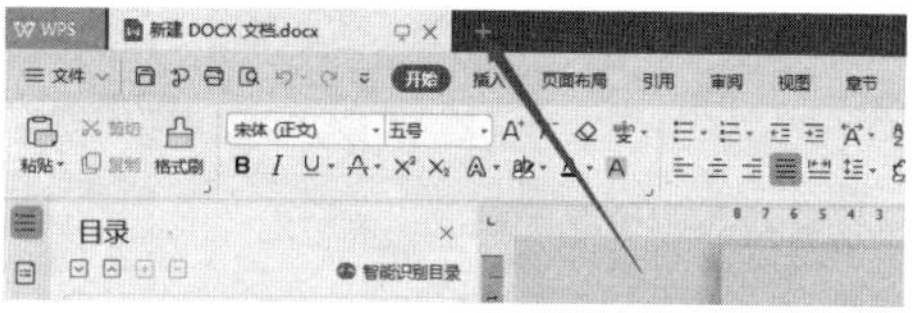

图 7–14　选择标题栏上的“+”

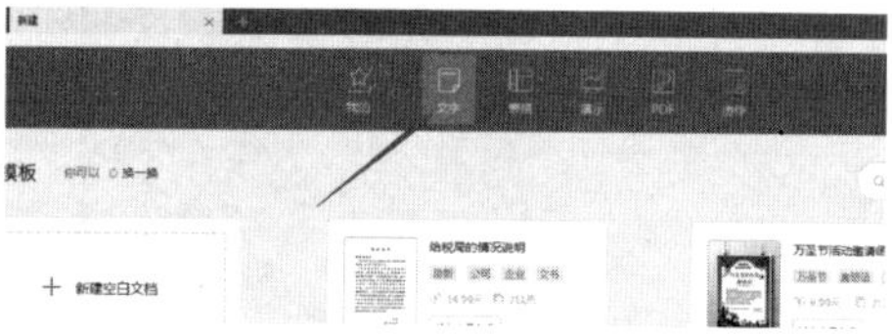

图 7–15　选择“文字”

7.2.2 打开

打开即开启 WPS 文字文件。方式也有两种，一种是双击文件或者在右键菜单中选择“打开”。

另一种则是在 WPS 文字界面选择“文件”，在下拉菜单中选择“打开”，此时右侧会出现最近使用过的文档，点击文档即可打开（如图 7–16）。

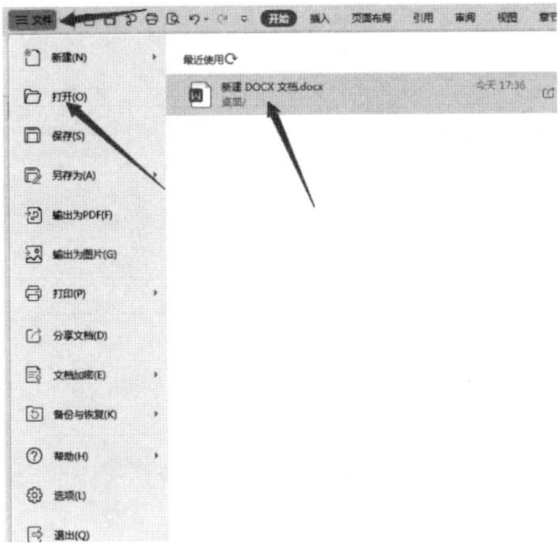

图 7-16　打开文档

7.2.3 保存

保存即将编辑以后的 WPS 文字存储于电脑硬盘之中。可以点击文件右侧、硬盘状的标志（如图 7-17）进行保存。

图 7-17　保存

除此之外，还可以选择另存为，即将 WPS 文字以另一个文件的形式进行存储，可以保持原文件的内容不被变动。另存为可以是相同格式的文件，也可以更换文件格式。具体操作

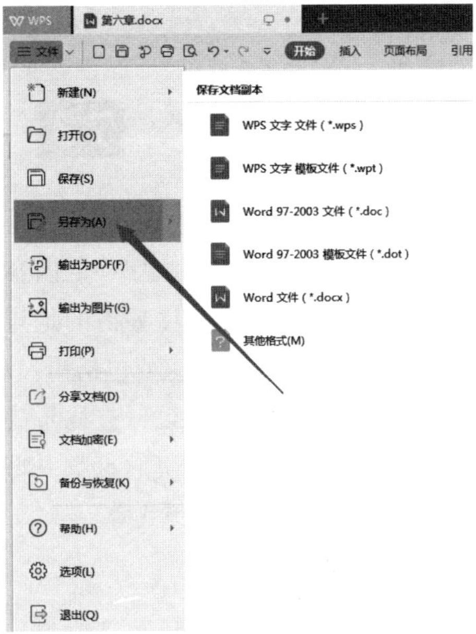

图 7-18　另存为

为，打开“文件”，选择“另存为”（如图 7-18），根据需求设置即可。

7.2.4 关闭

关闭即关闭 WPS 文字程序。关闭的方式为点击标题栏最右侧的“×”（如图 7-19）。

图 7-19　关闭 WPS 文字

7.3 文本编辑

文本编辑即对 WPS 文字中的内容进行编写或改写，这里主要讲的是与文本编辑相关的设置。主要包括输入 / 改写；复制、剪切及粘贴；查找与替换；文本及段落格式；页眉页脚；脚注、尾注及批注；修订模式等。

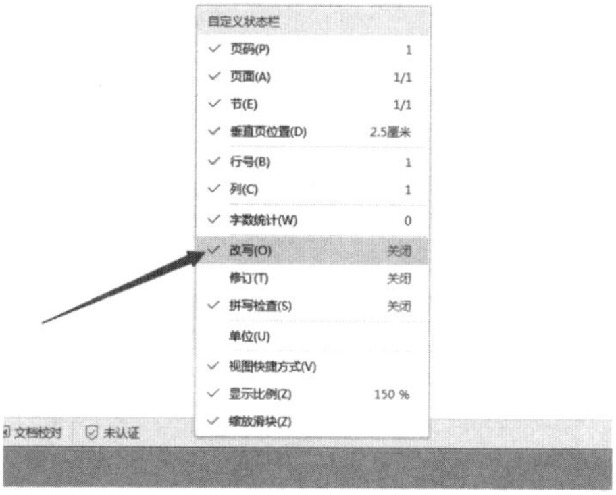

图 7-20　勾选“改写”

7.3.1 输入 / 改写

输入即将内容添加到 WPS 文字中；改写即将内容添加到 WPS 文字中，同时将原有的内容进行一比一的删除。在状态栏可以设置输入 / 改写状态。

首先我们需要在状态栏找到“改写”。如果没有可以右键点击状态栏任意位置，在右键菜单中勾选“改写”（如图 7-20）。

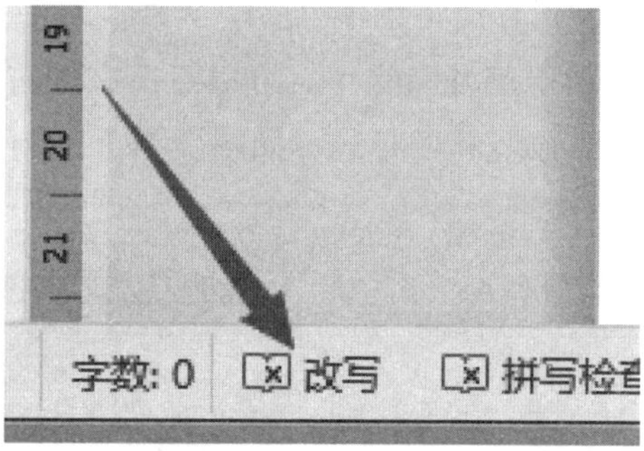

图 7-21a　输入状态

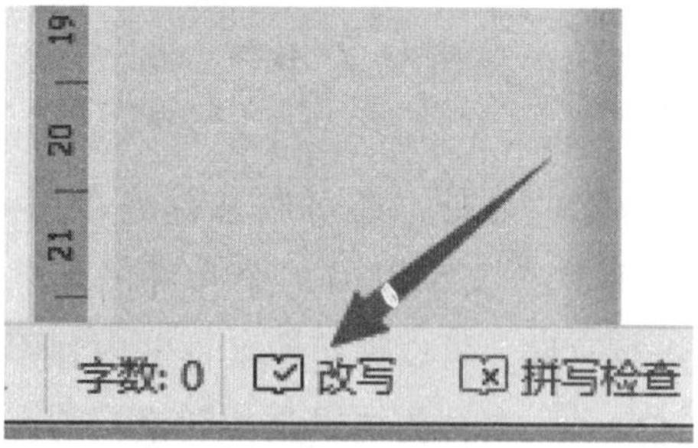

图 7-21b　改写状态

勾选以后可以看到状态栏出现“一本书”及“改写”两个字组成的图标，用户可以点击其进行输入 / 改写的转换。当图标上显示“×”的时候（如图 7-21a）为输入状态，当图标显示“√”的时候（如图 7-21b）为改写状态。

7.3.2 复制、剪切及粘贴

复制是指在保障原内容不变动的基础上，将内容移动至另一位置；剪切是指将原内容直接移动到某一位置；粘贴是指将复制或剪切的内容放到指定位置。这里主要说明粘贴。

在粘贴内容时，有时候需要沿用原来的格式，有时候则需要清除格式，为了满足不同的粘贴要求，用户可以选择粘贴方式。具体操作是点击文件下方的“粘贴”两个字，从中选择对应的格式要求（如图 7-22）。

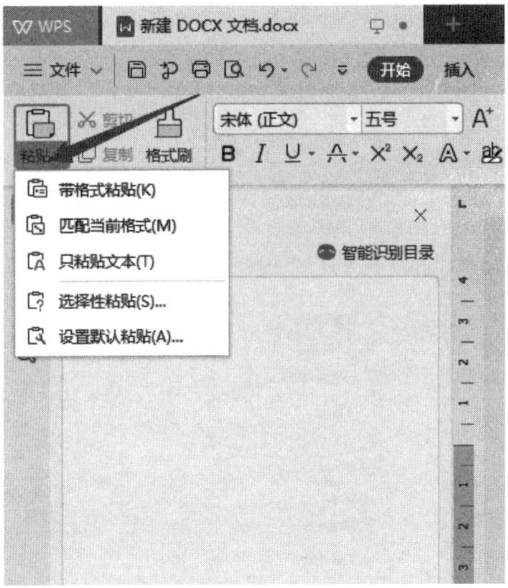

图 7-22　选择性粘贴

7.3.3 查找与替换

查找与替换即在指定文档或章节中查找或替换符合要求的字符，方便用户对文章内容进行更改。

打开查找替换的方法为：在开始菜单内选择“查找替换”（如图 7-23）。

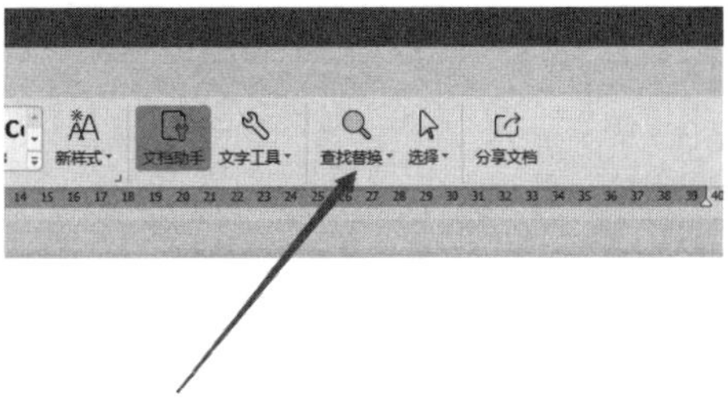

图 7-23　选择“查找替换”

进入查找界面（如图 7-24）后，将需要查找的内容输入对话框中，如果有字体、格式、特殊符号等特殊要求可以通过下方的三个选项进行设置。

如果需要对文档的内容进行替换，可以选择查找右侧的“替换”。在替换界面（如图 7-25），将需要查找和替换的内容分别填入对应的对话框

图 7-24　查找界面

图 7–25　替换界面

中，如果有字体、格式、特殊符号等特殊要求可以通过下方的三个选项进行设置。

7.3.4　文本及段落格式

文本格式主要包括字体、字号、颜色等；段落格式主要包括行间距、首行缩进、对齐方式、大纲级别等。

设置文本及段落格式可以通过开始菜单下方的工具栏进行（如图 7–26）。

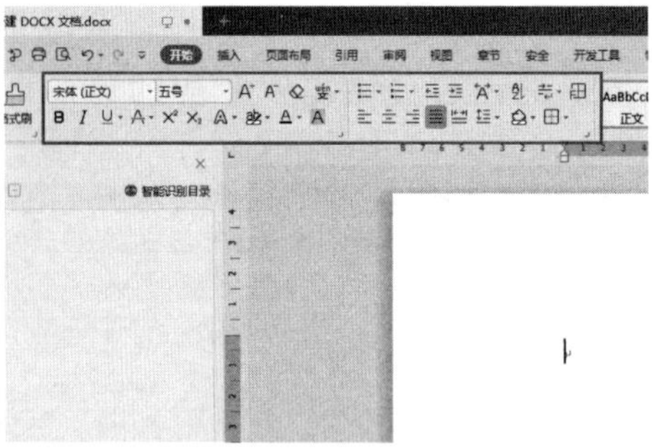

图 7–26　设置文本及段落格式的工具栏

如果工具栏中没有相应选项，可以点击两个工具栏右下角的箭头（如图 7–27）。

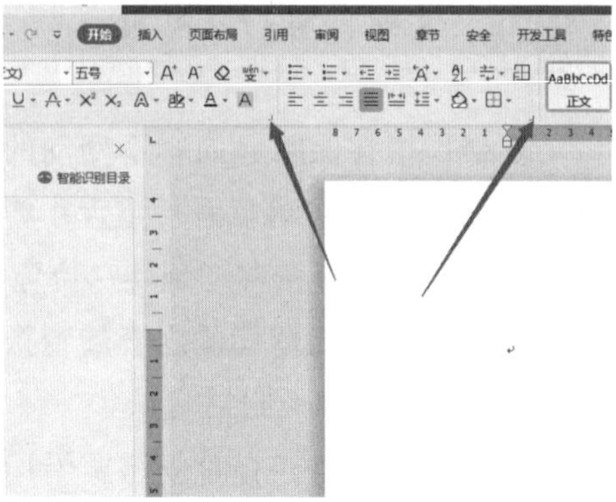

图 7–27　工具栏右下角的箭头

或者在文档编辑区点击鼠标右键，在右键菜单中选择“字体”或“段落”（如图 7–28）。

图 7–28　选择“字体”或“段落”

点击对应选项后分别可以弹出“字体”对话框（如图 7–29）和“段落”对话框（如图 7–30），用户可以根据需求对其进行设置。

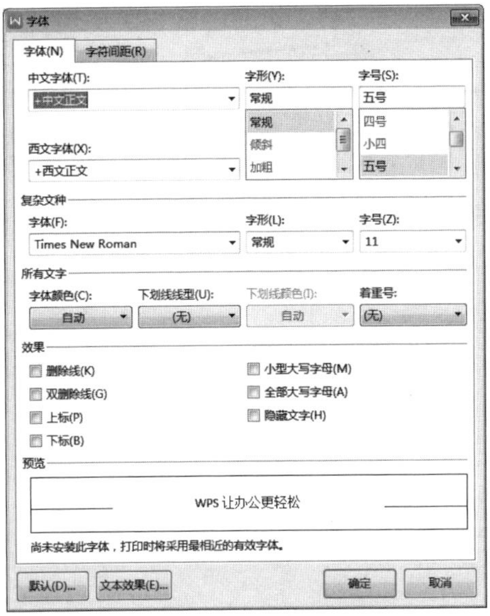

图 7–29　“字体”对话框

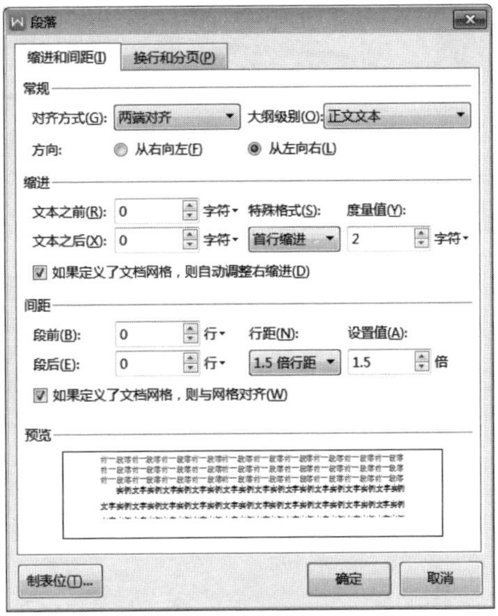

图 7–30　“段落”对话框

7.3.5　页眉页脚

页眉通常指文档中每个页面的顶部区域；页脚是指文档中每个页面的底部区域。页眉的内容通常为文档标题、文件名或作者姓名等；页脚的内容则为页码、脚注等。

设置页眉页脚可以通过两种方式，一是双击页眉区域（如图 7–31）或页脚区域（如图 7–32）。

二是在页眉处点击鼠标右键，选择“编辑页眉”（如图 7–33），或在页脚处点击鼠标右键，选择“编辑页

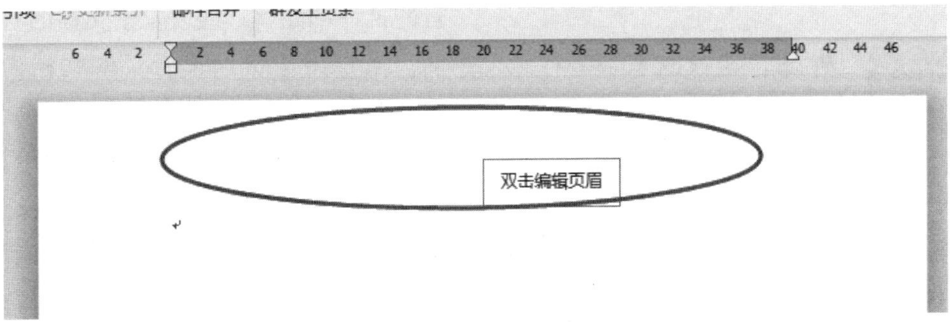

图 7–31　双击编辑页眉

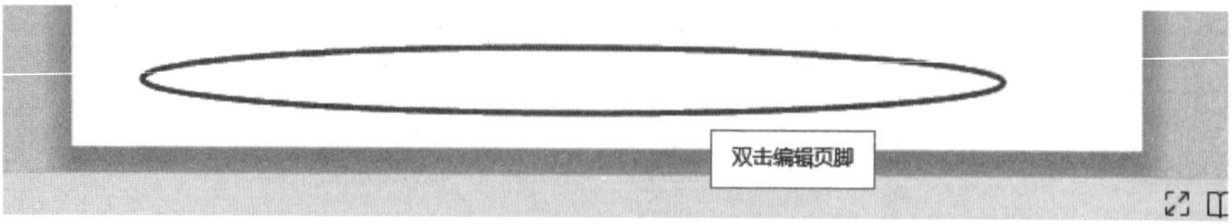

图 7-32　双击编辑页脚

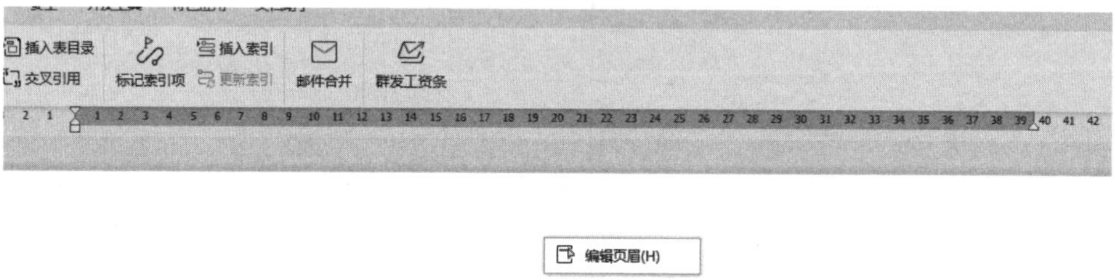

图 7-33　编辑页眉

图 7-34　编辑页脚

脚”（如图 7-34）。

7.3.6 脚注、尾注及批注

脚注是对文档中内容的说明，位于文档页面的最底端，通常用于解释名词、介绍人物生平等；尾注是文档中内容的补充说明，位于整篇文档的末尾，通常用于列出引用文章的出处等；批注是阅读文章时在空白处进行的批评和注解，通常位于文档的右侧，通常用于帮助读者了解文档内容、帮助作者指出错误等。

添加脚注和尾注需要打开“引用”菜单，选择“插入脚注”或“插入尾注”（如图 7-35）。

插入脚注或尾注后，可以点击其右下方的箭头（如图 7-36），打开

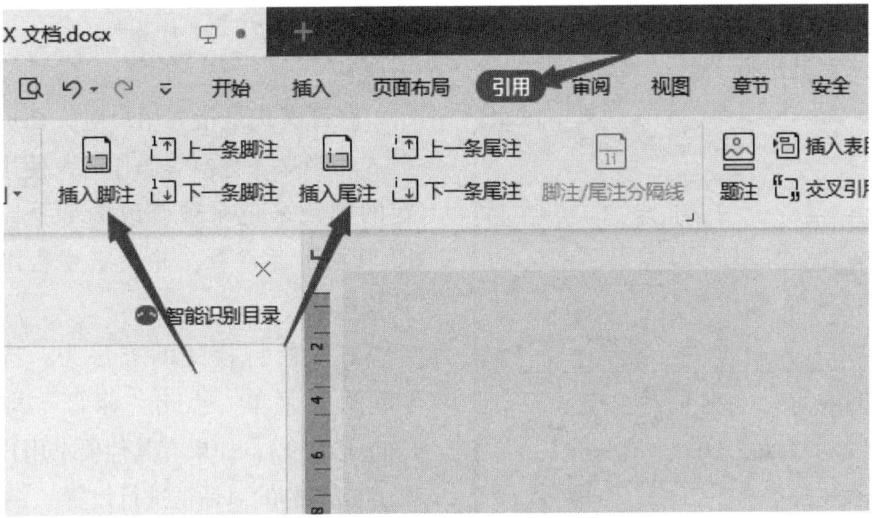

图 7–35　选择“插入脚注”或“插入尾注”

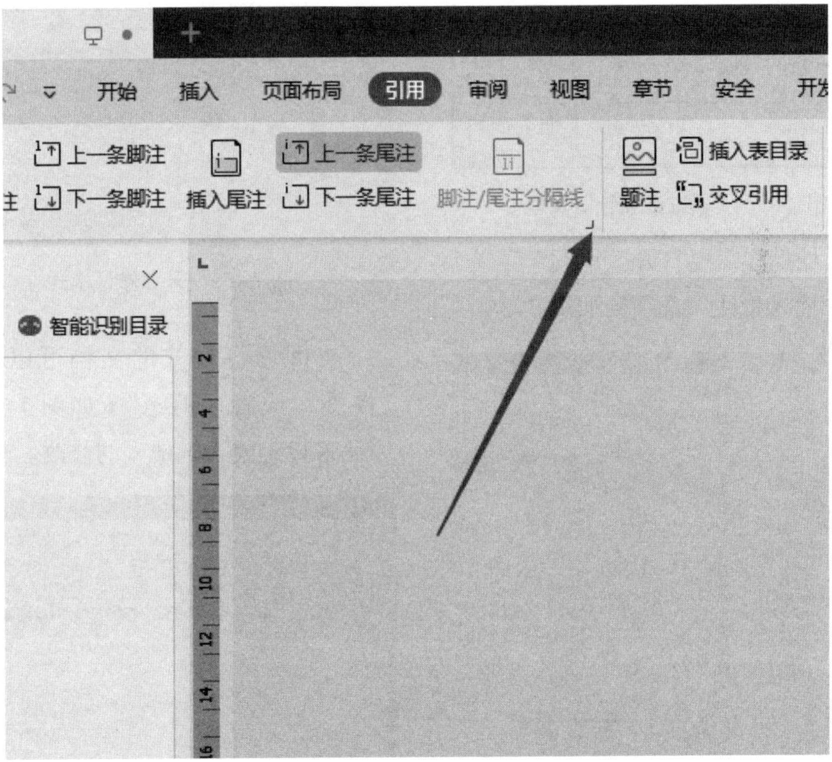

图 7–36　添加脚注和尾注右下方的箭头

“脚注与尾注”窗口（如图 7–37），根据需求对其进行设置。

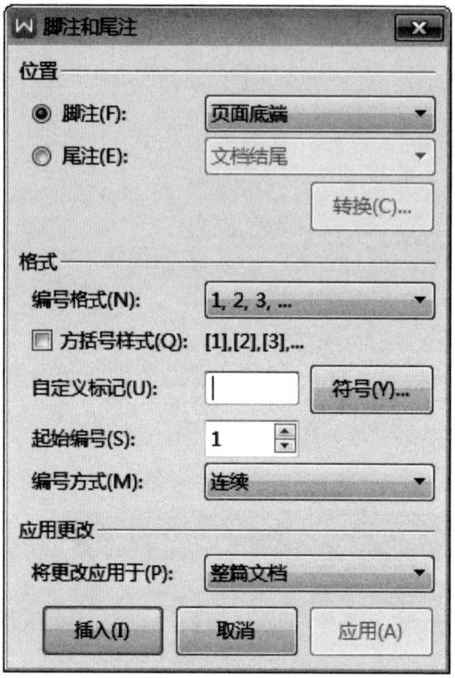

图 7–37 “脚注与尾注”窗口

添加批注需要打开“审阅”菜单，选择“插入批注”选项（如图 7–38）。

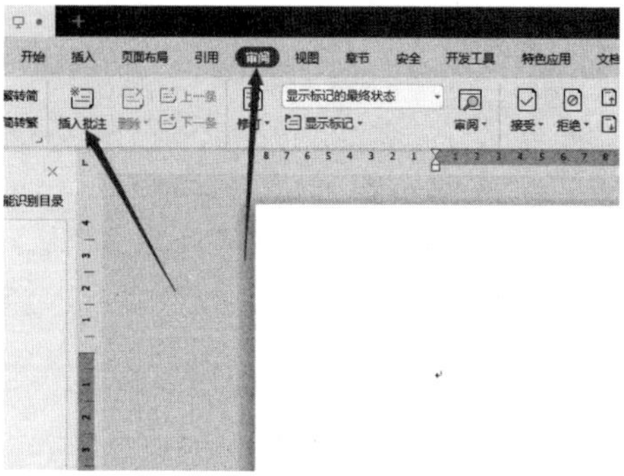

图 7–38 选择“插入批注”选项

7.3.7 修订模式

修订模式是指在用户对文档进行插入、删除、替换等操作时，使用一定的标记来记录被修改的部分，以便于原作者查看，并决定是否沿用其修改。

打开修订模式的方法为：选择“审阅”菜单，点击“修订”即可（如图 7–39），如果有其他要求用户可以点击右侧的对话框进行设置。

图 7–39 开启修订模式

查阅修订模式的文档可以选择“接受”或者“拒绝”（如图 7–40），以此来肯定或否定他人的修改。

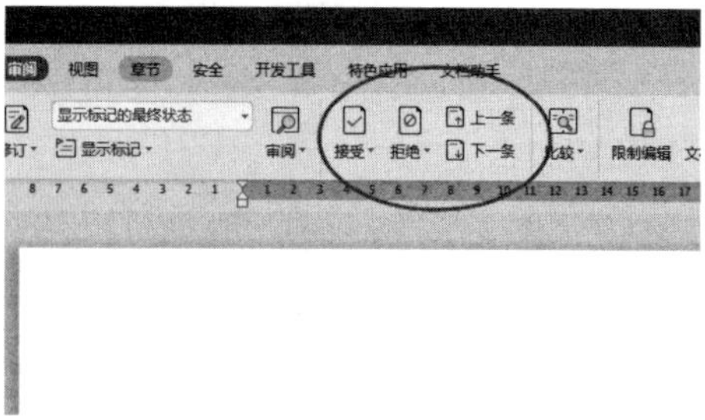

图 7–40 “接受”或者“拒绝”修改

7.3.8 “输出为 PDF”和“输出为图片”

WPS 文字可以输出为 PDF 或图片格式。

设置方式为，打开左上方的文件选项，在下拉菜单中选择“输出为 PDF”和“输出为图片”即可（如图 7–41）。

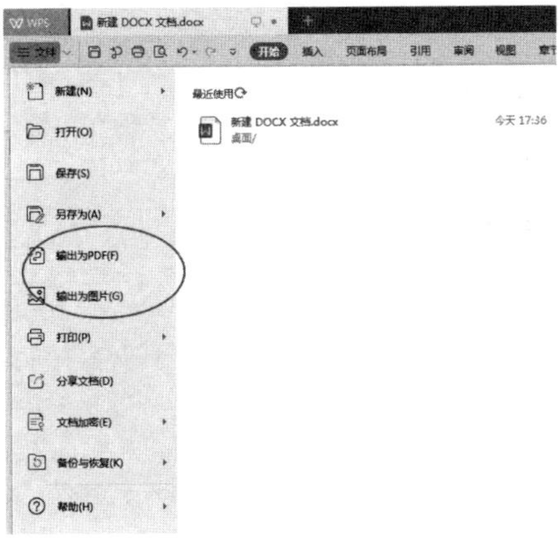

图 7–41　“输出为 PDF”和“输出为图片”

7.4 页面布局

页面布局是指对页面的内容进行格式设置，主要包括纸张及文字方向、页边距、纸张大小、分栏、分隔符、页面颜色等内容。

7.4.1 纸张及文字方向

纸张及文字方向即纸张或文字所呈现的方向。

纸张方向仅包括纵向和横向，设置方法为：打开“页面布局”菜单，选择“纸张方向”，根据情况选择纵向或横向即可（如图 7–42）。

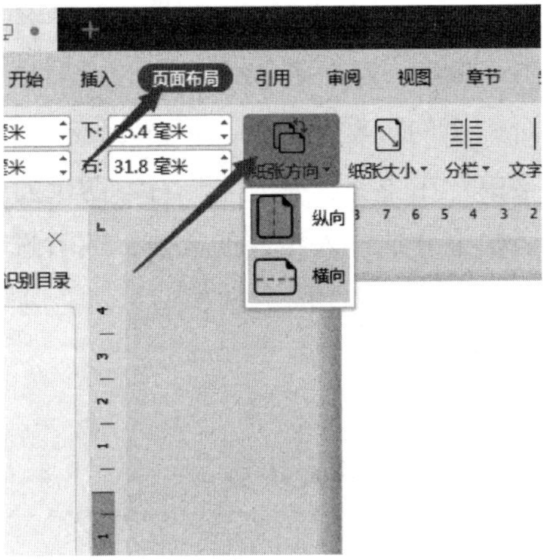

图 7–42　选择纸张方向

与纸张方向相比，文字方向就显得十分多样化，包括水平方向、垂直方向、所有文字顺时针旋转 90° 等。设置方式为：打开“页面布局”菜单，选择“文字方向”，根据情况选

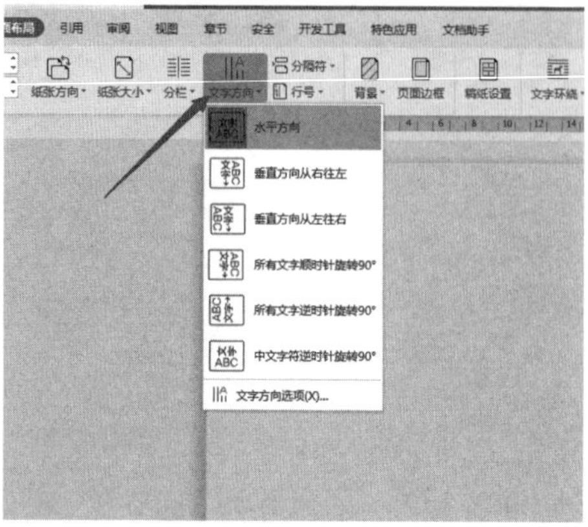

图 7–43　选择文字方向

择即可（如图 7–43）。

7.4.2 页边距

页边距是指页面边线到文字的距离，WPS 文字系统默认值为上下各 25.4 毫米，左右各 31.8 毫米。设置页面边距的方法为：打开“页面布局”菜单，在“上、下、左、右”四个对话框中分别输入相应的数值，或者选择“页边距”，从中选择适合的选项（如图 7–44）。

7.4.3 纸张大小

纸张大小即纸张尺寸，与打印文档时需要使用的纸张相匹配。

设置纸张大小的方式为：在页面布局菜单选择“纸张大小”（如图 7–45），根据要求选择相应选项。

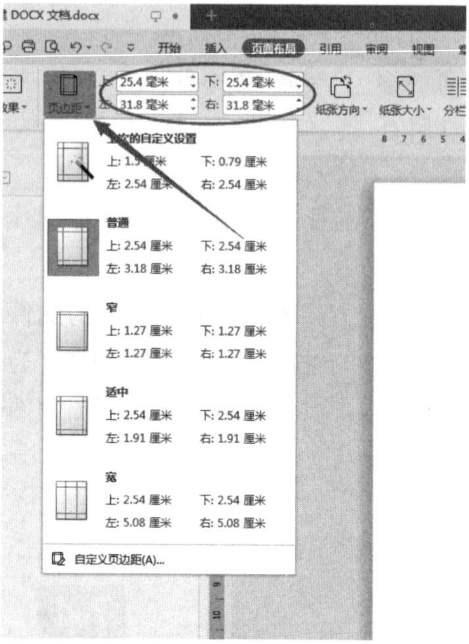

图 7–44　设置页边距

7.4.4 分栏

分栏即将页面分为若干部分。设置方式为：在页面布局菜单选择“分栏”（如图 7–46），在下拉菜单中选择相应选项。

7.4.5 分隔符

分隔符即将文字内容分隔开来的符号，包括分页符、换行符等等。设置方式为：在页面布局菜单选择“分隔符”（如图 7–47），根据情况选择相应选项。

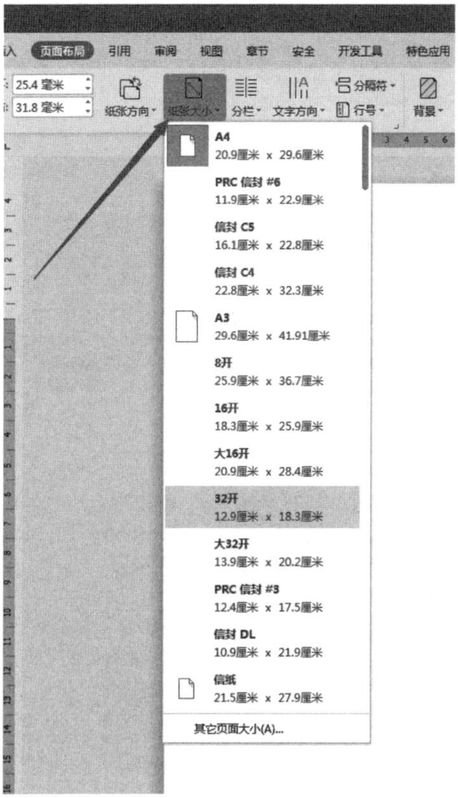

图 7–45　选择纸张大小

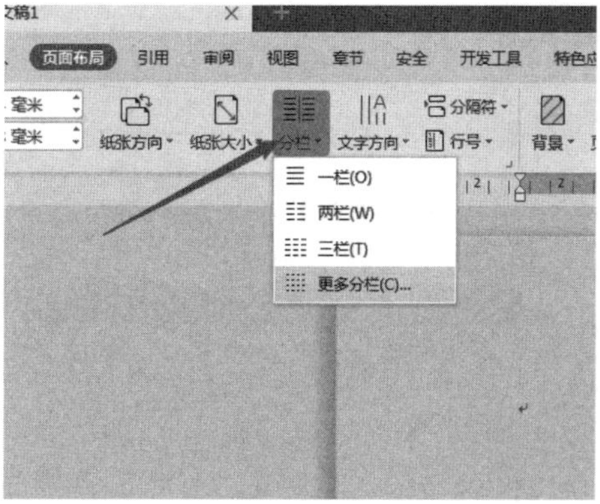

图 7–46　分栏

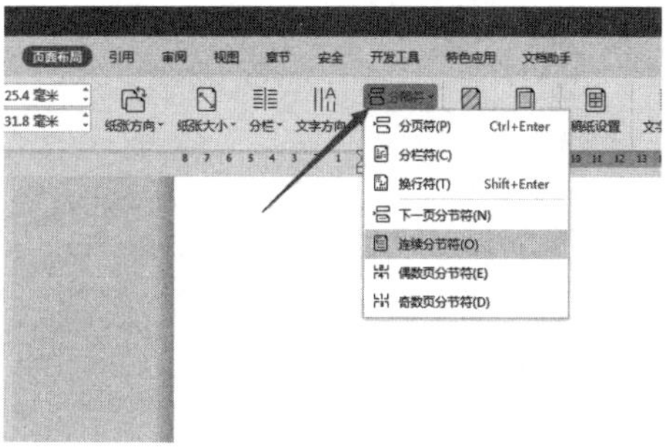

图 7–47　分隔符

7.4.6　页面颜色

页面颜色即文档的背景色。设置方式为：在页面布局菜单选择“背景”（如图 7–48），根据喜好或用途选择相应选项。

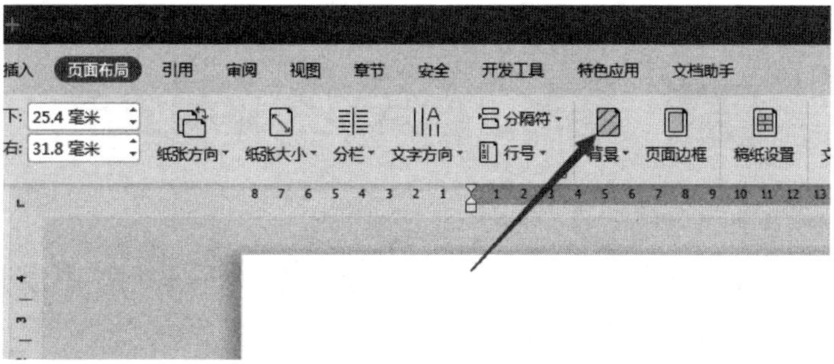

图 7–48　页面颜色

7.4.7 稿纸设置

WPS 文字具有稿纸设置功能，让文字输入更加多元化。

设置方式为，选择“页面布局”，从中找到“稿纸设置”选项。打开“稿纸设置”，根据需求选择相应的稿纸即可（如图 7–49）。

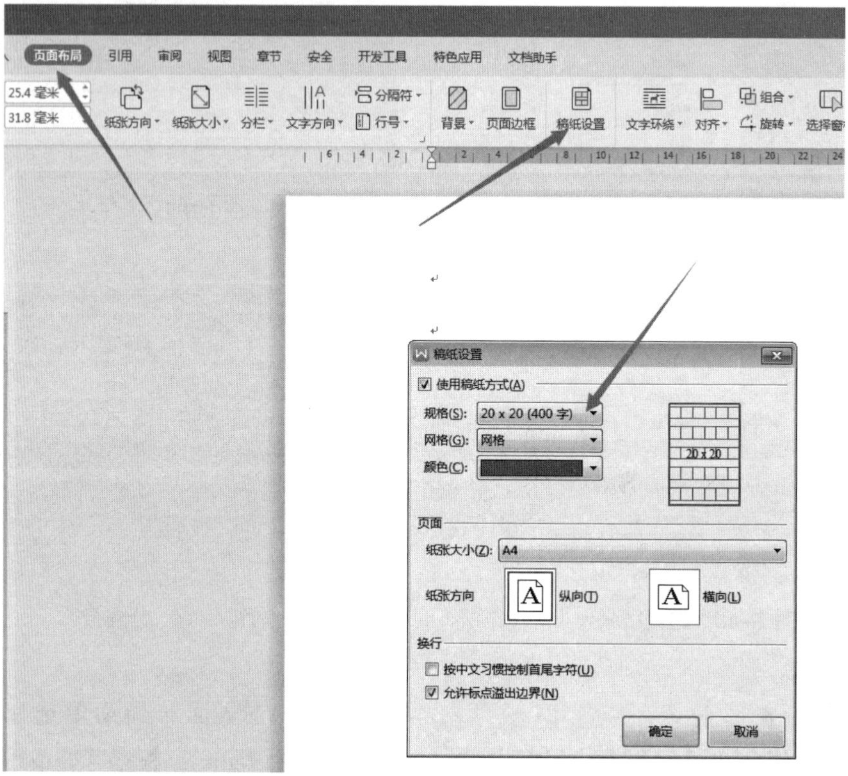

图 7–49　稿纸设置

7.5 图形、图片及表格的应用

为了让用户体验更优质的文档服务，WPS 文字具有图形、图片和表格等功能。

7.5.1 图形及图片应用

图形及图片的应用主要包括插入

图形或图片、插入文本框和艺术字、图片环绕方式三点。

1 插入图形或图片。

插入图形或图片的方式为：打开“插入”菜单，选择“图片”“形状”“图标库”“功能图”四个选项中任一项或几项（如图 7–50），在其相应的图库中找到需要的图形或图片。

2 插入文本框和艺术字。

插入文本框和艺术字的方式为：在“插入”菜单，选择“文本框”或“艺术字”（如图 7–51），从备选项中选择合适的格式插入即可。

3 图片环绕方式。

更改图片环绕方式选中图形或图片，此时菜单栏出现“绘图工具”，

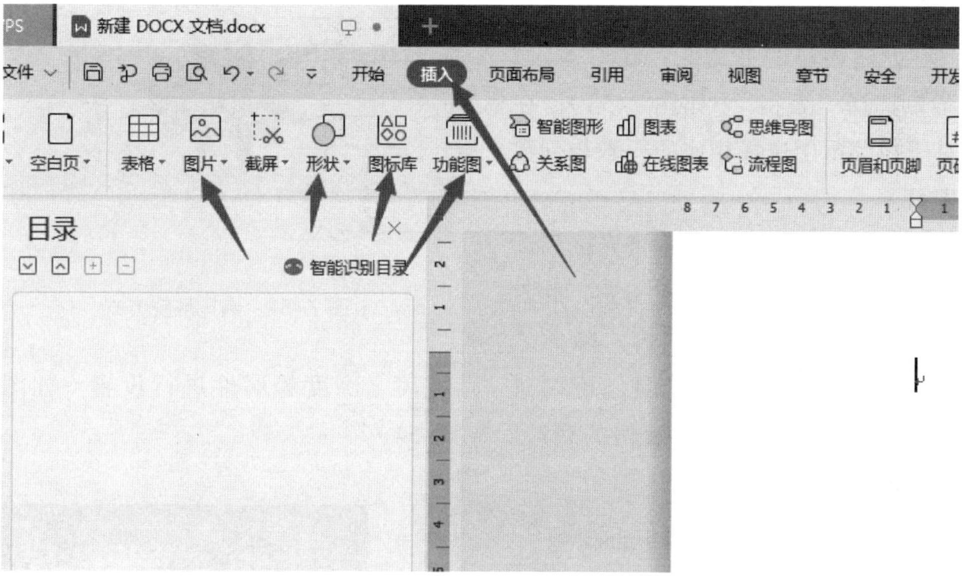

图 7–50　选择“图片”“形状”“图标库”“功能图”

图 7–51　选择“文本框”或“艺术字”

选择“环绕”，根据需求在下拉菜单选择相应的环绕方式即可（如图7-52）。

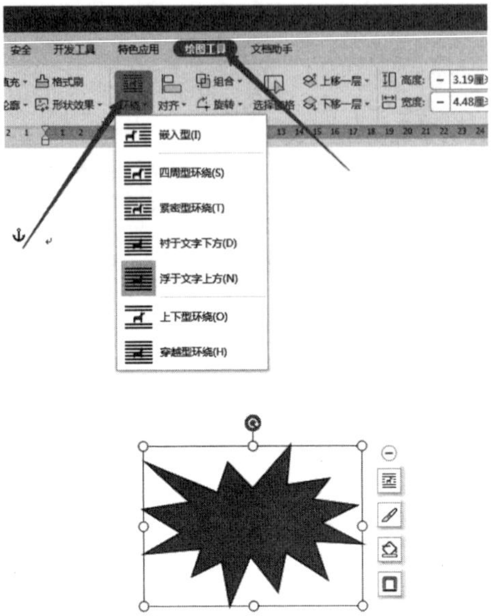

图 7-52　选择环绕方式

7.5.2　表格应用

表格应用主要包括创建及编辑、插入内容型表格两方面。

1 创建及编辑。

创建表格的方式为：在“插入”菜单选择“表格”（如图7-53），在其下拉菜单中选择相应的行数与列数即可。

编辑表格的方式为：将光标移动至表格某一个单元格并点击它，此时可以在单元格内输入内容。除此之外，菜单栏出现表格工具，可以进行表格绘制，还可以对表格的底纹、宽度、高度等属性进行设置（如图7-54）。

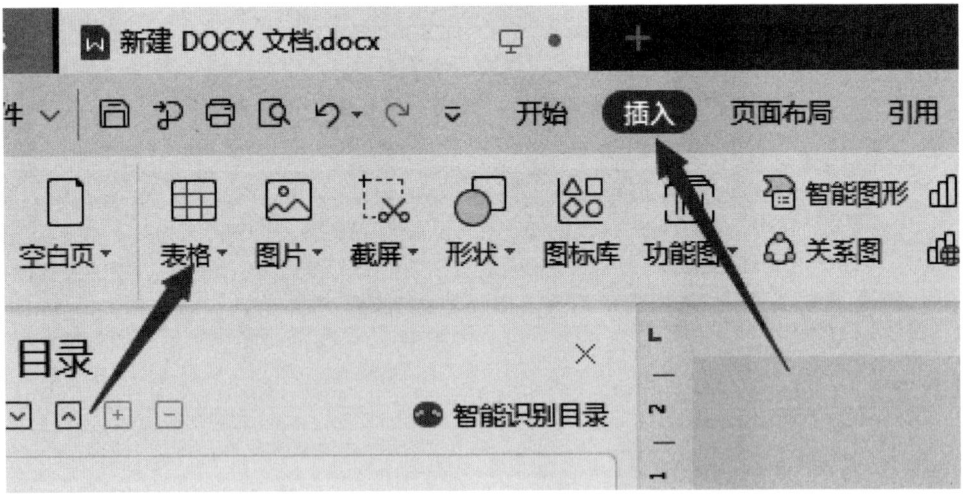

图 7-53　创建表格

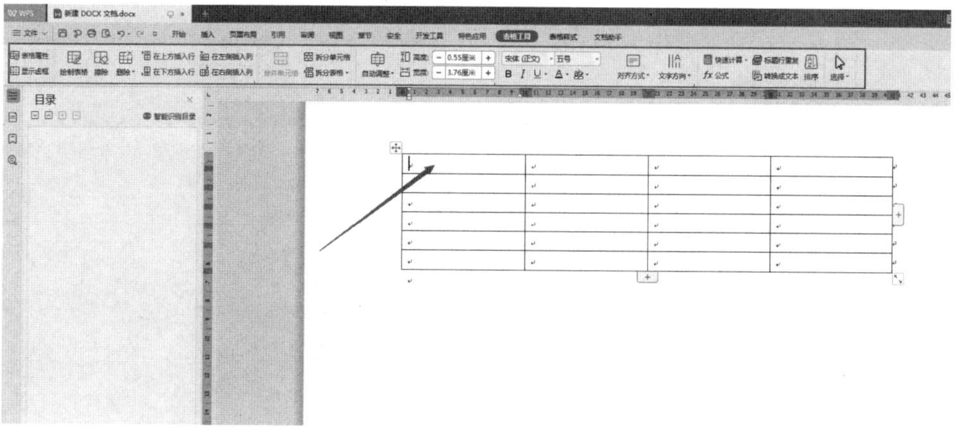

图 7–54　编辑表格

2 插入内容型表格。

插入内容型表格的方式为：在“表格”的下拉菜单最低端“插入内容型表格”处选择相应的类型（如图 7–55），并在弹出的“在线表格”窗口选择相应的表格即可。

在“在线表格”窗口还可以更改表格类型，以及试用更多样式的表格（如图 7–56）。

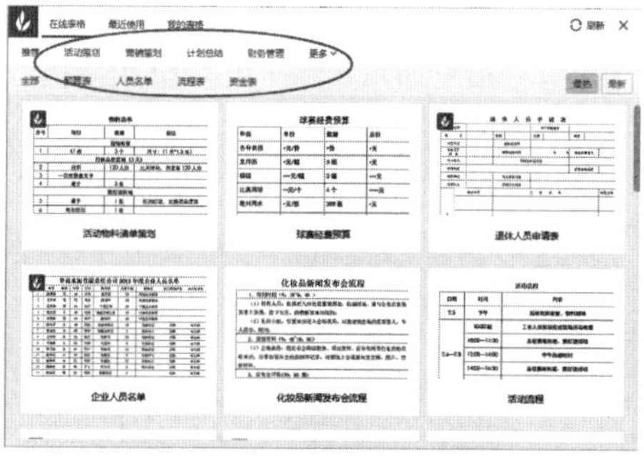

图 7–56　“在线表格”窗口

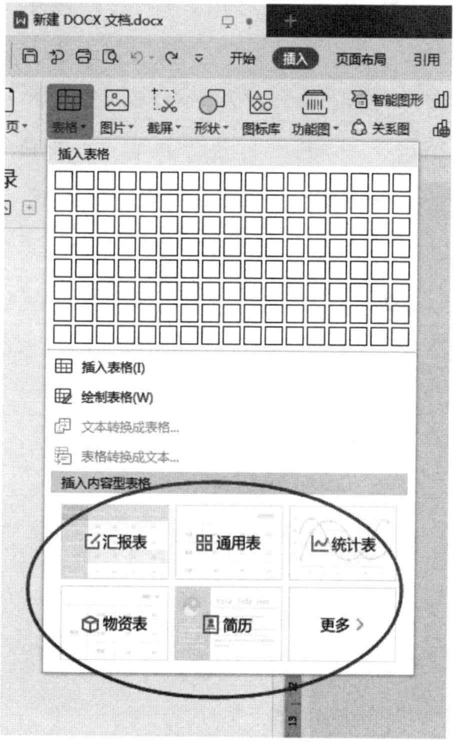

图 7–55　选择表格类型

➢ 常用快捷键

F1 帮助

F4 重复

F5 定位

F7 拼写和语法

F8 扩展

F12 另存为

Alt+G 打开“设计”选项卡

Alt+H 打开“开始”选项卡

Alt+M 打开“邮件”选项卡

Alt+N 打开“插入”选项卡

Alt+P 打开“布局”选项卡

Alt+R 打开“审阅”选项卡

Alt+S 打开“引用”选项卡

Alt+W 打开“视图”选项卡

Alt+Q 打开搜索功能

Alt+Delete 删除

Ctrl+F3 定义名称

Ctrl+A 全选

Ctrl+C 复制

Ctrl+V 粘贴

Ctrl+X 剪切

Ctrl+D 字体对话框

Ctrl+F 查找

Ctrl+H 替换

Ctrl+G 或 F5 定位

Ctrl+B 粗体 / 取消

Ctrl+I　倾斜 / 取消

Ctrl+U　下划线 / 取消

Ctrl+E　居中

Ctrl+J　两端对齐

Ctrl+L　左对齐

Ctrl+K　超链接

Ctrl+M　增加缩进量（左）

Ctrl+N　新建文档

Ctrl+O　打开键入的文档或文件夹的 Internet 地址

Ctrl+P　打印文档

Ctrl+Q　取消段落格式

Ctrl+R　向右填充

Ctrl+S　保存

Ctrl+T　首行缩进

Ctrl+Z　撤销

Ctrl+Y　恢复 / 重复

Ctrl+0　打开文档

Ctrl+W　关闭文档

Ctrl+1　单倍行距

Ctrl+2　2 倍行距

Ctrl+5　1.5 倍行距

Ctrl+Alt+A　截图

Ctrl+Alt+F　设置字体

Ctrl+Alt+R　设置比例

Ctrl+ 鼠标拖动　选定不连续文字

Ctrl+;　输入当前日期

Ctrl+=　下标 / 取消

Ctrl+Shift+I　分散对齐

Ctrl+Shift+M　减少缩进量

Ctrl+Shift+Z　取消字符格式

Ctrl+Shift+;　键入当前时间

Ctrl+Shift+>　逐渐增大字号

Ctrl+Shift+<　逐渐缩小字号

Ctrl+Shift+=　上标 / 取消

Ctrl+Tab　文档切换

Ctrl+Enter　分页符

Shift+Enter　换行符

Shift+End　选定到行尾

Shift+Home　选定到行首

Shift+F10　显示右键菜单

第8章

WPS 表格的使用

WPS 表格是 WPS 中的一部分，通过表格和图表的形式对数据进行整理和分析，便于同时方便用户查找，是性能优越的电子表格工具。

本章主要针对 WPS 表格的基本概念、基本操作、数据处理等内容展开。

8.1 WPS 表格概述

WPS 表格具有强大的数据整理、分析能力，在财务、统计、数据分析等领域具有崇高地位，为上述领域的工作人员节省了大量的时间和精力，提升了工作效率。

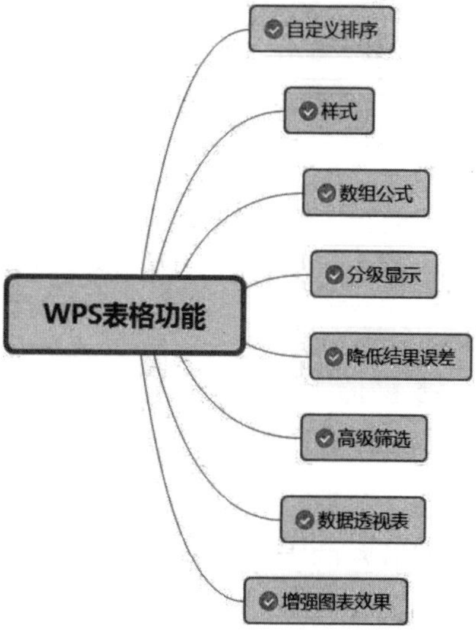

图 8-1 WPS 表格功能

8.1.1 基本功能

WPS 表格的基本功能有：

1 自定义排序。

WPS 表格可以根据自定义序列中的排序次序排列数据顺序。也就是说，用户可以将自定义序列作为参照，例如某一列数据记录的是日期信息，用户在排序时可以将序列设置为依据日期的先后顺序进行排序。

2 样式。

WPS 表格具有样式功能，也就是可以对包括数字格式、对齐、底纹、边框等内容在内的格式进行命名。将样式命名后，当工作表需要采用这一系列的格式时，可以进行样式设置，所有应用该样式的单元格就会变成既定格式，节省用户设置格式的时间，同时也降低了设置格式的错误率。

3 数组公式。

WPS 表格具有数组公式，能够实现一组或多组数据的多次运算，并得出单个或一组结果。这一功能实现了普通公式不能进行的运算，等于是将公式、函数的功能进一步放大。

4 分级显示。

WPS 表格具有分组及分级显示功能，实现指定内容的分组。当用户查阅数据报表时，如果只想看到汇总项，使用该功能就可以将明细数据隐藏。

5 降低结果误差。

WPS 表格具有“以显示精度为准”的功能。数据运算或多或少会受舍入或数据截断的影响，导致一些计算结果可能出现较大误差，而“以显示精度为准”可以大大降低结果误差，保障计算结果精度。

6 高级筛选。

WPS 表格的“高级筛选”功能能够以多重条件为基准，进行数据筛选，从而帮助用户轻松统计、分析复杂的数据。

7 数据透视表。

WPS 表格具有数据透视表功能，能够帮助用户分析、组织数据。该功能能够迅速从不同层面对数据分类汇总，真正地实现了“数据透视”。

8 增强图表效果。

WPS 表格新版本进行了图表功能优化，添加了“散点图”“气泡图”“股价图”“圆环图”等类型，增强了配色等设置，用户能够更加灵活地设计图表。

8.1.2 界面布局

WPS 表格主要包括十一个分区，分别为：标题栏、菜单栏、工具栏、编辑栏、列标、行号、当前单元格、滚动条、任务窗格、工作表名称、视图切换区。

标题栏（如图 8–3）：位于窗口顶部，显示当前的文件名。右侧有皮肤、登陆用户名（或登录状态）、最小化、全屏、关闭等选项。

菜单栏（如图 8–4）：位于标题

图 8-2　WPS 表格界面布局

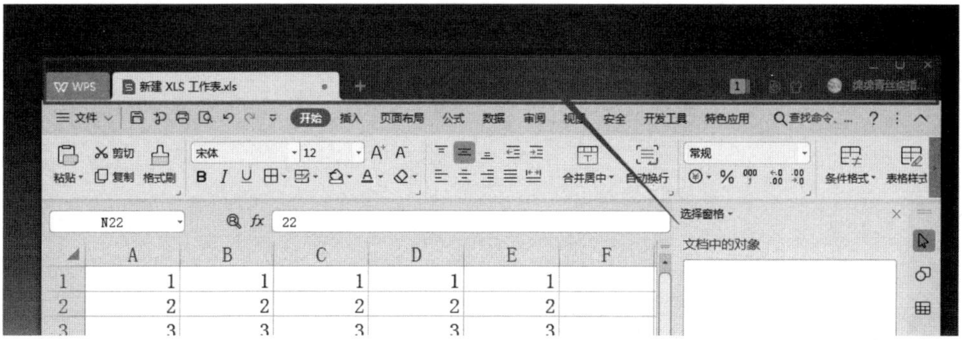

图 8-3　标题栏

栏下方，由“文件”“快速访问工具栏”“开始”“插入”“页面布局”“公式”“数据”“审阅”“视图”“安全”“开发工具”“特色应用”等内容组成。

工具栏（如图 8-5）：位于菜单栏之下，点击菜单后会出现相应工具，用以辅助用户进行图表编辑。

编辑栏（如图 8-6）：位于工具栏下方，用以编辑单元格内容。

列标（如图 8-7）：位于编辑栏下方，用字母表示，与行号一同组织成单元格位置。

行号（如图 8-8）：位于界面左侧，用数字表示，与列标一同组织成单元格位置。

当前单元格（如图 8-9）：即当前活动的单元格，用户可以在其中填写、编辑或删除数据。

滚动条（如图 8-10）：位于界面

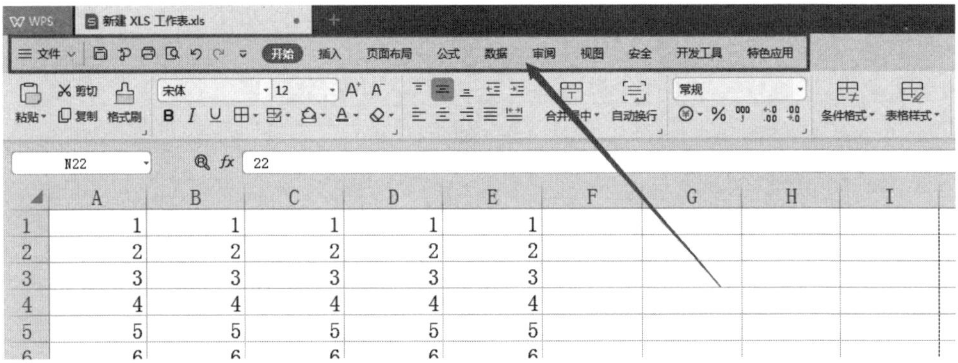

图 8-4　菜单栏

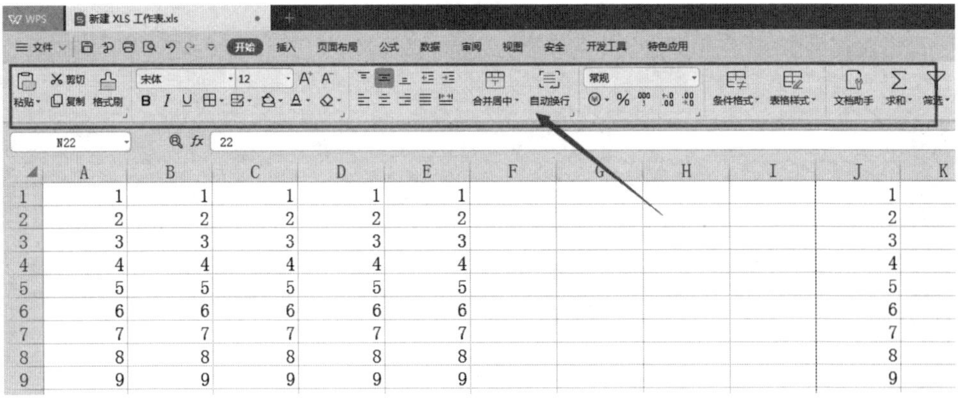

图 8-5　工具栏

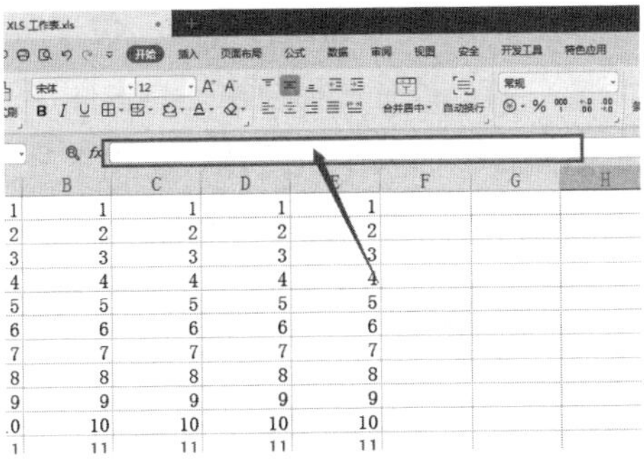

图 8-6　编辑栏

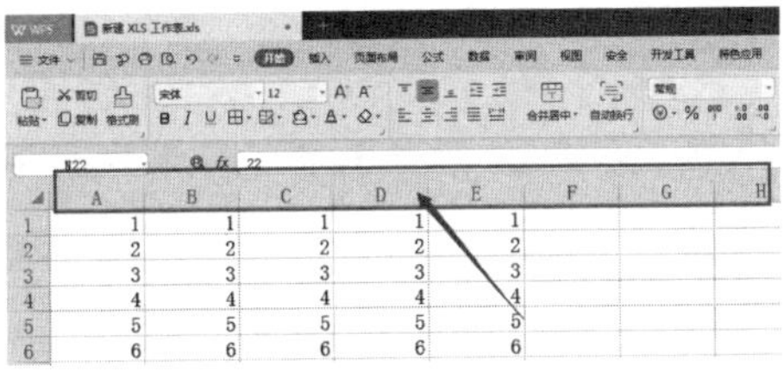

图 8-7　列标

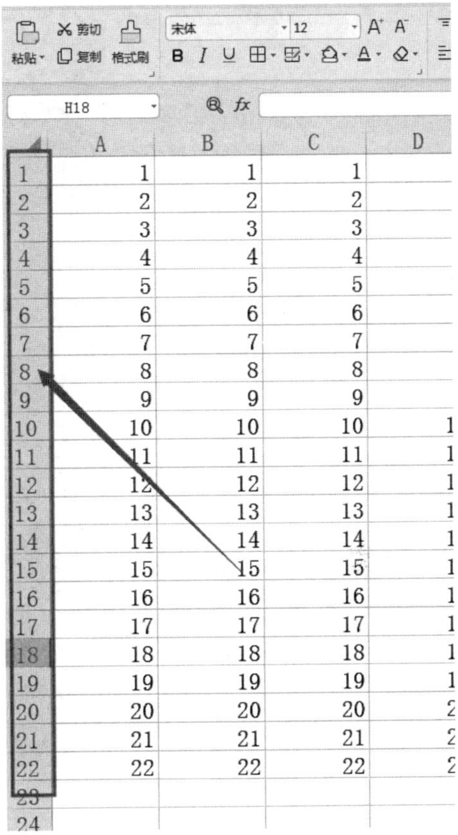

图 8-8　行号

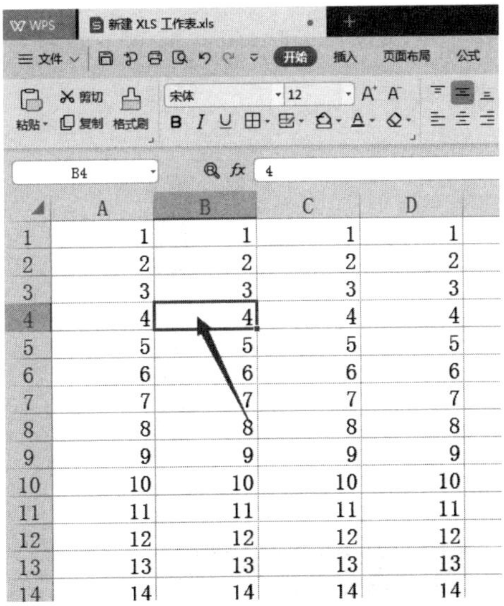

图 8-9　当前单元格

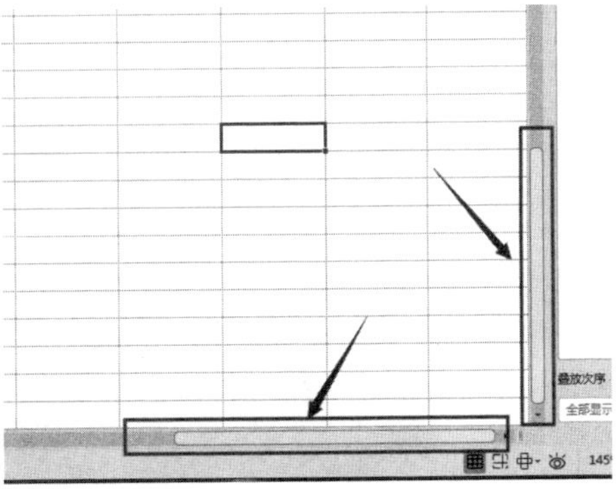

图 8-10　滚动条

右侧（纵向滚动条）及下方（横向滚动条），用以调整 WPS 表格界面位置。

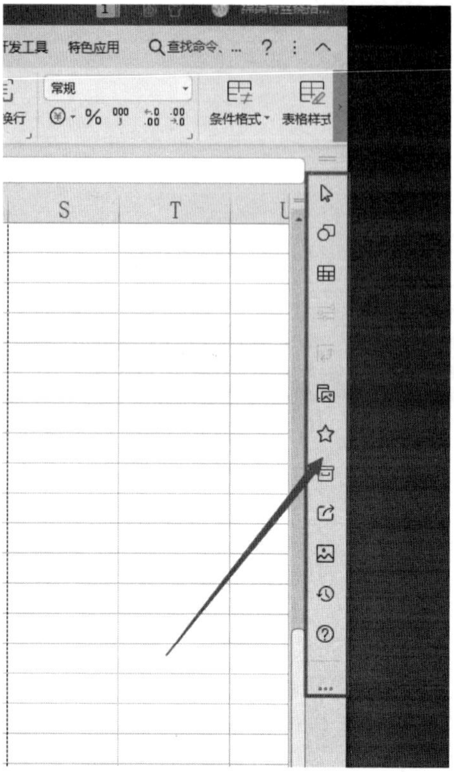

图 8-11　任务窗格

任务窗格（如图 8-11）：位于界面最右侧，具有选择窗格、自选图形、表格样式、插入手机图片、实用工具、备份管理、帮助与问答等功能。

工作表名称（如图 8-12）：位于界面左下方，显示当前打开的 WPS 表格中所有工作表的名称，可以点击此处切换工作表。

视图切换区（如图 8-13）：位于界面右下方，用于切换视图、调整页面缩放等。

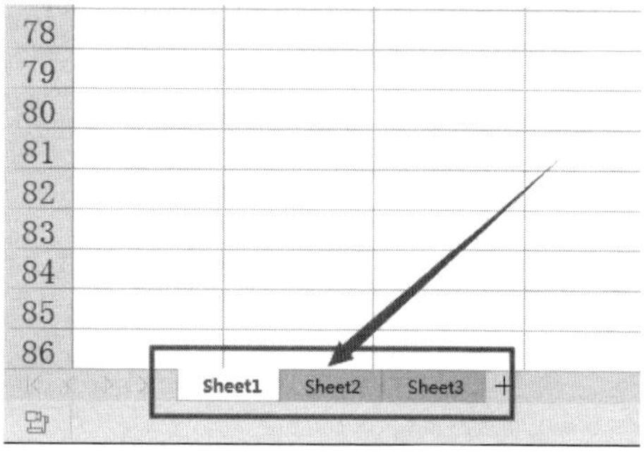

图 8-12　工作表名称

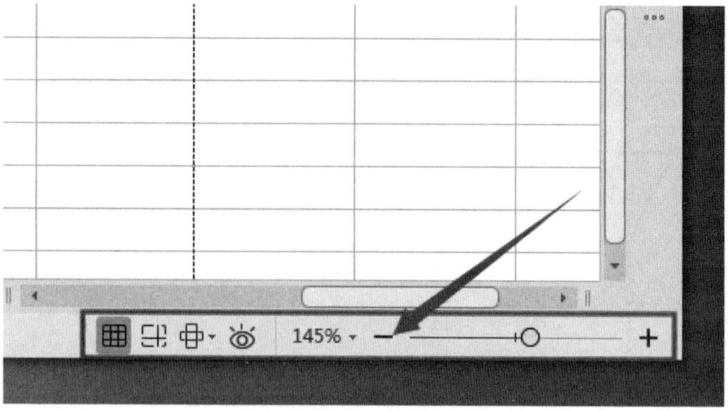

图 8-13　视图切换区

8.2 常规操作

WPS 表格的常规操作即运行时必须继续的操作，与 WPS 文字的常规操作大致一样，因此这里只介绍新建、关闭两点。

8.2.1 新建

新建 WPS 表格文件与新建 WPS 文字文件一样，可以通过两种办法进行，一种是在文件夹或桌面的空白位置点击右键，在右键菜单中找到“新建”，将光标移动至此，在左侧菜单中选择“XLS 工作表”或“XLSX 工作表”（如图 8–14），即可完成新建。

另一种是在 WPS 表格界面选择标题栏上的“+”，接着在弹出的新建界面中选择“表格”，并根据需求选择相应类型的表格（如图 8–15）。

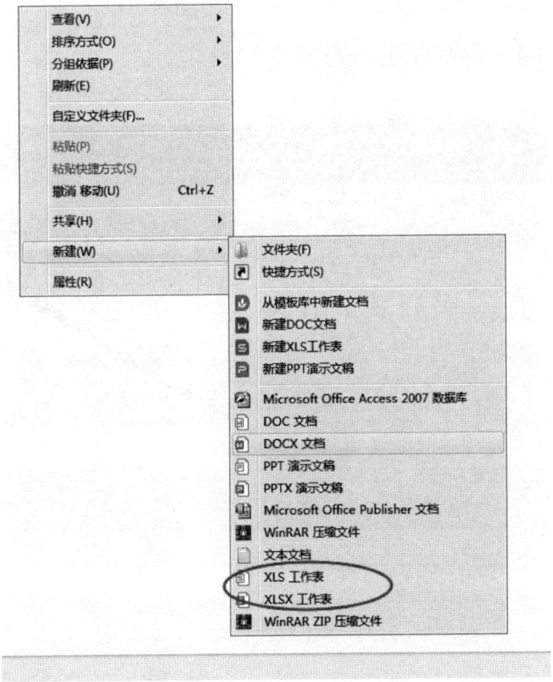

图 8–14　选择“XLS 工作表”或“XLSX 工作表”

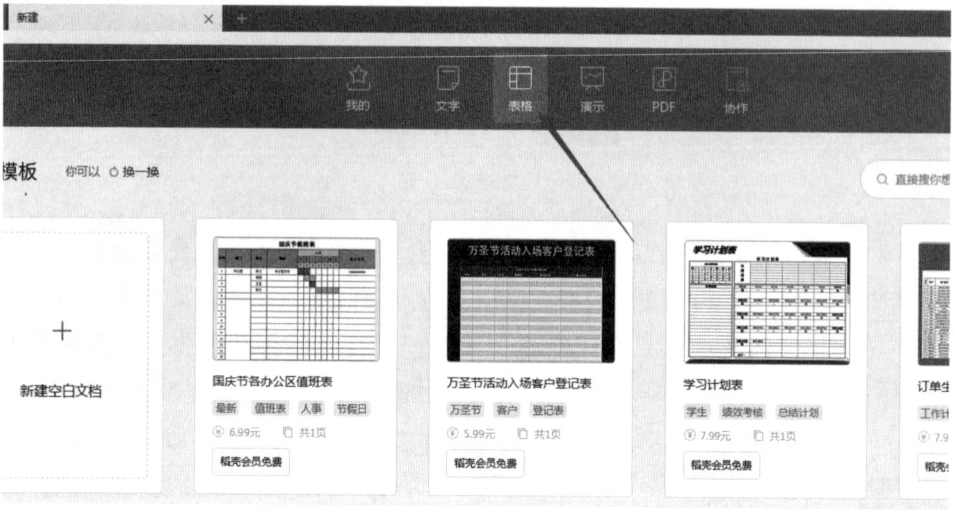

图 8–15　选择“表格”

8.2.2　关闭

关闭即关闭 WPS 表格程序。关闭的方式为点击标题栏最右侧的“×”（如图 8–16）。

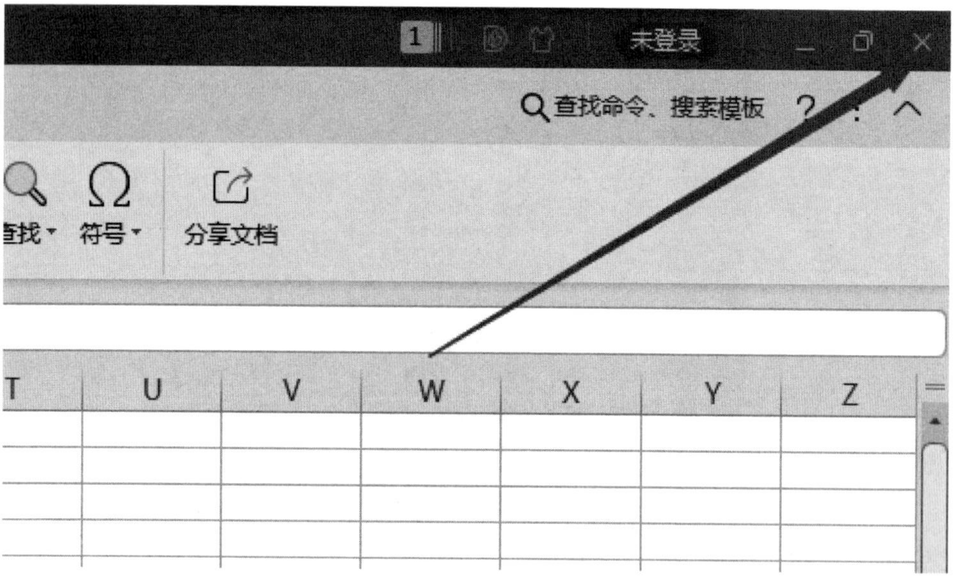

图 8–16　关闭 WPS 表格

8.3 编辑单元格

编辑单元格也就是在单元格中输入信息或设置格式，主要包括选定及编辑、输入公式、插入及删除、格式设置、创建图表等。

8.3.1 选定及编辑

单元格具有两种状态，一种是选定状态（如图 8–17a），另一种是编辑状态（如图 8–17b）。所谓选定状态，就是指当前活动的单元格，此时输入的数据会替换原有数据；所谓编辑状态，就是指可以对单元格原有的数据进行编辑，编辑栏也会被激活。

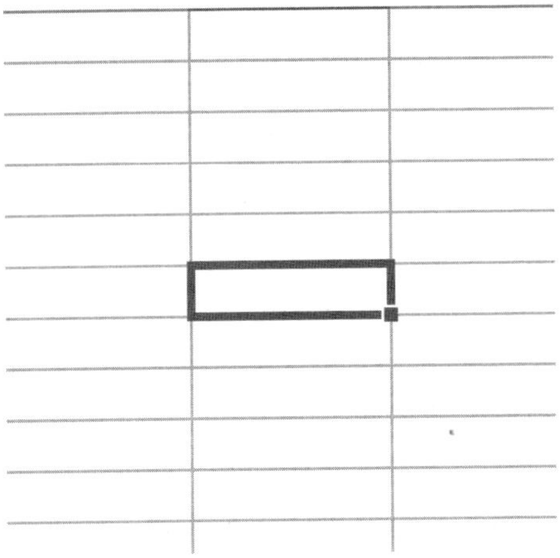

图 8–17a　选定状态

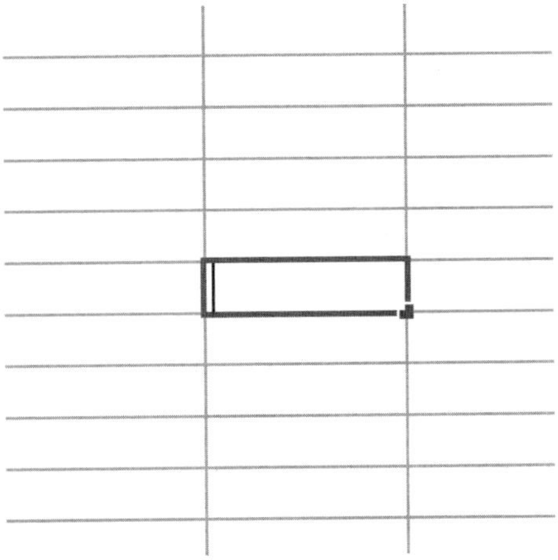

图 8–17b　编辑状态

使用鼠标单击即可选定单元格；使用鼠标双击即可编辑单元格。选定可以应用于某一个单元格上，也可以应用于某几个或所有单元格上，而编辑只能应用于一个单元格上。

选定多个单元格的方式如下：

选定整行或整列。将光标移动至需要选定的行号或列标处，当光标变成向右或向下的箭头时点击鼠标左键，此时可以选中整行或整列。

选定一个区域。从选定单元格开始，沿着区域边缘方向拖动鼠标，将该区域单元格选定。

跳跃性选定。所谓跳跃性选定是

指不连续地选中多个单元格，方式是按下 Ctrl 键后进行选定。

编辑单元格分为输入、重新输入、修改三种。

输入针对的是单元格内没有数据时，将数据直接输入到单元格即可。

重新输入针对的是单元格已经有数据存在时，在选定单元格后直接输入，新的数据就会自动覆盖原本的数据。

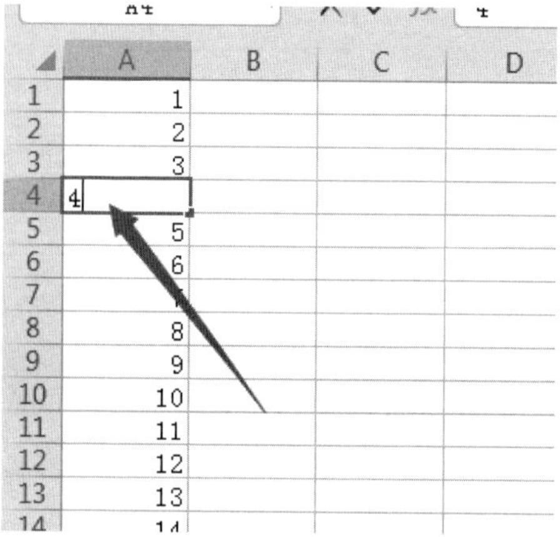

图 8-18a　在单元格中编辑

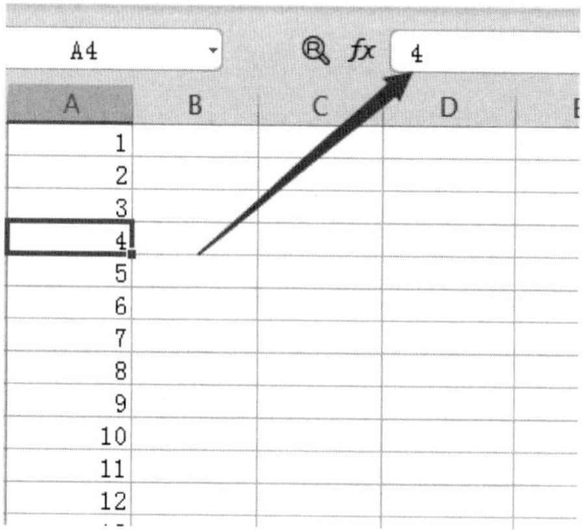

图 8-18b 在编辑栏内编辑

修改同样针对单元格存在数据时，可以通过两种方法进行。一种是双击单元格，出现编辑光标后在单元格中编辑数据（如图 8-18a）；另一种是选定单元格，此时单元格内的数据会出现在编辑栏内，在编辑栏内进行编辑即可（如图 8-18b）。

8.3.2　插入及删除

单元格的插入及删除包括插入及删除单元格、插入整行或整列、删除整行或整列三种。

设置插入后单元格的位置会发生相应变化：插入单元格位于活动单元格的左侧或上方；插入整行位于当前行上方，并成为新的当前行；插入整列位于当前列左侧，并成为新的当前列。

同样的，删除单元格后也会因此产生单元格位置变化：删除单元格后活动单元格会向左或向上移动；删除整行后下方的行会上移，变成当前行；删除整列后右侧的列会左移，变成当前列。

插入单元格的方式为：选择“开始”菜单下的“行和列”，将光标移动至“插入单元格”处，根据需求在右侧菜单中选择插入单元格、插入行或插入列（如图 8-19）。

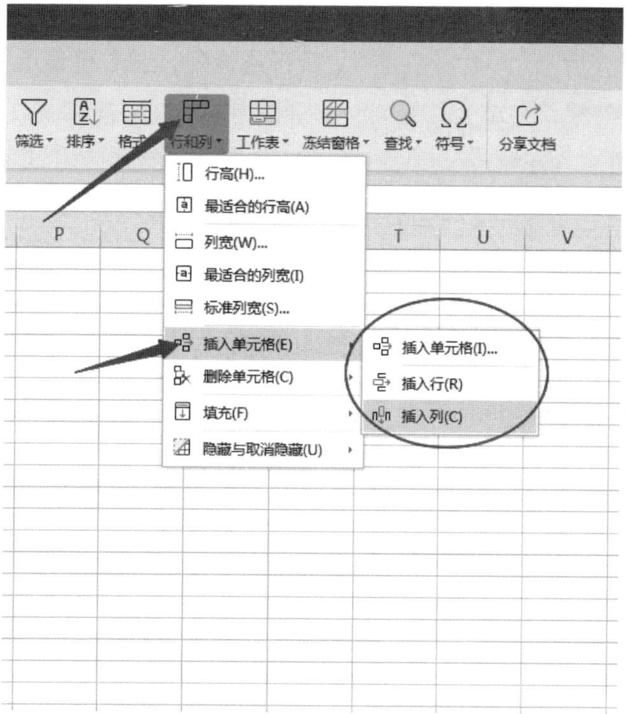

图 8-19　插入单元格、插入行和插入列

另一种插入单元格的方式为，使用鼠标右键点击单元格（这里是指准备在其右侧或上方设置插入的单元格），在右键菜单中将光标移动至“插入”选项，在插入选项的右侧菜单中选择相应的插入方式（如图 8-20）。

删除单元格同样需要打开“行和列”菜单，并将光标移动至“删除单元格”选项处，在其右侧菜单中选择删除单元格、删除行或删除列即可（如图 8-21）。

除此之外，在单元格（这里是指准备删除的单元格）的右键菜单中也有“删除”选项，在其右侧菜单中选择相应的选项即可（如图 8-22）。在

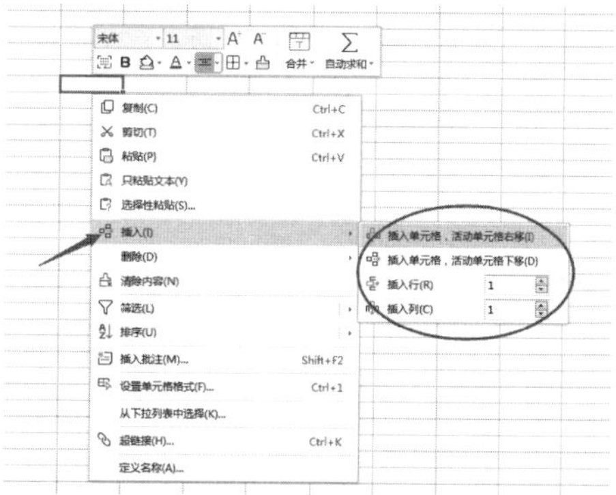

图 8-20　选择插入方式

进行整列或整行删除时，可以选中该行或该列，在右键菜单中直接选择删除即可。

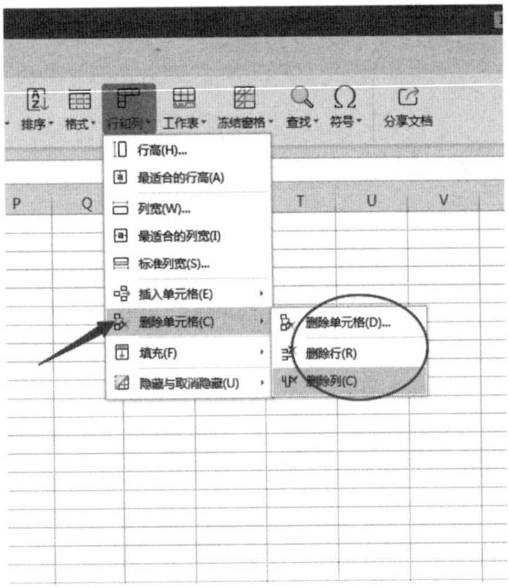

图 8-21　删除单元格、删除行和删除列

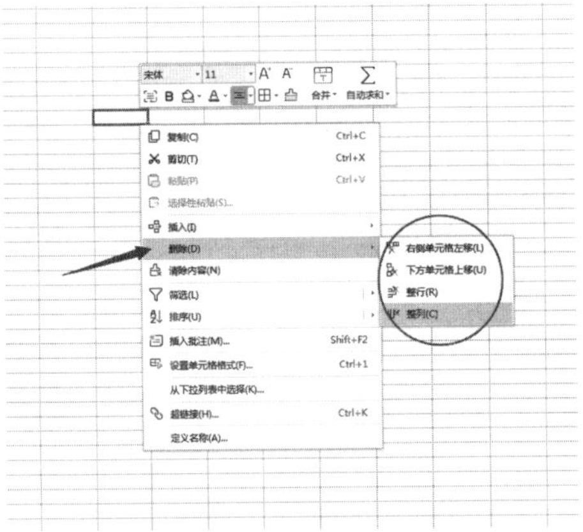

图 8-22　选择删除方式

8.3.3　格式设置

WPS 表格的格式设置包括字体、字号、字体颜色、对齐方式等等，可以通过“开始”菜单下的工具栏进行设置（如图 8-23）。其中较为常规的项目与 WPS 文字的设置方式相似，此处不再赘述，这里主要针对表格样式、格式、行高和列宽三点进行描述。

表格样式位于“开始”菜单工具栏的中间位置，打开后可以对表格的样式进行设置（如图 8-24）。表格样式是系统自带、成体系的格式设置，不仅可以使表格更加美观，也方便用户使用，用户只需要选择相应的样式，表格便会自动应用样式。

格式位于表格样式的左侧，包括文本转换成数值、文本转换成超链接等其中也包括样式（如图 8-25）。

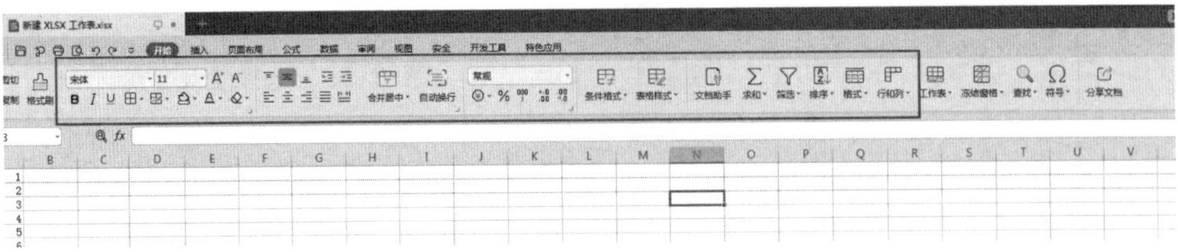

图 8-23　“开始”菜单下的工具栏

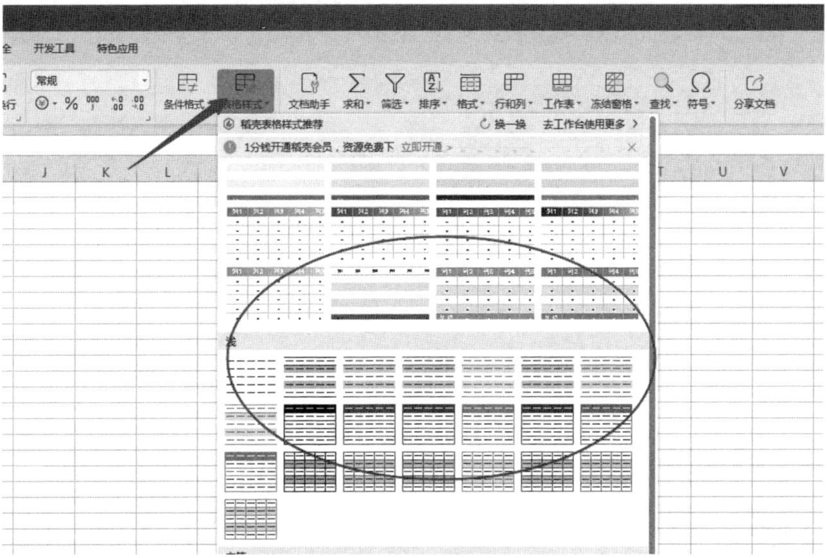

图 8–24　表格样式

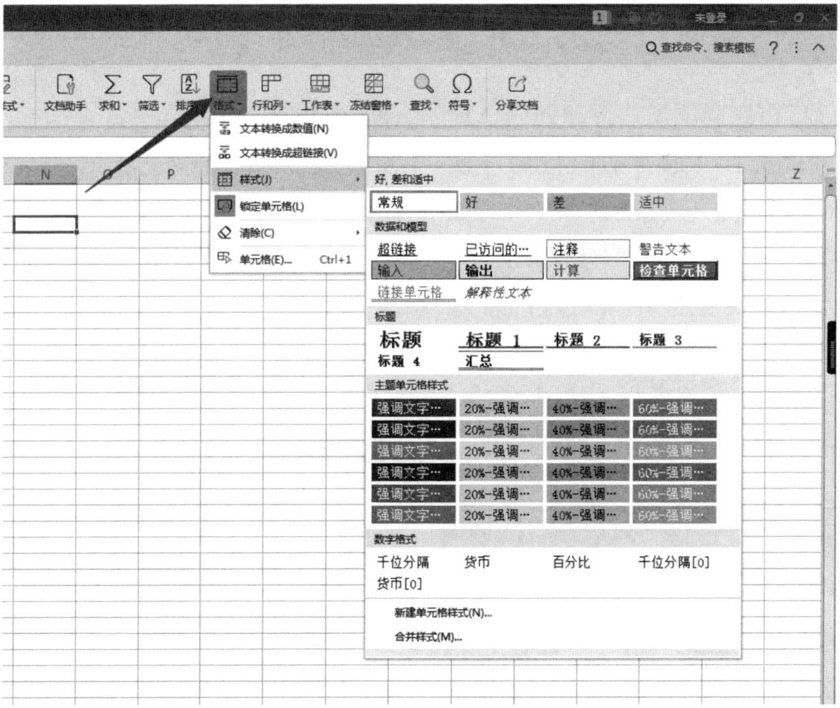

图 8–25　格式

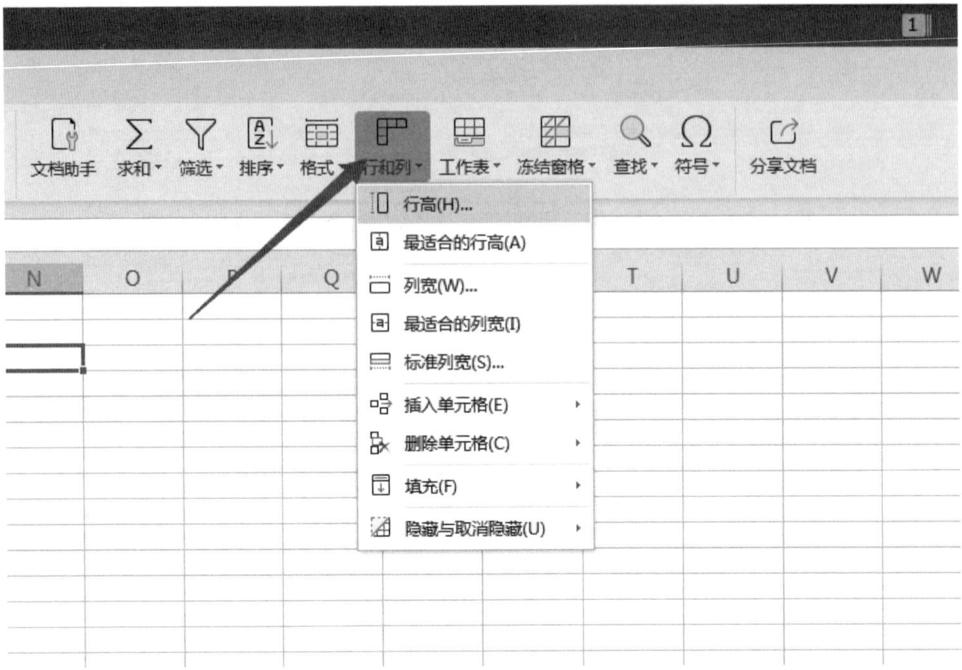

图 8-26　行和列

行高和列宽位于“行和列”选项中，可以选择“最合适的行高”或“最合适的列宽”“标准列宽”等（如图 8-26），也可以进行自定义设置。

自定义设置行高和列宽的方式为，选择“行和列”中的行高或列宽，出现相应的对话框（如图 8-27a、8-27b），在对话框中输入数值即可。

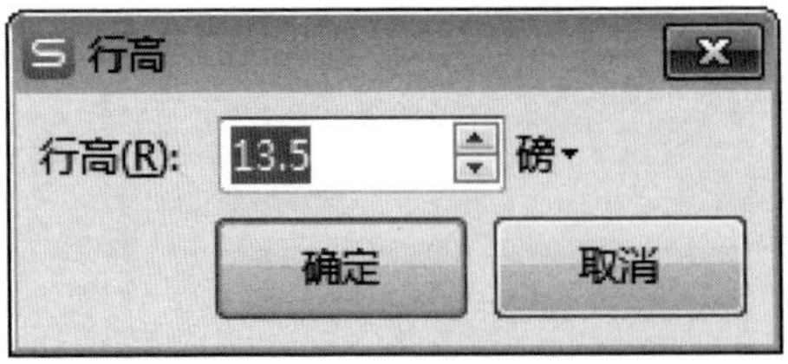

图 8-27a　设置行高

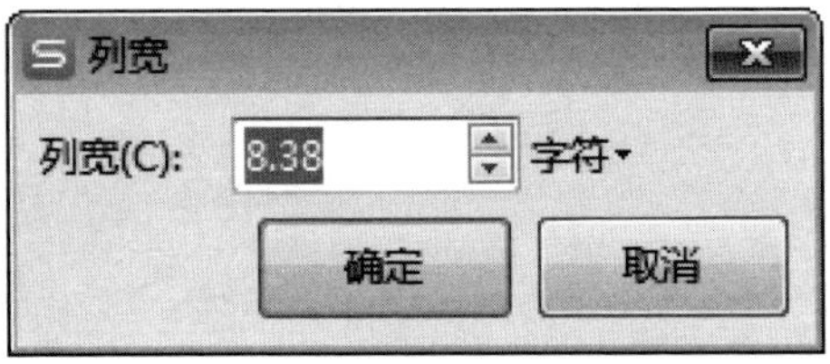

图 8-27b　设置列宽

8.3.4　创建图表

图表是 WPS 表格的重要功能之一，可以将数据以各种图表的形式展现出来。

创建图表的方式是：选中需要通过图表展现的数据，打开“插入”菜单，选择“图表”工具（如图 8-28）。

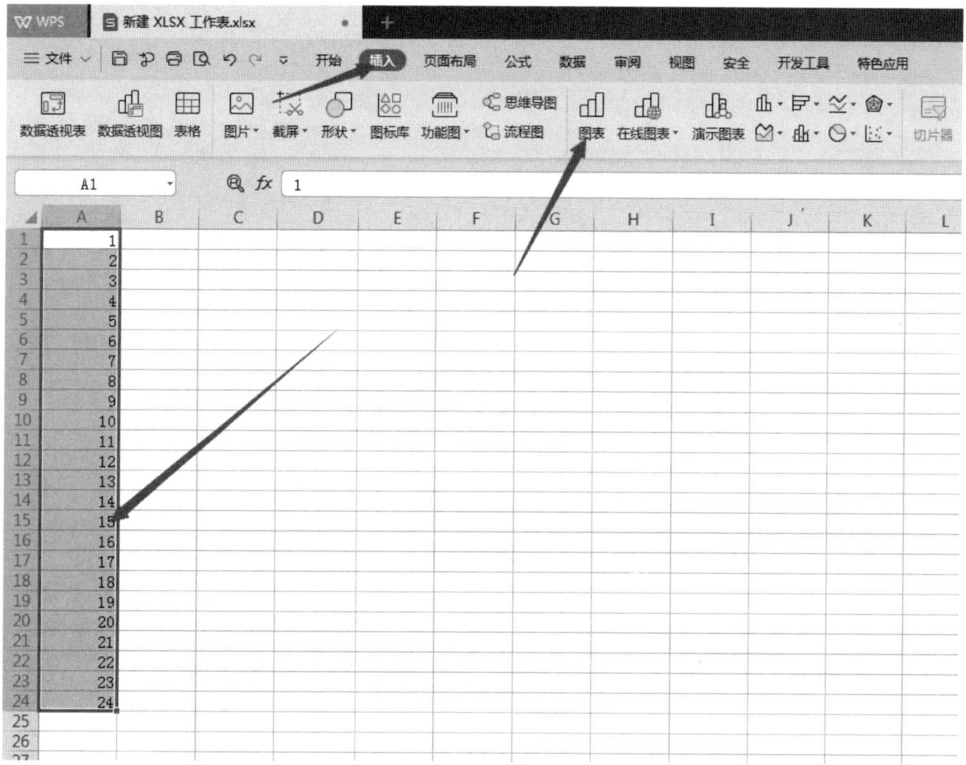

图 8–28　选择“图表”工具

进入图表工具后，可以发现左侧有很多图表类型，包括柱形图、折线图、饼图、条形图等等，每种类型的图表都有其特色，用户可以根据自己的喜好进行选择。选择好类型以后，在右侧选择图表样式，选中图表样式后，点击插入即可（如图 8–29）。

插入图表后，如果觉得不满意，可以重新设置。方式为点击图表，在右侧会出现属性界面，用户可以通过“图表选项”和“文本选项”对图表进行编辑（如图 8–30）。

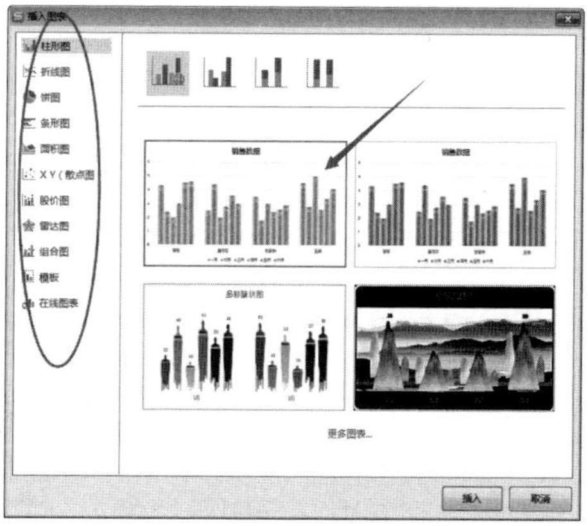

图 8–29　选择图表样式

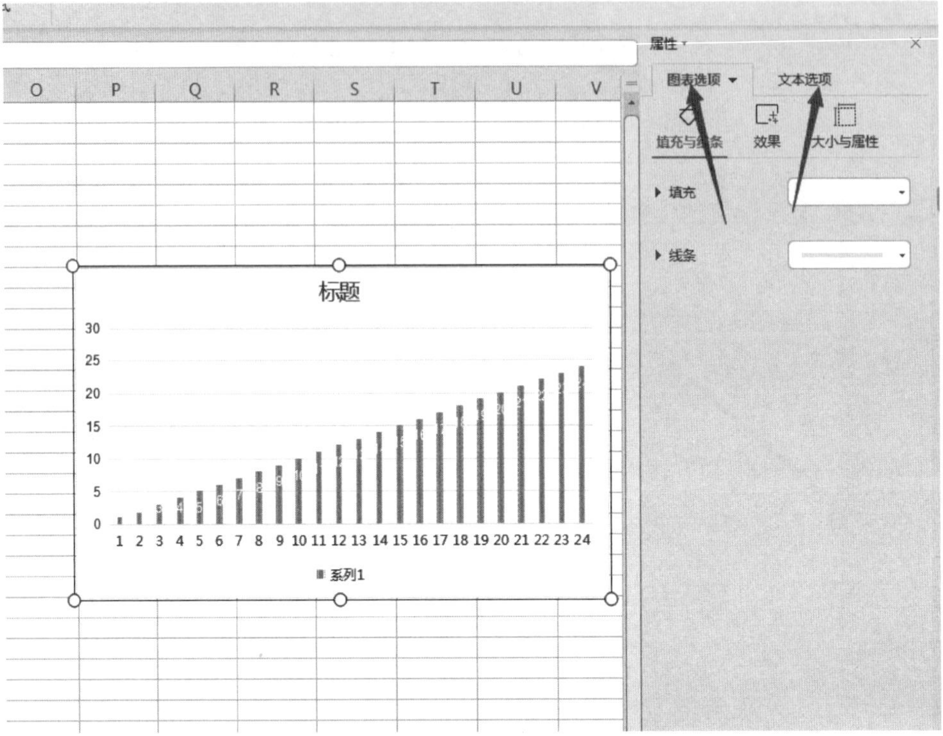

图 8-30　编辑图表

8.4 数据处理

数据处理即将原本杂乱无章、没有规律可言的数据，处理成为让人一目了然、逻辑性强的内容。WPS 表格的数据处理能力是毋庸置疑的，使用 WPS 表格进行数据处理时，常用的操作有排序、筛选、求和、数据透视表四种。

8.4.1 排序

排序即将数据根据一定的顺序进行排列，最常见的有升序和降序，也可以设置其他内容作为排序的依据。

设置排序的方式为：选择“排序”选项，根据需要选择升序或者降序。

如果需要其他类型的排序方式，可以选择“自定义排序”(如图 8–31)。

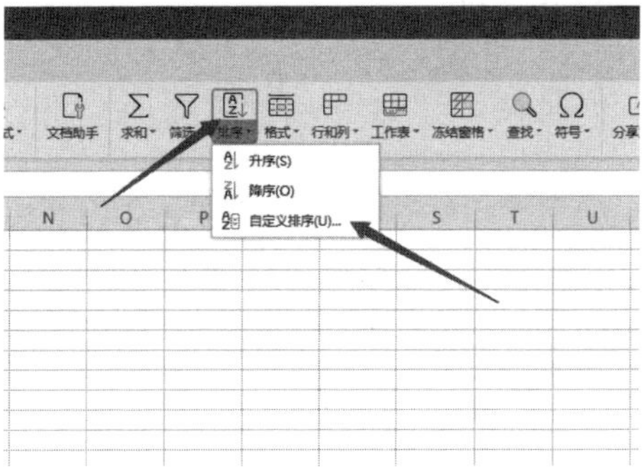

图 8–31　自定义排序

打开自定义排序界面(如图 8–32)后，用户可以设置关键词、依据、次序等，设置完成后点击确认即可。

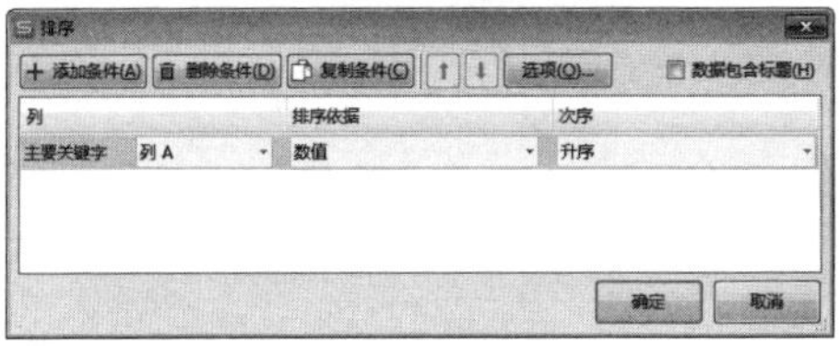

图 8–32　设置自定义排序

8.4.2　筛选

筛选即从众多数据中选择出符合要求的数据，WPS 表格的筛选功能可以迅速找到符合要求的目标项目。

使用筛选功能的方式为：打开“筛选”工具，选择“筛选”，并输入相应要求。除此之外，还可以进行高级筛选(如图 8–33)。

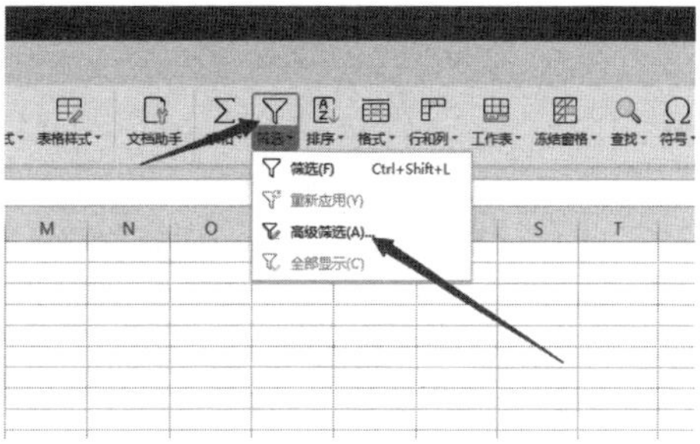

图 8–33　高级筛选

在高级筛选界面(如图 8–34)可以选择“在原有区域显示筛选结果”或“将筛选结果复制到其他位置”。

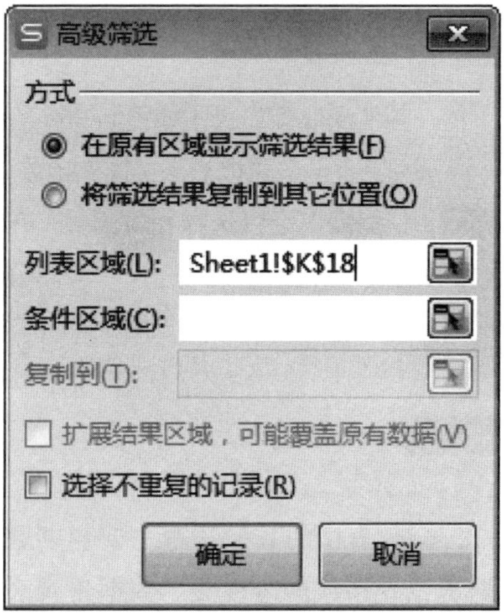

图 8–34　高级筛选界面

8.4.3　求和

从字面意思来讲，求和即求取所有数据之和，但在工具栏中，求和的下拉菜单还包括平均值、计数、最大值、最

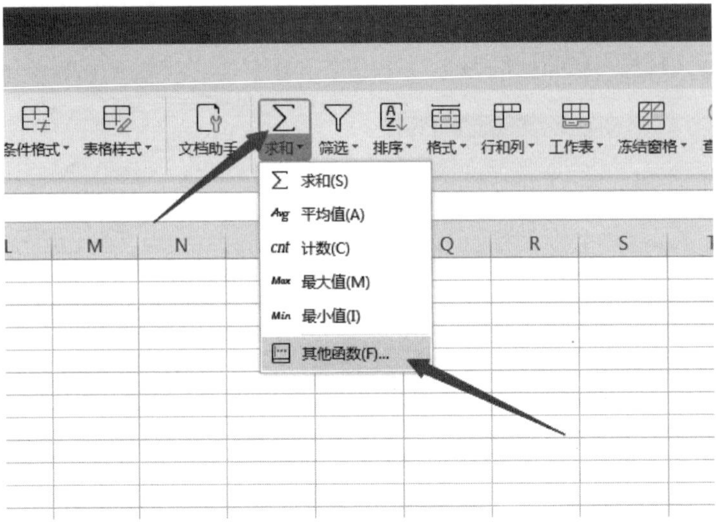

图 8–35　求和下拉菜单

小值、其他函数等项目（如图 8–35）

选择其他函数可以进入“插入函数”界面，根据需求可以选择相应函数。在“插入函数”界面还可以选择“常用公式”，将公式插入表格中（如图 8–36）。

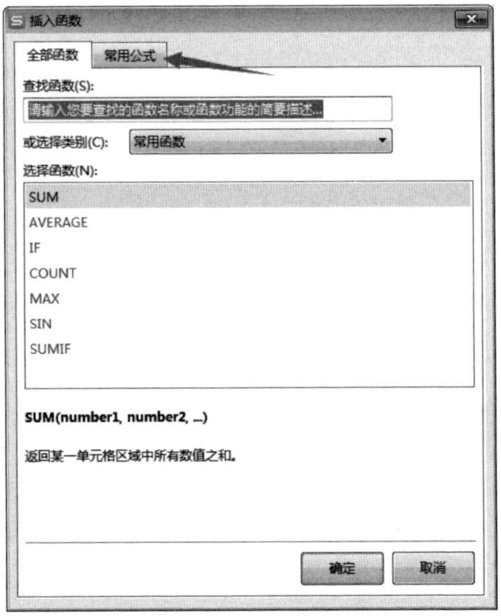

图 8–36　常用公式

8.4.4　数据透视

WPS 表格的数据透视主要包括数据透视表和数据透视图。数据透视表属于一种交互式的表，能够进行某些计算，如求和与计数；数据透视图是将数据以图表形式表达出来。

设置数据透视表或者数据透视图需要打开“插入”菜单，选择左侧的数据透视表或者数据透视图工具（如图 8–37）。

在数据透视表（如图 8–38）或数据透视图（如图 8–39）界面，对单元格区域、放置位置等属性进行设置。

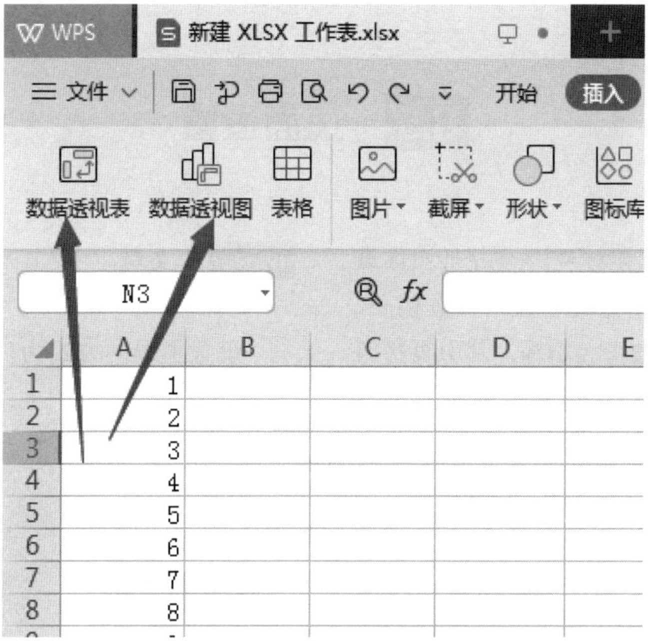

图 8-37　选择数据透视表或者数据透视图工具

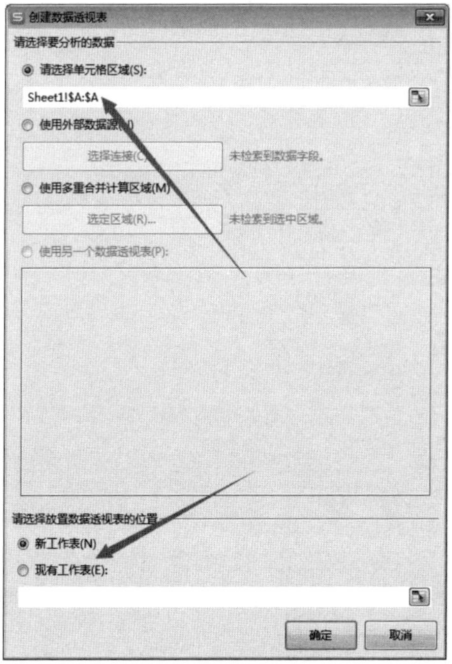

图 8-38　数据透视表

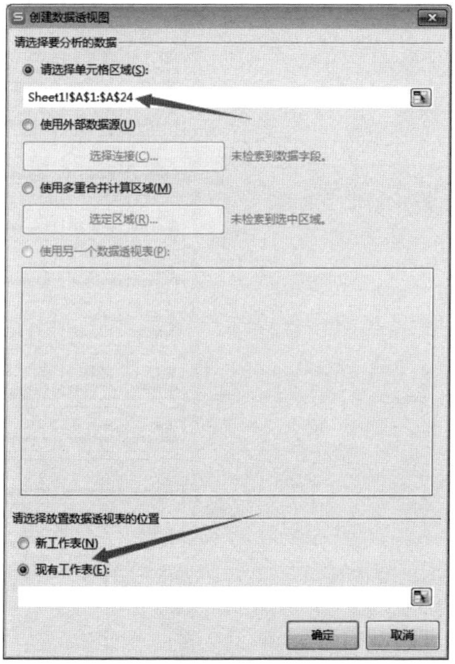

图 8-39　数据透视图

8.5 页面设置

页面设置即对 WPS 表格的页面进行设置，包括主题、效果、页边距、纸张方向、纸张大小等，其中页边距及纸张方向、大小等项目与 WPS 文字设置方式相似，此处不再赘述。这里主要针对 WPS 格式的主题和效果。

8.5.1 主题

设置主题的方式为：打开“页面布局”菜单，选择“主题”工具，从中选择相应的主题即可（如图 8-40）。

图 8-40 主题

8.5.2　效果

设置效果的方式为：在“页面布局”菜单选择“效果”工具，从中选择相应的效果即可（如图 8-41）。

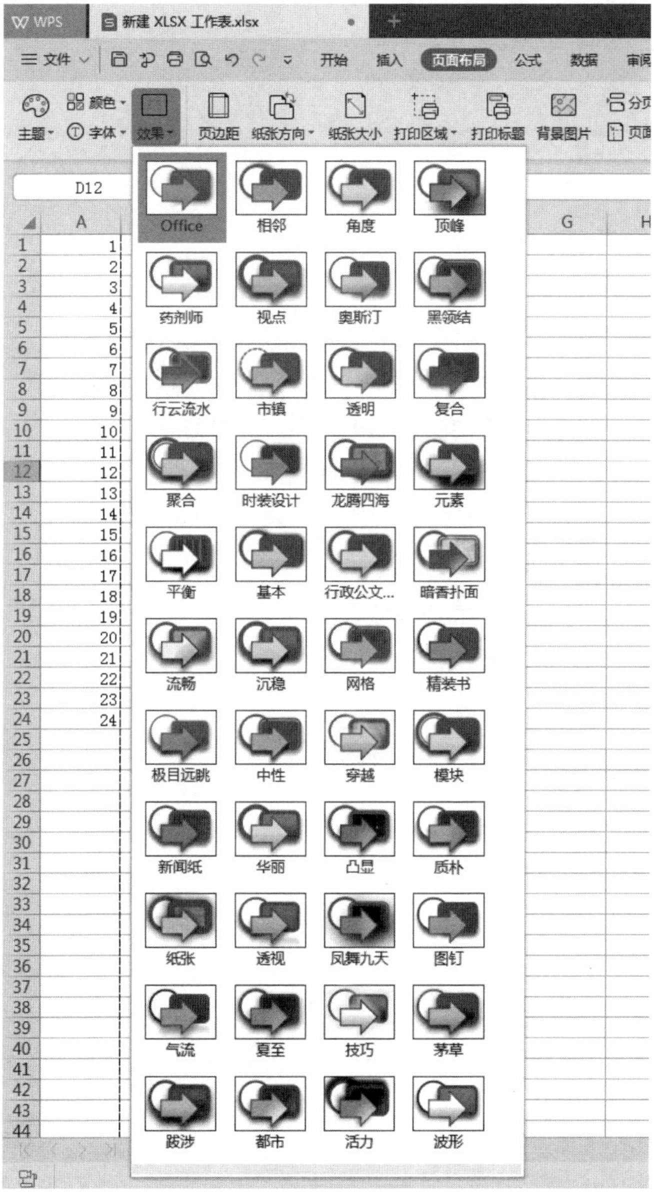

图 8-41　效果

➤ 常用快捷键

Alt+H　打开“主页”选项卡

Alt+N　打开“插入”选项卡

Alt+F　打开“文件”页面

Alt+P　打开“页面布局”选项卡

Alt+M　打开“公式”选项卡

Alt+A　打开“数据”选项卡

Alt+R　打开“审阅”选项卡

Alt+W　打开“视图”选项卡

Alt+H→H　选择填充颜色

Alt+Enter　在同一单元格中另起一个新行

Alt+H→A→C　居中对齐单元格内容

Alt+H→D→C　删除列

Ctrl+F1　展开或折叠功能区

Ctrl+1　打开“设置单元格格式”

Ctrl+0　隐藏选定的列

Ctrl+9　隐藏选定的行

Ctrl+W　关闭工作簿

Ctrl+O　打开工作簿

Ctrl+S　保存工作簿

Ctrl+C　复制

Ctrl+V　粘贴

Ctrl+X　剪切

Ctrl+Z　撤销

Ctrl+Y　恢复 / 重复

Ctrl+B　加粗 / 取消

Ctrl+K　打开“插入超链接”对话框

Ctrl+Shift+：　输入当前时间

Ctrl+；　输入当前日期

Ctrl+Home　移到工作表的开头

Ctrl+End　移到工作表上的最后一个单元格

Ctrl+ 箭头键　移到工作表中当前数据区域的边缘

Delete　删除单元格内容

Shift+F10　打开上下文菜单

Shift+Tab　移到工作表中的前一个单元格或对话框中的前一个选项

空格或 Enter　激活所选按钮

↑　在工作表中向上移动一个单元格

↓　在工作表中向下移动一个单元格

←　在工作表中向左移动一个单元格

→　在工作表中向右移动一个单元格

Page Down　在工作表中向下移动一屏

Page Up　在工作表中向上移动一屏

Alt+Page Down　在工作表中向右移动一屏

Alt+Page Up　在工作表中向左移动一屏

Ctrl+Page Up　移到工作簿中的上一个工作表

Ctrl+Page Down　移到工作簿中的下一个工作表

Ctrl+ 空格键　选择工作表中的整列

Shift+ 空格键　选择工作表中的整行

=　键入公式

Ctrl+Shift+Enter　将公式作为数组公式输入

Ctrl+Shift+*　选择整个数据透视表

Esc　取消单元格或编辑栏中的输入

Enter　完成编辑栏中的输入并选择下面的单元格

F9　计算所有打开的工作簿中的所有工作表

Shift+F9　计算活动工作表

Shift+F3　插入函数

Alt+=　用 SUM 函数插入“自动求和”公式（等号）

Alt+F1　在当前范围中创建数据的嵌入图表

Alt+Shift+F10　显示“错误检查”按钮的菜单或消息

Alt+F8　创建、运行、编辑或删除宏

Ctrl+F1　显示或隐藏功能区

Alt+Shift+F1　插入新的工作表

Shift+F2　添加或编辑单元格批注

F12　另存为

Ctrl+F4　关闭选定的工作簿窗口

Alt+ 下方向键　显示清单的当前列中的数值下拉列表

Ctrl+PageUp　切换到上一个工作表

Ctrl+PageDown　切换到下一个工作表

Ctrl+Shift+Home　将选定区域扩展到工作表的开始

Shift+Pageup　选中到上一屏相应单元格区域

Shift+Enter　完成输入并向上选取上一个单元格

Shift+PageDown　选中到下一屏相应单元格区域

Tab　完成输入并向右选取下一个单元格

第9章 WPS演示的使用

WPS演示也是WPS Office系统中的一部分。WPS演示具有强大的功能，能够兼容Microsoft Office PowerPoint的格式，除此之外还具有自己的特殊格式。

9.1 WPS演示概述

WPS演示作为一种图形程序，能够协助用户创建具有强大视觉冲击力的多媒体文件。WPS演示常被人用来制作、演示幻灯片，在演讲、课件制作等领域中具有重要位置。

9.1.1 基本功能

WPS演示的基本功能包括：

1 强化表达力度。

WPS演示中具有自选图形、文本框、艺术字、图片、图表等可选择对象，其是演示文稿的重要组成部分。相较于之前版本，WPS演示更新了更多类型的选择对象，包括自选图形、艺术字、图片库、自定义音频等，进

图9-1 WPS演示功能

一步强化了其表达力度。

2 动画效果。

在 WPS 演示中，动画效果可以说是必不可少的一部分，也是最重要的功能之一，该功能进一步突出了文稿主题。在 WPS 演示的版本升级中，也一直强调动画效果的表现力以及便捷性，使用户可以根据需求选择不同类型动画效果的同时，节省设置时间。

3 多类型输出。

WPS 演示具有多类型输出功能，能够通过页面设置的纸张设置选择各式各样的幻灯片打印输出大小，可以打印出不同排列方式的内容，比如讲义打印、备注页打印、大纲打印等。除此之外，还可以选择每页显示的幻灯片数量，手动双面打印、反片打印等技术也被应用其中，满足用户各种各样的打印需求。

4 表格样式。

WPS 演示具有表格样式功能。程序自带数十种填充方案，用户在使用时只需要选取，就可以快速实现填充，简化了幻灯片制作的流程。

5 分屏播放。

在操作系统多监视器特性的基础上，WPS 演示添加了分屏播放功能。也就是说，当幻灯片播放时，演讲者可以看到一个操作界面，而观众眼前的是演示画面。这一功能可以帮助演讲者充分利用辅助资料，强化演讲者对于整体节奏的把控度，从而达到更好的演讲效果。

6 自动版式。

WPS 演示的“自动版式”功能是指用户制作幻灯片时，可以选择是否自动使用系统版式，从而简化用户操作流程，提升操作效率。

9.1.2 界面布局

WPS 演示主要包括十个分区，分别为：标题栏、菜单栏、工具栏、幻灯片缩略图、幻灯片编辑区、滚动

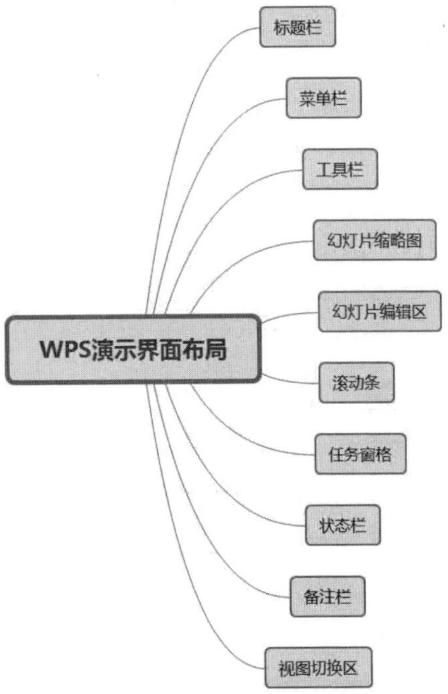

图 9-2 WPS 演示界面布局

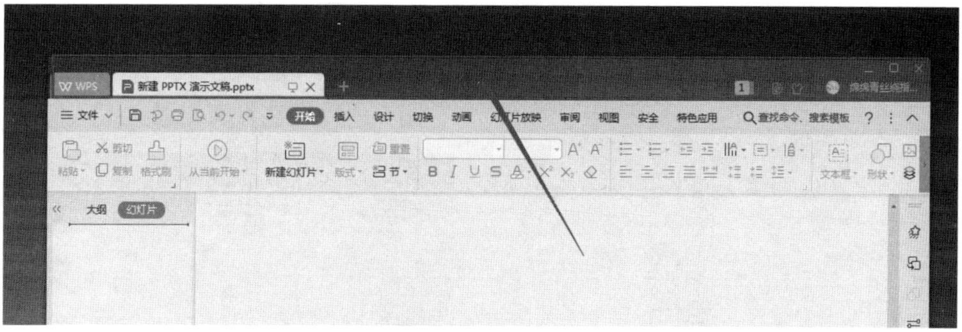

图 9–3　标题栏

图 9–4　菜单栏

条、任务窗格、状态栏、备注栏、视图切换区。

标题栏（如图 9–3）：位于窗口顶部，显示当前的文件名。

菜单栏（如图 9–4）：位于标题栏下方，由“文件”“快速访问工具栏”“开始”“插入”“设计”“切换”“动画”“幻灯片放映”“审阅”“视图”“安全”“特色应用”等内容组成。

工具栏（如图 9–5）：位于菜单栏之下，点击菜单后会出现相应工具，用以辅助用户进行文字编辑。

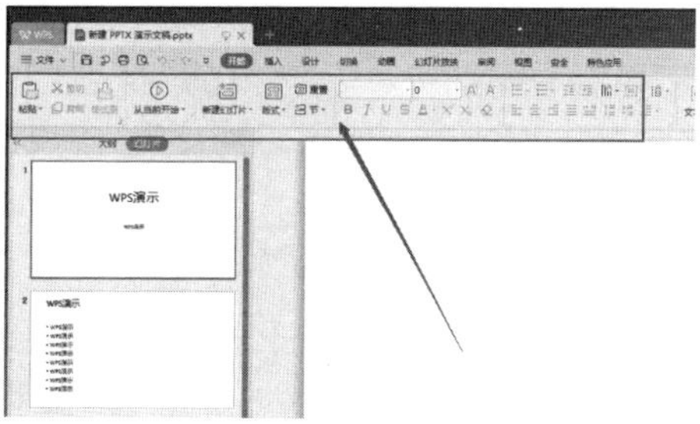

图 9–5　工具栏

幻灯片缩略图（如图 9–6）：显示

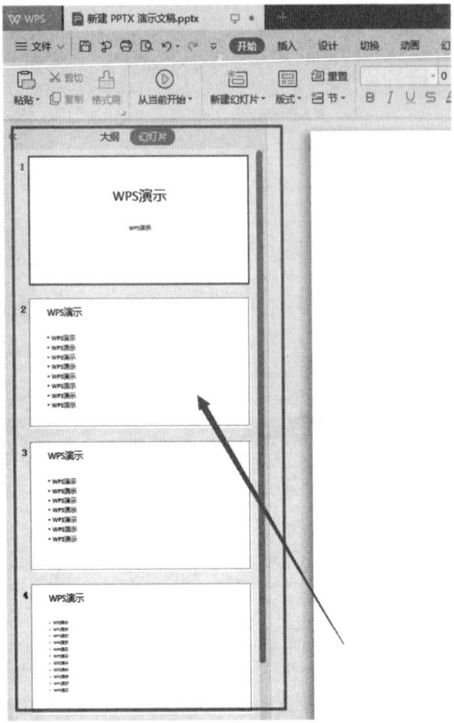

图 9–6　幻灯片缩略图

幻灯片的缩略版，方便用户查看、快速选中等。

幻灯片编辑区（如图 9–7）：位于界面中间部分，具有很高的界面占比，用以编辑幻灯片。

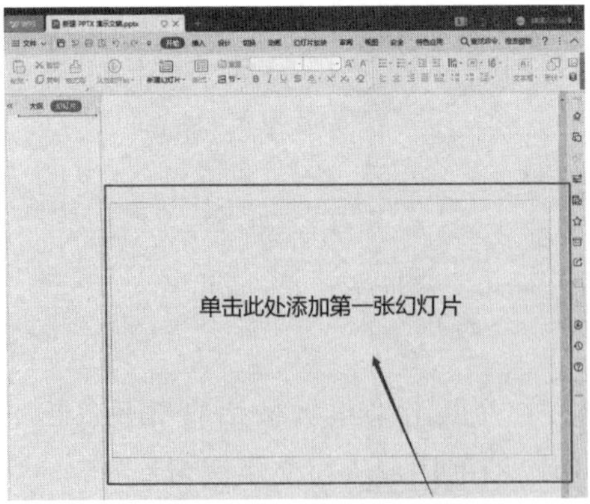

图 9–7　幻灯片编辑区

滚动条（如图 9–8）：位于界面的右侧，用以调整界面位置。

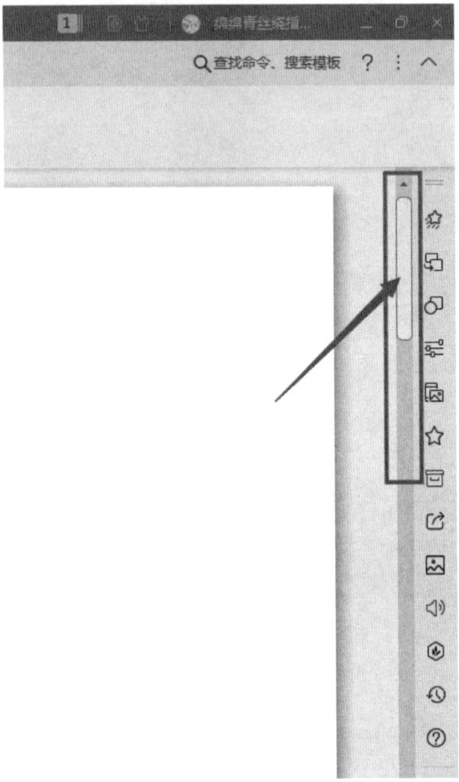

图 9–8　滚动条

任务窗格（如图 9–9）：位于界面最右侧，具有自定义动画、幻灯片切换、对象属性、插入手机图片、实用工具、分享文档、备份管理、帮助与问答等功能。

状态栏（如图 9–10）：位于界面左下方，显示幻灯片当前状态。

备注栏（如图 9–11）：位于幻灯片编辑区下方，用以标明当前幻灯片

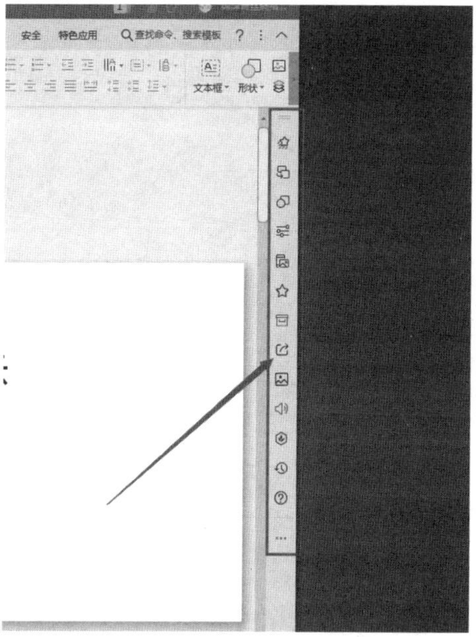

图 9–9　任务窗格

的备注。

视图切换区（如图 9–12）：位于界面右下方，用于切换视图、调整页面缩放等。

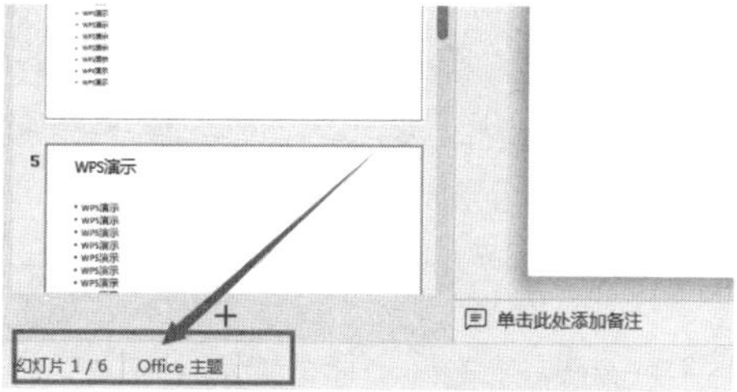

图 9–10　状态栏

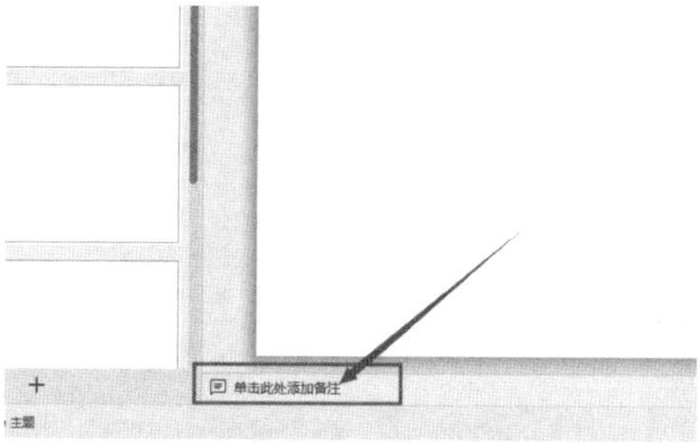

图 9–11　备注栏

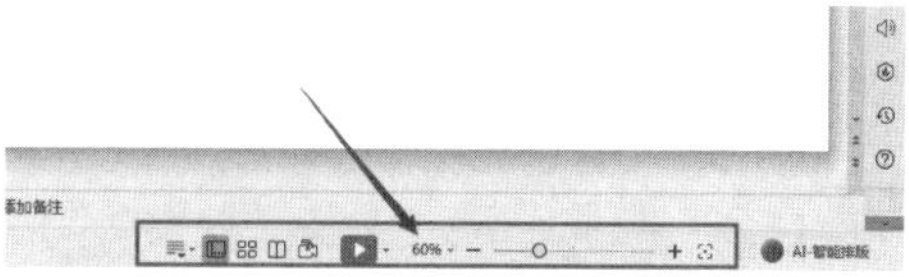

图 9–12　视图切换区

9.2 内容编辑

WPS 演示的内容编辑包括很多项目，这主要针对文字编辑、删除、修改母版、配色方案等内容展开介绍。

9.2.1 文字编辑

WPS 演示的文字编辑与 WPS 文字的编辑方式相似，在“单击此处添加标题”“点击此处添加副标题”等处（如图 9–13）单击即可添加文字内容。除文字外，在 WPS 演示中还可以添加图片、图表等。

图 9-13 WPS 演示文字编辑

9.2.2 删除

删除幻灯片的方式为：

选中目标幻灯片的缩略图，按下删除键或 Delete 键进行删除，或者用右键选中目标幻灯片，在右键菜单中选择“删除”即可（如图 9-14）。

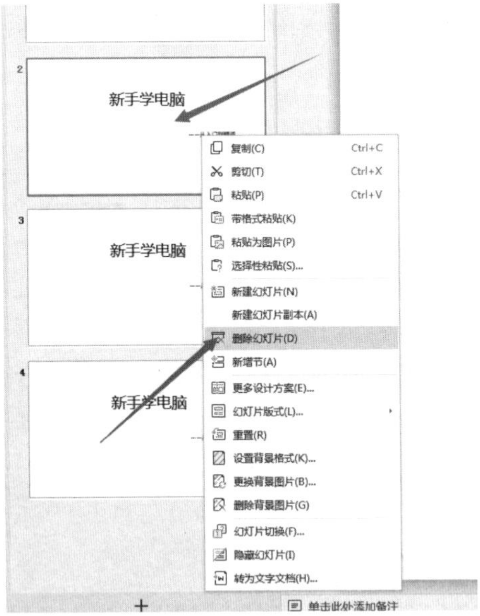

图 9-14 删除幻灯片

9.2.3 修改母版

母版（Slide Master）中具有每张幻灯片可能出现的显示元素，包括文本占位符、图片、动作按钮等。使用母版后，每一张幻灯片都会出现与母

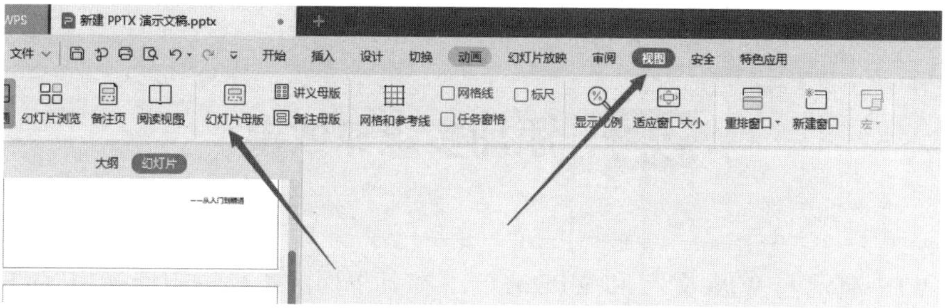

图 9–15　选择“幻灯片母版”

图 9–16　编辑母版

版相同的板块，能够保障幻灯片的风格一致。

修改母版的方式为：打开“视图”菜单，在工具栏中选择“幻灯片母版”（如图 9–15）。

在弹出界面选择适合的母版，或者在上方的工具栏（如图 9–16）中对母版进行编辑。

9.2.4 配色方案

简单来说，WPS 演示中的配色方案就是将不同颜色的板块放在一起，组成最佳视觉效果的安排，使幻灯片页面看起来更加和谐。

设置方式为打开“设计”菜单，选择“配色方案”工具（如图 9–17），在配色方案下拉菜单中选择合适的方案即可。

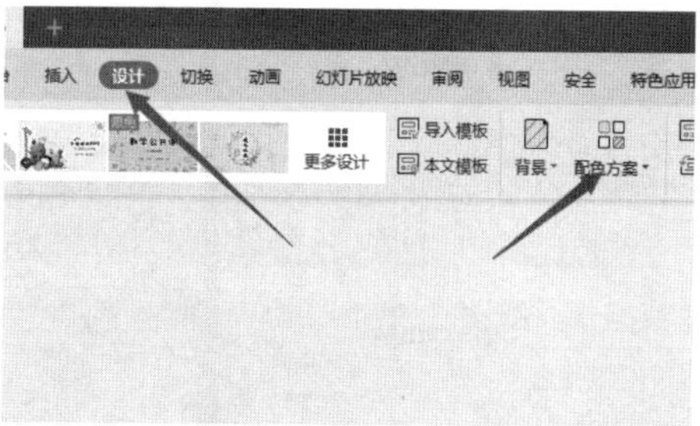

图 9–17　配色方案

9.3 添加多媒体效果

WPS 演示与 WPS 文字和 WPS 表格最大的区别就是其具有强烈的多媒体化，能够为在编辑时添加图形及图片、音频与视频、动画效果等，让页面更加生动。

9.3.1 图形及图片

在 WPS 演示中可以添加图形和图片等项目，使幻灯片阐述的内容更加清晰、直接。

添加方式为：选择“插入”菜单，在其下面的工具栏中选择相应的项目（如图 9–18），根据提示进行添加即可。

9.3.2 音频与视频

幻灯片放映可以加入音频或视频元素，使幻灯片在展现图文的同时还能展现声音效果。

设置方式为：在“插入”菜单下方的工具栏中选择“音频”或“视频”（如图 9–19），在其下拉菜单中选择相应的选项即可。

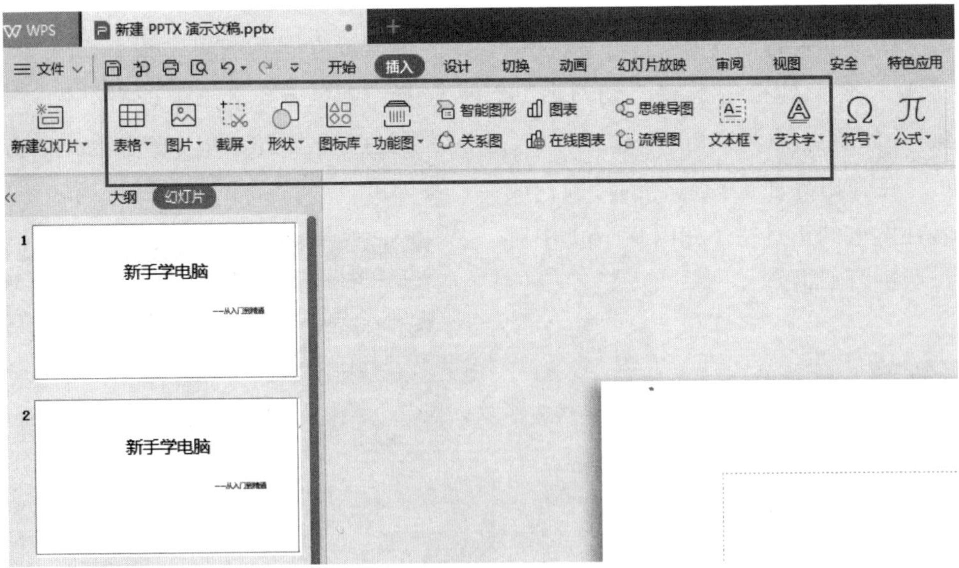

图 9–18 “插入”菜单下方的工具栏

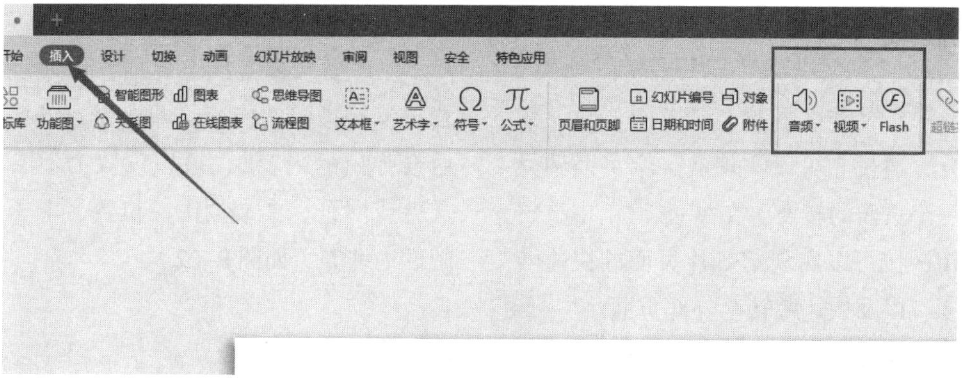

图 9–19　选择“音频”或“视频”

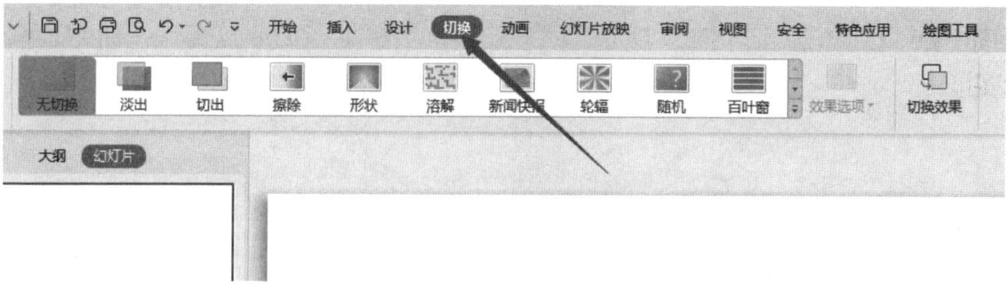

图 9–20　设置动画效果

9.3.3　动画效果

动画效果设置使静态的图文变成了动态页面，主要包括进入动画、强调动画、退出动画、路径动画等。

设置动画效果的方式为：打开“切换”菜单（如图 9–20），在下方选择适合的动画效果即可。

9.4　其他设置

除了多媒体效果外，WPS 演示还可以设置超链接及动作按钮，以及幻灯片放映设置。

9.4.1 超链接

超级链接本质上属于网页的一部分，通过它可以实现从一个页面到另一个页面的转换。在 WPS 演示中设置超链接可以实现幻灯片页面的快速转换，以及快速跳转至外部页面。

设置方式为：选中目标文字（即超链接显示文字），点击鼠标右键，在右键菜单底部选中“超链接”选项（如图 9–21），进入“插入超链接”界面。

在“插入超链接”界面，可以设置超链接指向的内容（即点击超链接后会弹出的内容），可以设置为原有文件或网页、本文档中的位置、电子邮件地址等（如图 9–22）。

9.4.2 动作按钮

动作按钮的作用是快速进入某页面，当鼠标指向或点击该按钮时，系

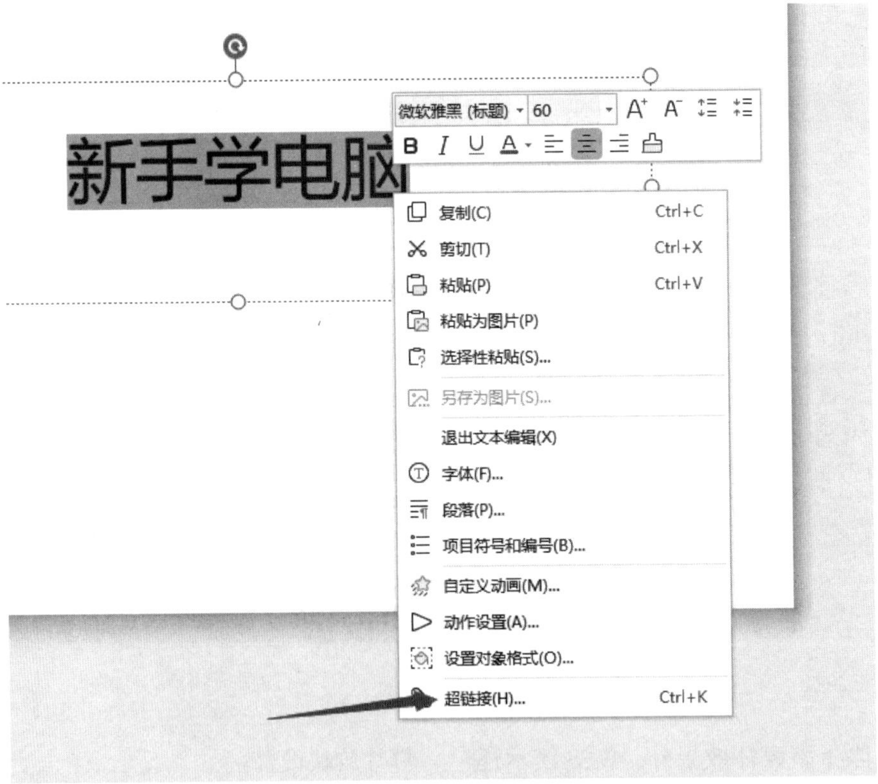

图 9–21 “超链接”选项

图 9–22　选择超链接指向的内容

统会打开和其相应的页面或内容，包括文件、网站、音效、程序等等。

设置方式为：选中目标文字（即要设定为动作按钮的文字），点击鼠标右键，在右键菜单选择“动作设置”（如图 9–23）。

在动作设置界面具有“鼠标单击”或“鼠标移过”两个选项（如图 9–24），选定动作后可以在下方设置动作效果。

9.4.3　放映设置

放映设置就是对放映幻灯片过程中的项目进行设置，包括放映方式、自定义放映等等。

设置方式为：打开“幻灯片放映”菜单，在下方工具栏（如图 9–25）中进行相应设置即可。

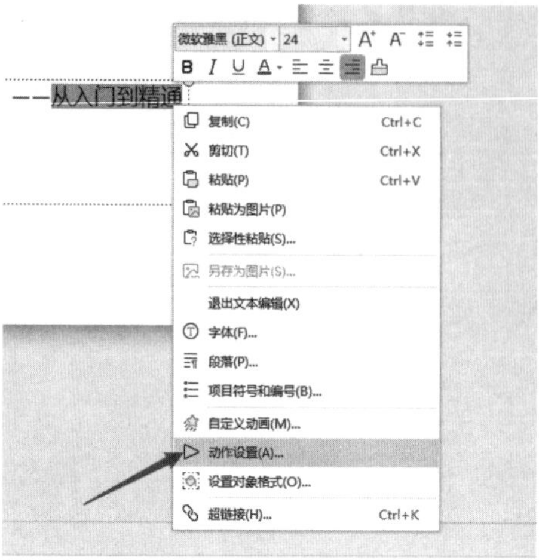

图 9-23　选择“动作设置”

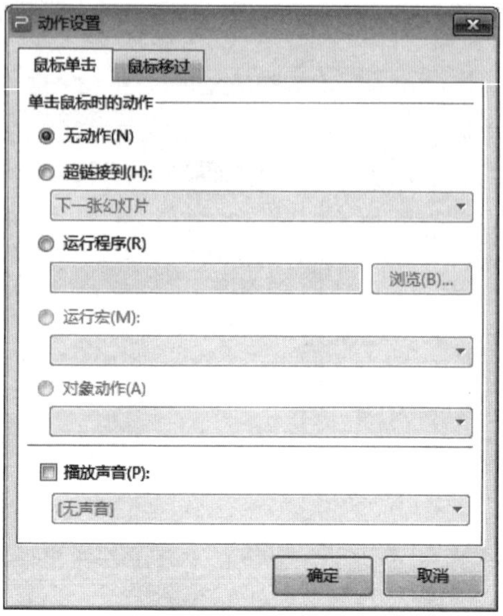

图 9-24　动作设置界面

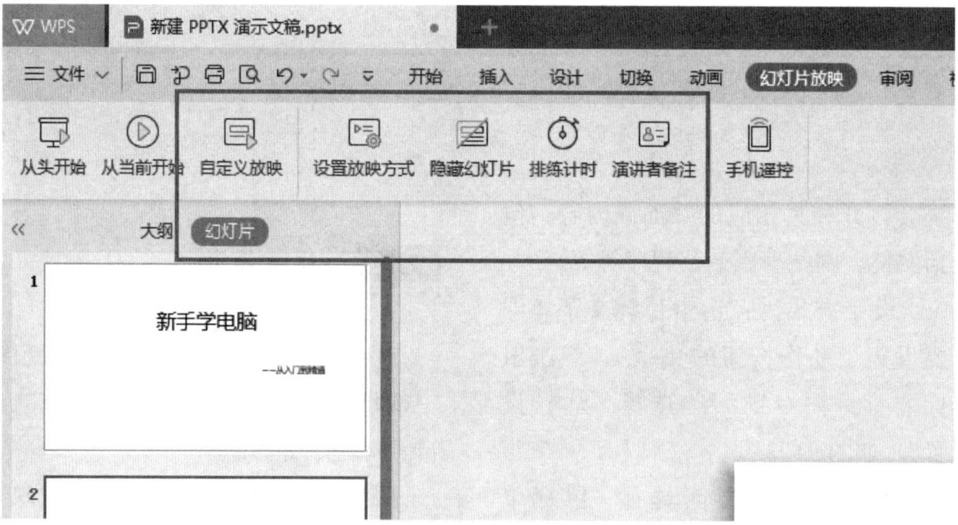

图 9-25　“幻灯片放映”工具栏

➢ 常用快捷键

Ctrl+A 全选

Ctrl+C 复制

Ctrl+X 剪切

Ctrl+B 添加/删除文本加粗

Ctrl+D 生成对象或幻灯片副本

Ctrl+E 段落居中对齐

Ctrl+F 打开“查找”对话框

Ctrl+G 打开“网格参考线”对话框

Ctrl+H 打开“替换”对话框

Ctrl+I 添加/删除文本倾斜

Ctrl+J 段落两端对齐

Ctrl+K 插入超链接

Ctrl+L 段落左对齐

Ctrl+M 或 Enter 插入新幻灯片

Ctrl+N 生成新 PPT 文件

Ctrl+O 打开 PPT 文件

Ctrl+P 打开“打印”对话框

Ctrl+Q 关闭程序

Ctrl+R 段落右对齐

Ctrl+S 保存当前文件

Ctrl+T 打开“文字”对话框

Ctrl+U 添加/删除文本下划线

Ctrl+W　关闭当前文件

Ctrl+Y　重复最后操作

Ctrl+Z　撤销操作

Ctrl+F4　关闭程序

Ctrl+F5　还原当前演示窗口大小

Ctrl+F6　移动到下一个窗口

Ctrl+F9　最小化当前演示文件窗口

Ctrl+F10　最大化当前演示文件窗口

Ctrl+Shift+C　复制对象格式

Ctrl+Shift+V　粘贴对象格式

Ctrl+Shift+F　更改字体

Ctrl+Shift+P　更改字号

Ctrl+Shift+G　组合对象

Ctrl+Shift+H　解除组合

Ctrl+]　增大字号

Ctrl+[　减小字号

Alt+F5　还原程序窗口大小

Alt+F10　最大化程序窗口

Alt+F9　显示/隐藏参考线

Alt+S　幻灯片设计

Alt+N　幻灯片布局

Alt+U　图形

Shift+F3　更改字母大小写

Shift+F4　重复最后一次查找

Shift+F5　从当前幻灯片开始放映

Shift+F9　显示 / 隐藏网格线

Shift+F10　显示右键快捷菜单

F2　在图形和图形内文本间切换

F4　重复最后一次操作

F5　开始放映幻灯片

F12　执行“另存为”命令

Ctrl+P　放映中将指针更改为注释笔

E　放映中擦除屏幕上的注释

W　放映中屏幕白屏

B　放映中屏幕黑屏

Ctrl+Enter　编辑状态 / 插入新页

F5　当前页面播放

Esc　退出演示播放

Number+Enter　跳转到第 X 页演示页

Alt+Insert　插入新页

第 10 章

网络应用

21 世纪是一个全新的时代，也是被网络信息所包围的时代，互联网俨然成为大部分家庭不可或缺的一部分，许多企业也都需要通过网络来实现企业与人才、企业与企业、企业与市场之间的对接。

随着网络化社会的推动，人们的工作和生活越来越便捷，也越来越离不开网络。甚至有人说，在这个时代，不会使用网络的人都是“现代文盲”，由此可见网络应用的重要性。

10.1 连接网络

计算机网络的应用可以说是当代社会上不可逆的发展，如何将电脑连接上网络，这是网络应用的第一步。首先用户需要去当地的营业厅办理宽带等网络服务，并请工作人员连接好网线。常见的连接网络方式有拨号连接、宽带连接、无线连接几种。

10.1.1 拨号连接

打开“开始”菜单，选择“网络和 Internet”选项，或者打开“控制面板”，找到“网络和 Internet”选项（如图 10–1）。

打开“网络和 Internet”，选择“网络和共享中心”（如图 10–2）。

打开“网络和共享中心”后选择“设置新的连接或网络”（如图 10–3）。

在设置连接或网络界面选择“设置拨号连接”（如图 10–4）。

在对话框中填入相应的信息，并点击创建（如图 10–5），设置完成后

图 10-1　控制面板

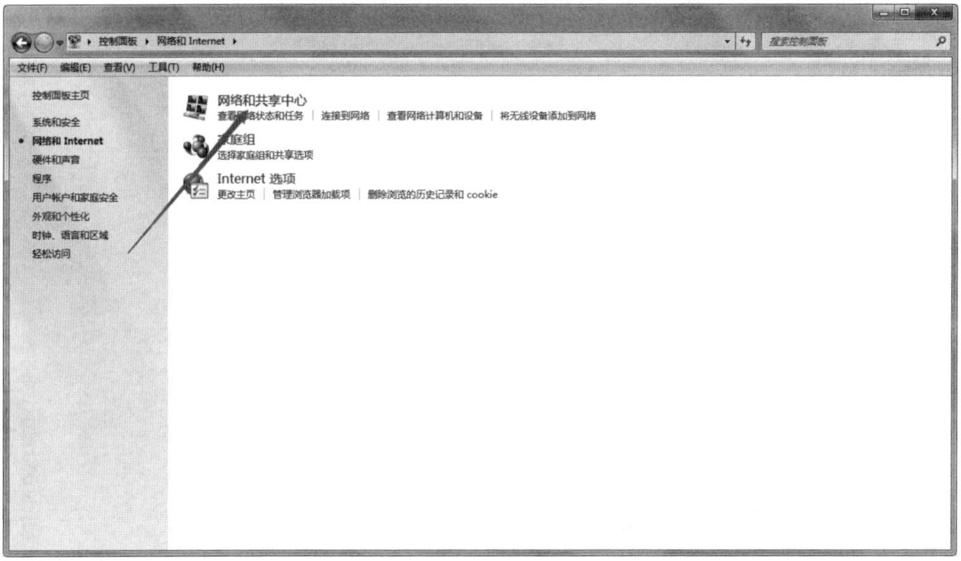

图 10-2　选择“网络和共享中心”

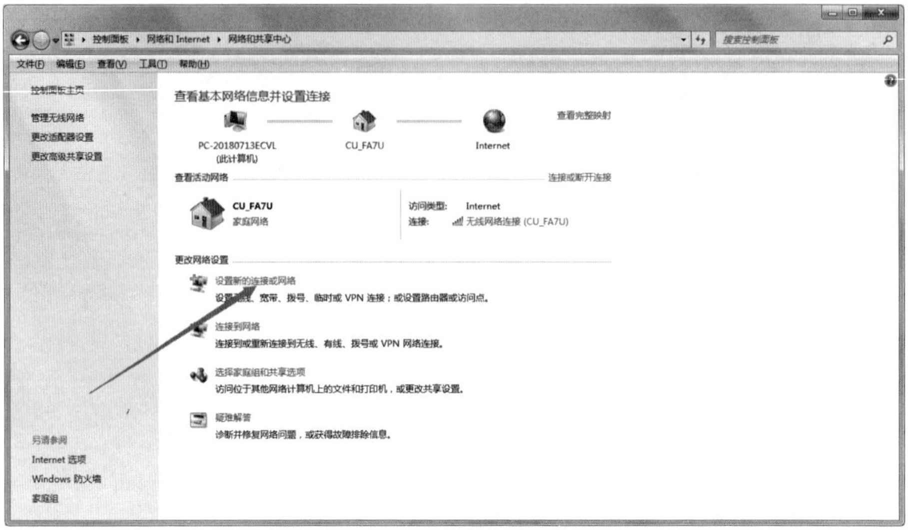

图 10-3　选择“设置新的连接或网络”

图 10-4　选择“设置拨号连接”

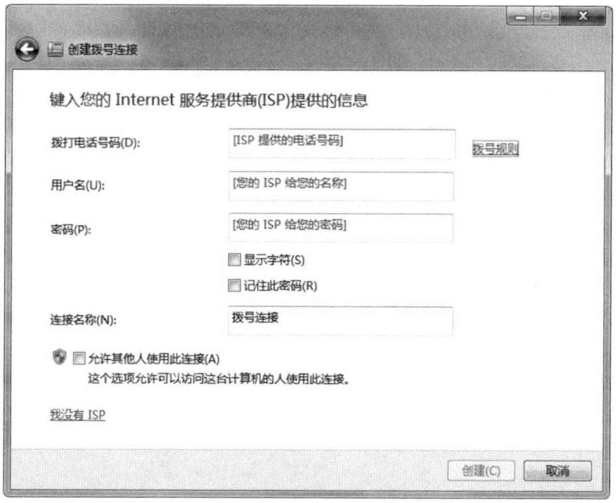

图 10-5　拨号连接

在连接网络界面点击连接即可进行拨号连接。

10.1.2　宽带连接

在设置连接或网络界面选择“连接到 Internet”（如图 10-6）。

点开后会出现以下界面（如图 10-7），用户可以选择创建新连接或者使用已有连接。如果用户电脑此前没有连接过网络，或者说没有已有连接，可以直接创建新连接。

图 10-6　选择“连接到 Internet”

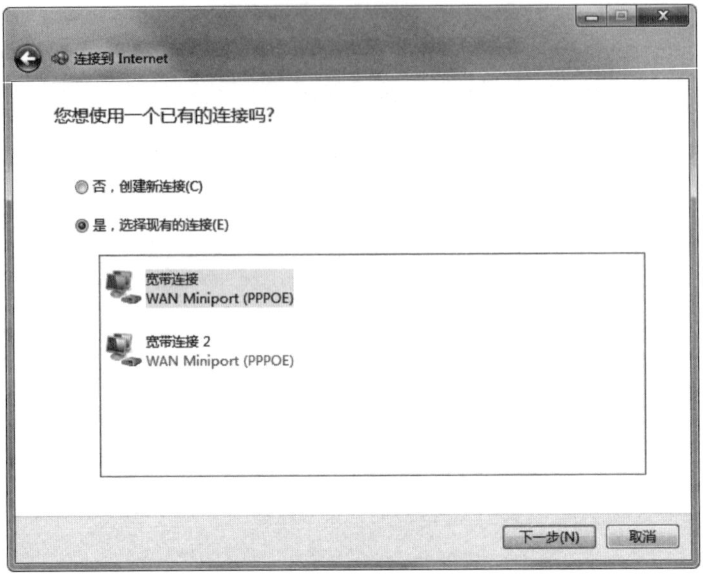

图 10-7　创建或选择连接

如果需要创建新连接，只需要在弹出的对话框中（如图 10-8）输入相应信息，并点击连接即可。

如果不需要创建新连接，只需要点击已有链接，并在“宽带连接”界面（如图 10-9）输入相应信息即可。

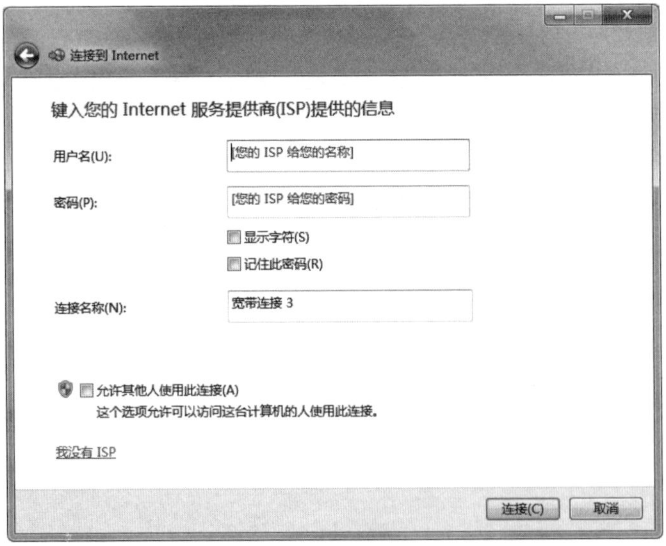

图 10-8　创建新连接

图 10–9 “宽带连接”界面

10.1.3 无线连接

台式电脑进行无线连接需要安装专用的无线网卡，而笔记本电脑、平板电脑等产品多在内部装有网卡。目前无线网卡大多都是免安装的，因此不再赘述其安装过程。安装好网卡以后，在网络连接界面搜索网络，并点击需要连接的网络（如图 10–10）。

点击连接后，如果网络并没有加密就可以直接连接上。如果网络是加密的，系统会跳出“输入网络安全密钥”界面（如图 10–11），用户将秘钥输入进去并点击确定就可以连接到网络。

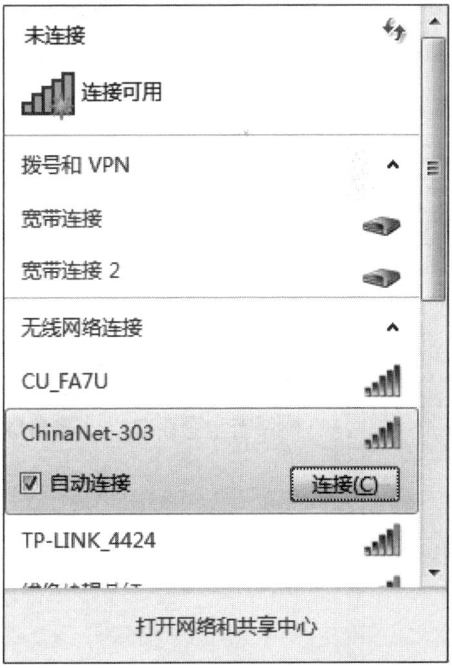

图 10–10　网络连接界面搜索到的无线信号

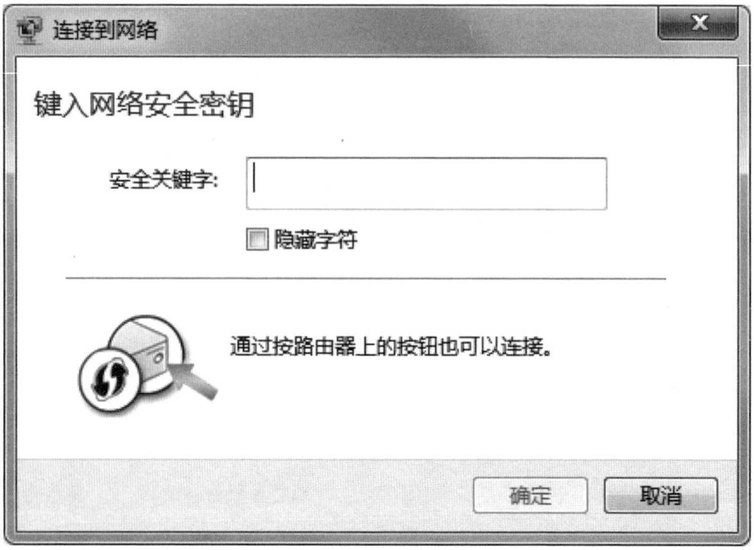

图 10-11 “输入网络安全密钥”界面

如果网络秘钥更改导致无法连接到网络，用户可以在网络名称上点击鼠标右键，选择“属性”。在无线网络属性界面（如图 10-12）更改安全密钥，重新连接。

图 10-12 无线网络属性界面

10.2 浏览器操作

上网说的简单一点就是通过网络实现用户的需求，比如查找相应的音视频，再比如搜索信息、查阅新闻等等。这里所说的浏览器操作即用户在上网的过程中，需要或可能需要进行的一些操作，下面以 QQ 浏览器 10.5.1 版本为例进行介绍。

10.2.1 打开浏览器

用户的电脑安装了 QQ 浏览器后，通常会有桌面快捷方式（如图 10-13），用户只需要双击快捷方式，或者右击快捷方式并选择“打开”，即可打开 QQ 浏览器。如果桌面没有快捷方式，可以在状态栏或者“开始”菜单中找到 QQ 浏览器的图标，选中它

图 10-13　QQ 浏览器桌面快捷方式

即可打开 QQ 浏览器。如果上述方法都无法找到 QQ 浏览器图标，请确认是否正确安装该软件。

10.2.2 网页操作

网页操作包括打开、切换、刷新、关闭四项内容。

打开网页的方式为，在上网导航界面选中相应的，或者在浏览器窗口上方的地址栏（如图 10-14）中输入 / 粘贴需要打开的网址，并按下回车键，此时相应的网页就会显示出来。

切换网页的方式为，点击位于浏览器界面上方的标签栏中的标题栏（如图 10-15），即可实现网页切换。

刷新标签页可以分为刷新当前标签页和刷新所有标签页两种。

刷新网页的方式为，用鼠标右键点击标签页的标题栏，在右键菜单中选择“刷新”或“刷新所有标签页”即可（如图 10-16）。除此之外，按下 F5 可以直接刷新当前标签页。

为了便于操作，用户还可以设置在一定的时间内自动刷新网页。方式

图 10–14　地址栏

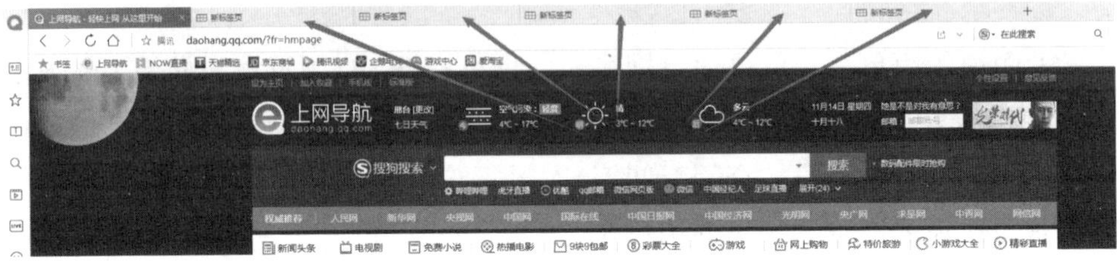

图 10–15　标签栏中的标题栏

图 10–16　刷新标签页

为，在标签页右键菜单中选择“自动刷新”，在右侧菜单中（如图 10–17）选择合适的时间区间即可。

关闭网页可以分为关闭当前页、关闭其他标签页（已经打开但当前未显示的网页）和关闭所有标签页三种。

图 10–17　自动刷新

关闭当前页的方式为，单击当前页面标题栏显示的"×"（如图 10–18），即可关闭当前页。也可以双击标题栏，用来关闭当前页。

关闭其他标签页的方式为，将光标移动至其他标签页的标题栏上方，此时右侧出现"×"图标（如图 10–19），点击它即可关闭其他标签页。

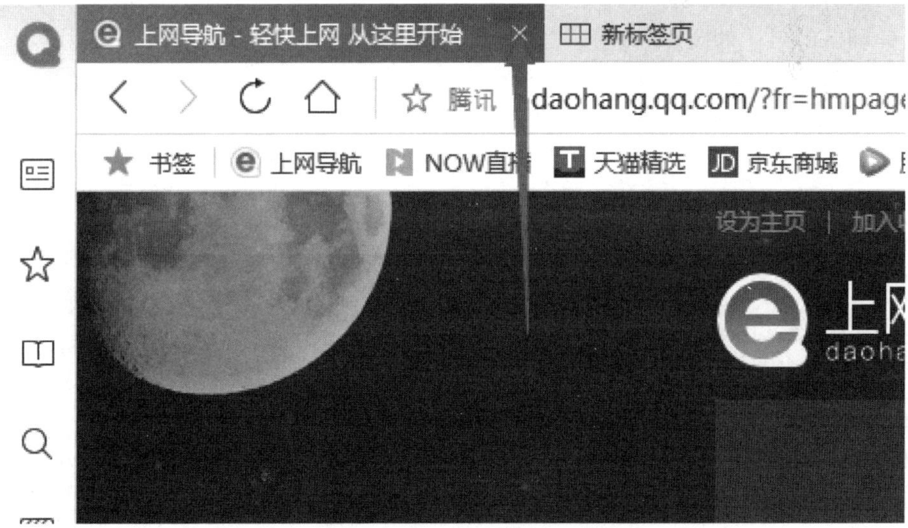

图 10–18　关闭当前标签页

图 10-19　关闭其他标签页

关闭所有标签页的方式为，点击浏览器界面右上方的“×”（如图 10-20），即可关闭所有标签页。

如果用户是初次使用浏览器且打开了两个及两个以上标签页的话，在点击浏览器界面右上方的“×”后并不会关闭浏览器，而是会弹出一个对话框，用户勾选“不再提醒”选项后选择确认即可（如图 10-21）。

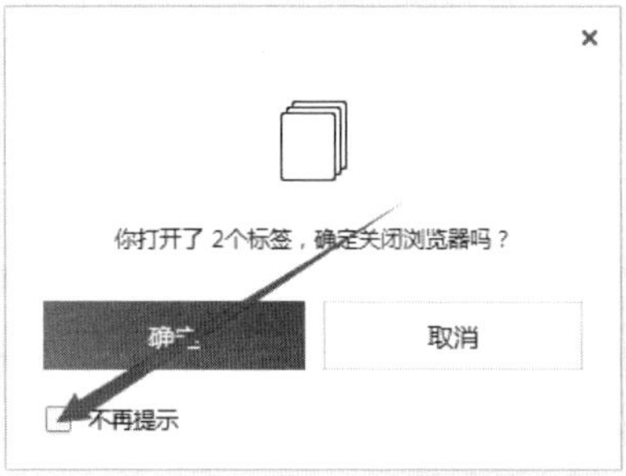

图 10-21　勾选不再提示并选择确认

图 10-20　关闭所有标签页

10.2.3　关键词搜索

关键词（keywords）原本应用于图书馆学中，是指快速对某个或某些内容进行检索时使用到的词汇。在网络应用普及后，关键词同样被照搬到该领域，用户可以通过关键词快速在庞大的网络体系中检索到自己需要掌握的信息。作为通过网络搜索信息的主要方式，关键词搜索能够帮助用户快速了解某事、某物的信息，对于网络使用的作用不言而喻。

关键词搜索首先需要确定关键词，也就是用户想要知道的信息属于哪一种类型或者有什么样显著的特征，这样可以大大提升搜索的效率。比如想要搜索某地的天气信息，就需要输入某地的名称（现在的技术可以精确到县级单位，使用户可以随时掌握天气情况），之后进行搜索就可以得到相应的天气信息。再比如想学习一道料理，也可以通过网络搜索教程，关键词就需要输入菜品的名称，或者原材料的名称，进行搜索就可以得到相应的教程。

确定关键词后，将其输入到相应的对话框中即可。在 QQ 浏览器的主页上，有三个对话框可以输入关键词，分别是上方的地址栏和搜索栏以及位置稍微偏下的搜索栏（如图 10-22）。

图 10-22　输入关键词的位置

10.2.4　书签

在读纸质文件或图书时，我们可以放入一个书签便于下次阅读时快速找到之前读到的内容，而在电脑上我们同样可以设置书签，快速打开需要使用的界面。

添加书签的方式有两种，第一种是在当前打开的标签页，将地址栏左侧的“☆”符号点亮（如图 10-23），该标签页就会添加到书签中。

第二种是在标签页的标题栏上点击鼠标右键，在右键菜单中选择“添加书签”或“将所有标签页添加到书

图 10–23　添加到书签

签”（如图 10–24），根据需要选择相应的选项即可。

将网页添加到书签后，可以看到地址栏下方的书签栏中出现对应的书签，用户可以通过拖拽更换书签的前后顺序，以更好地利用书签。如果书签太多，书签栏无法全部显示，可以点击书签栏左侧的“☆”或者右侧的“》”（如图 10–25）查看更多书签，打开更多书签的下拉菜单，选择相应的

图 10–24　选择“添加书签”或“将所有标签页添加到书签”

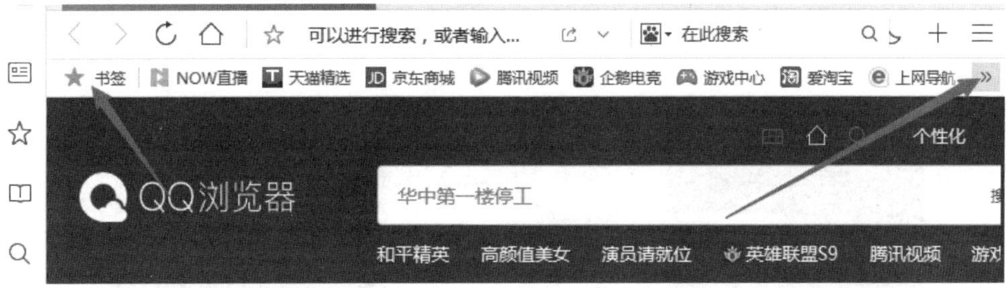

图 10-25　查看更多书签

书签即可。

如果不需要再使用书签，可以将其删除。在书签为当前页面的前提下，删除方式为，点击地址栏左侧的“☆”符号，选择“删除”（如图 10-26）。

在没有打开书签或书签并非当前页的前提下，删除方式为，用右键点击书签栏的标题，在右键菜单选择“删除”即可（图 10-27）。

如果需要进行大量删除书签、从其他设备导入书签、对本地书签进行分类等操作，可以在书签标题栏的右键菜单中选择“整理书签”（如图 10-28）。

图 10-26　在打开书签的前提下删除书签

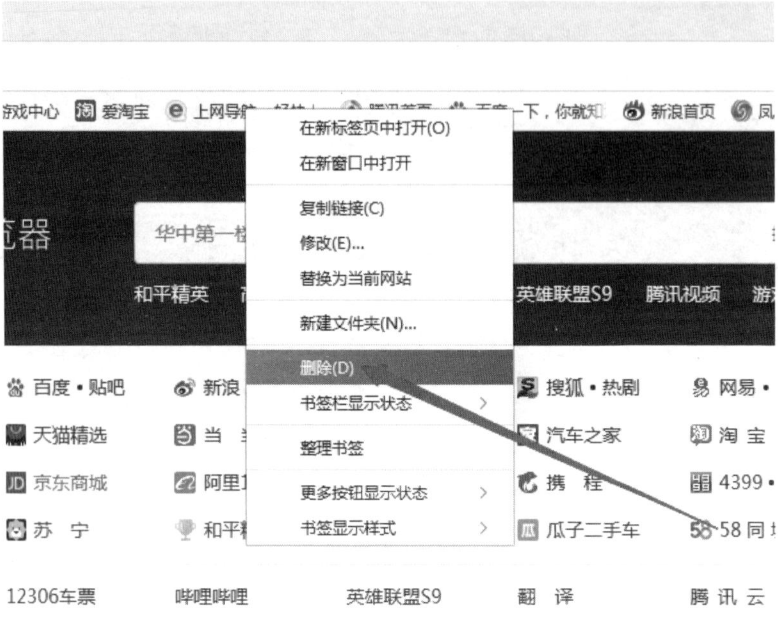

图 10-27　在没有打开书签或书签并非当前页的前提下删除书签

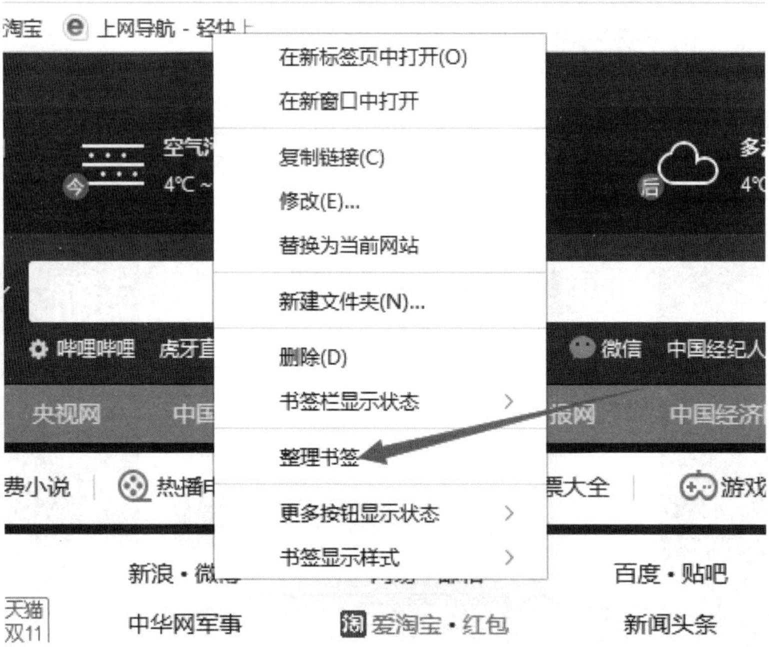

图 10-28　整理书签

10.2.5 历史记录

当电脑突然关机、停电等原因导致浏览器不正常关闭或误将正在使用的网页关闭了，可以点击浏览器右上角的箭头（如图 10–29），即可恢复最近关闭的最后一个网页。

如果想要恢复的网页并非最后一个关闭的，可以选择多点几次或者点开右侧的箭头，选择想要恢复的页面标题即可（如图 10–30）。

在使用完浏览器后，为了不使信

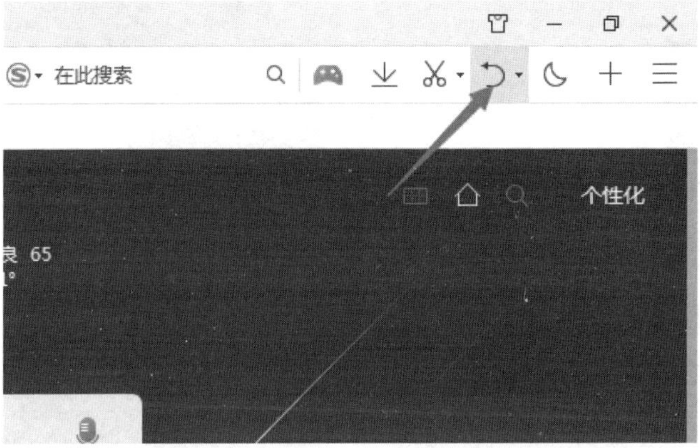

图 10–29　恢复最近关闭的最后一个网页

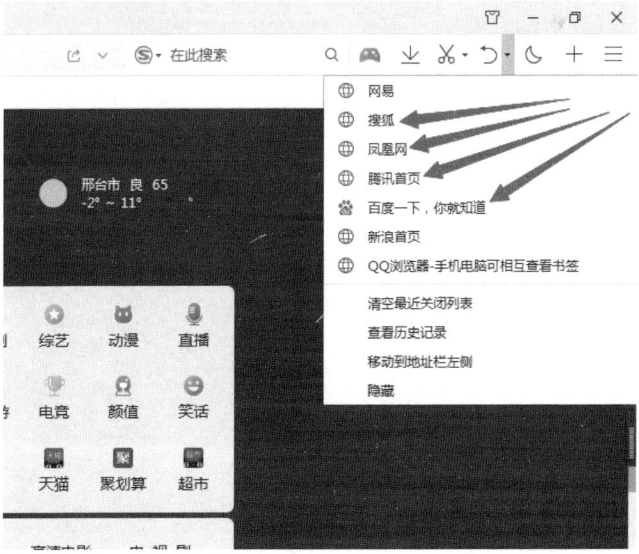

图 10–30　选择想要恢复的页面标题

息泄露，可以清空最近关闭列表。方式为，在恢复最近关闭的网页下拉菜单中选择“清空最近关闭列表”（如图 10–31），选择后当前下拉菜单中的内容将会被清空。

想要删除更多记录，可以在下拉菜单选择“查看历史记录”（如图 10–32）。

在查看历史记录界面，选择右上角的清空历史记录（如图 10–33）。

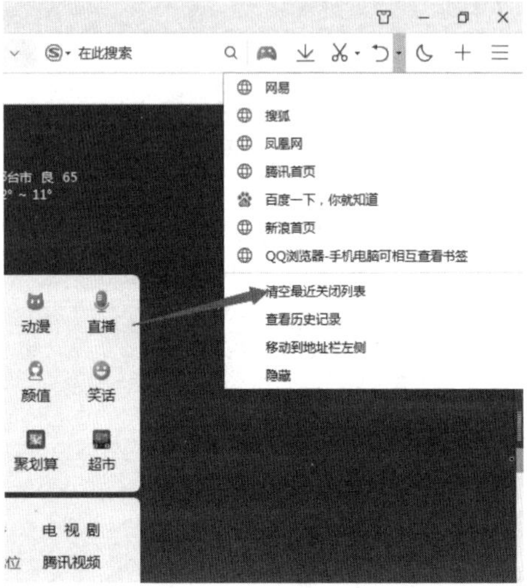

图 10–31　清空最近关闭列表

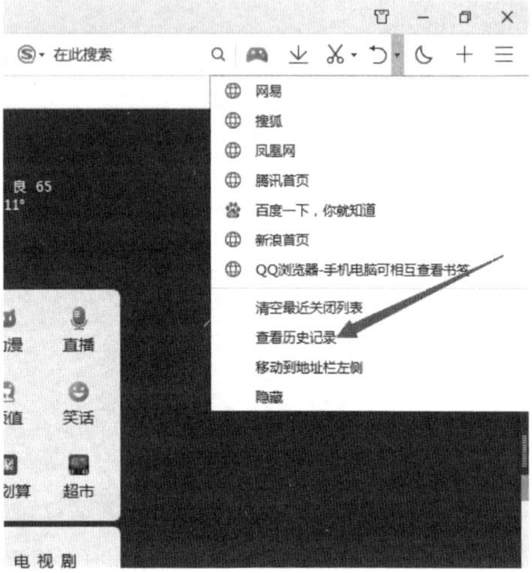

图 10–32　查看历史记录

图 10–33　清空历史记录

10.2.6　默认浏览器

根据不同用户的喜好，可以设置不同的默认浏览器。以 QQ 浏览器为例，设置方式为，打开右上角的“菜单”（如图 10–34）。

在下拉菜单中选择“设为默认浏览器”。如果没有这个选项，可以点开“设置”（如图 10–35）。

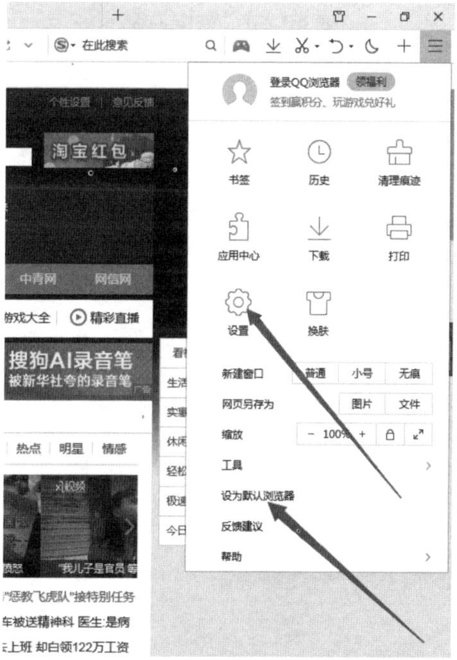

图 10–35　设为默认浏览器和打开设置

图 10–34　打开菜单

在设置界面的“默认浏览器”选项下选择“将 QQ 浏览器设置为默认浏览器并锁定”（如图 10–36）。

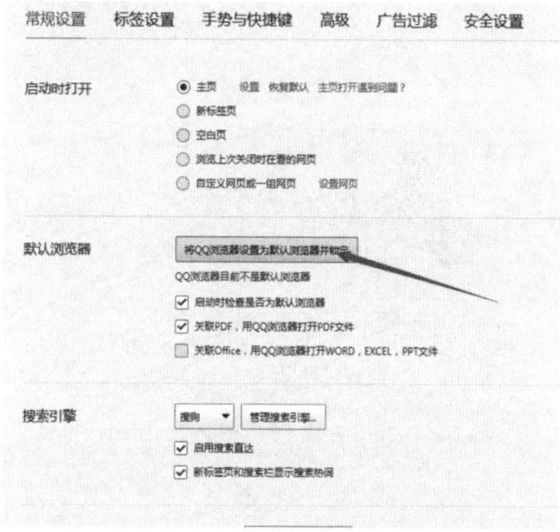

图 10–36　设置并锁定默认浏览器

10.2.7 安全设置

在设置界面，用户还可以进行安全设置（如图），包括默认浏览器防护、主动防御、浏览器底层防护、高危插件隔离、漏洞模块拦截、网站安全云检测、恶意网站拦截、网站备案信息云检测、下载云安全等。这些安全防护设置可以有效保障用户的“用网安全”，使用户可以享受安全、高效的网络世界。

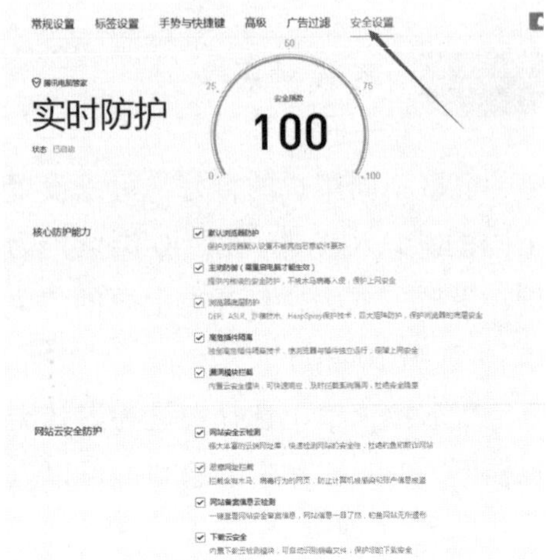

图 10-37 安全设置

➤ 场景实操

- ✓ 进行网络连接。
- ✓ 下载并打开浏览器。
- ✓ 打开一个网页。
- ✓ 进行一次网页切换。
- ✓ 进行一次网页刷新。
- ✓ 关闭网页。
- ✓ 进行关键词搜索。
- ✓ 添加一个书签。
- ✓ 删除一个书签。
- ✓ 恢复一个历史记录。
- ✓ 清空一次历史记录。
- ✓ 根据喜好设置默认浏览器。
- ✓ 进行安全设置。